高等学校小学教育专业卓越教师培养系列教材

小学教育心理学

主　编　贾林祥

南京大学出版社

图书在版编目(CIP)数据

小学教育心理学 / 贾林祥主编. —— 南京：南京大学出版社，2017.7(2021.12重印)
高等学校小学教育专业卓越教师培养系列教材
ISBN 978-7-305-13935-2

Ⅰ.①小… Ⅱ.①贾… Ⅲ.①小学－教育心理学－高等学校－教材 Ⅳ.①G44

中国版本图书馆CIP数据核字(2017)第155587号

出版发行　南京大学出版社
社　　址　南京市汉口路22号　　邮　编　210093
出 版 人　金鑫荣

丛 书 名　高等学校小学教育专业卓越教师培养系列教材
书　　名　小学教育心理学
主　　编　贾林祥
责任编辑　钱梦菊　　　　　　　编辑热线　025-83592146
照　　排　南京南琳图文制作有限公司
印　　刷　南京人文印务有限公司
开　　本　787×1092　1/16　印张 15.25　字数 325 千
版　　次　2017年7月第1版　2021年12月第3次印刷
ISBN 978-7-305-13935-2
定　　价　35.00元

网址：http://www.njupco.com
官方微博：http://weibo.com/njupco
微信服务号：NJUyuexue
销售咨询热线：(025) 83594756

* 版权所有，侵权必究
* 凡购买南大版图书，如有印装质量问题，请与所购
　图书销售部门联系调换

前　言

随着教育对改变个人命运、创造幸福生活的影响越来越大,民众对优质教育的渴望日益强烈。为了提高教育质量,推动教师教育综合改革,全面提升教师培养质量,满足我国基础教育对高素质人才的强烈需求,教育部在深入调查研究的基础上,于2014年出台了《教育部关于实施卓越教师培养计划的意见》,旨在通过实施"卓越教师培养计划",推动和深化教师培养机制、教学、师资、质量评价等方面的综合改革,努力培养一大批拥有理想信念、道德情操、扎实学识、仁爱之心的好教师。为了进一步贯彻执行《教育部关于实施卓越教师培养计划的意见》,江苏省于2015年出台了《省教育厅关于实施江苏省卓越教师培养计划的意见》,在全省范围内全面实施卓越教师培养计划项目。江苏师范大学"'三方协同'培养卓越小学教师的探索与实践"成为江苏省卓越小学教师培养计划项目之一,为了实施这一项目,学校制定了江苏师范大学卓越小学教师培养计划项目实施方案,决定编写一套卓越小学教师系列教材,以为卓越小学教师培养提供依据和素材。

卓越教师应该具有以下品质:专业精神朴实高尚;专业知识融会贯通;专业能力卓尔不群。既要有对教育事业发自内心的喜爱,又要有以师为乐、以师为荣、以师为贵的生命价值观;既要有广博的通识性知识、精湛的学科专业知识,又要有教育学心理学等条件性知识以及教育教学智慧等实践性知识;既要有高超的教育教学能力,又要有超强的教育管理和教育科研能力。简言之,卓越教师应该是教育教学、管理和研究三者皆通且精的充满爱心、师德高尚的教师。

卓越教师的培养,除了在先进教育理念指导下,设计一套合理且行之有效的培养模式之外,还需要有卓越的课程体系和卓越的教材。课程是通过教材实施的,教材是课程的物化,体现着课程设计的目标和内容。教材编写是否科学有效,是否能够体现学科知识内容的内在逻辑,直接决定着是否能够有效实施课程教学。基于这一思路,我们启动了卓越小学教师系列教材的编写工作,《小学教育心理学》就是这套系列教材中的一部。

《小学教育心理学》是集体智慧的结晶,在编写之初,编写团队广泛调研、查阅文献,集体讨论,确定了教材的体系框架和编写体例,教材内容及具体分工为:小学教育心理学概述(贾林祥)、小学生的认知发展(石春)、小学生的人格与社会性发展(杜向阳)、小学生的学习心理(杜向阳)、小学生的学习动机(王娟)、小学生的知识学习(王娟)、小学生的技能学习(孙配贞)、小学生的习惯(孙配贞)、小学生的品德心理(石春)、小学生的心理健康及其教育(刘晓峰)以及小学教师心理(刘晓峰)。历经一年半的时间,终于完成了《小学教育心理学》的编写初稿,主编贾林祥教授对书稿进行了统稿和修改。

  我们在编写《小学教育心理学》时,既考虑到了《教师教育课程标准(试行)》和《小学教师专业标准(试行)》的要求,又关照到了教育心理学知识内容体系自身的内在逻辑;增加了以往同类教材中没有的"小学生的习惯养成"、"小学生的社会性发展"等内容。由于《小学教育心理学》的理论性较强,为了便于学生理解相关理论,在编写本教材时,我们非常注重收集教学案例,并对案例进行了相应分析,还增加了大量的扩展性阅读材料;同时,考虑到学生参加教师资格证国考的需要,我们专门研究了教师资格证国考的精神和要求,力求将与教师资格证国考相关的知识内容纳入《小学教育心理学》教材的编写之中。这样,既可保证小学教育心理学知识内容体系的完整性和前沿性,又体现教师资格证国考的精神和要求,做到将《小学教育心理学》教学与学生教师资格证考试相结合。

  此外,本书在目录部分配置了教师服务和学生服务二维码入口,微信扫一扫即可获得丰富的数字学习资源与服务,主要包括教师资格考试小学教育心理学历年考点与真题、相关案例等拓展资源,同时,教师可在线申请课件资源,学生可在线参与互动交流,从而使得教材更加立体化且具有互动性。

  在教材杀青之际,我们首先要感谢江苏师范大学教务处的支持,感谢南京大学出版社的指导,其次,更应该感谢我们的编写团队。没有他们的支持和付出,《小学教育心理学》的编写不可能如此顺利。谢谢!

贾林祥

2017.5.26

目 录

第一章 小学教育心理学概述 ··· 1
    第一节 教育心理学的产生与发展 ·· 1
    第二节 小学教育心理学的研究对象与任务 ···························· 9
    第三节 小学教育心理学的研究方法 ····································· 13
    第四节 学习小学教育心理学的意义 ····································· 18

第二章 小学生的认知发展 ·· 21
    第一节 小学生的认知特点 ··· 21
    第二节 小学生的认知规律及其对教育教学的启示 ·················· 24

第三章 小学生的人格与社会性发展 ··· 36
    第一节 小学生的人格发展 ··· 36
    第二节 小学生的社会性发展 ·· 43
    第三节 小学生人格与社会性发展对教育教学的启示 ··············· 54

第四章 小学生的学习心理 ·· 65
    第一节 学习的一般概述 ·· 65
    第二节 学习理论 ·· 71
    第三节 小学生学习困难及解决策略 ····································· 87

第五章 小学生的学习动机 ·· 97
    第一节 学习动机概述 ··· 97
    第二节 学习动机的理论 ·· 103
    第三节 小学生学习动机存在的问题与激发 ··························· 108

第六章 小学生的知识学习 ·· 114
    第一节 知识与知识学习 ·· 114
    第二节 小学生的知识理解 ··· 119
    第三节 小学生的知识巩固 ··· 123
    第四节 小学生的知识应用 ··· 127

第七章　小学生的技能学习 ········ 131
第一节　技能的概述 ········ 131
第二节　小学生动作技能的形成与培养 ········ 134
第三节　小学生智力技能的形成与培养 ········ 141

第八章　小学生的习惯 ········ 147
第一节　习惯与行为习惯 ········ 147
第二节　小学生的学习习惯 ········ 153
第三节　小学生的生活习惯 ········ 158

第九章　小学生的品德心理 ········ 164
第一节　品德心理概述 ········ 164
第二节　品德理论 ········ 167
第三节　小学生品德形成的过程 ········ 170
第四节　小学生的越轨行为及其教育策略 ········ 174

第十章　小学生的心理健康及其教育 ········ 184
第一节　健康的基本概念 ········ 184
第二节　小学生心理健康的维护 ········ 191
第三节　小学生心理辅导 ········ 202

第十一章　小学教师心理 ········ 213
第一节　小学教师的角色意识与素养 ········ 213
第二节　小学教师威信的树立 ········ 223
第三节　小学教师的心理健康 ········ 226
第四节　小学教师的职业发展 ········ 229

参考文献 ········ 235

微信扫一扫

✓ 课件申请
✓ 教学资源

教师服务入口

✓ 教师资格考试
　历年考点与真题
✓ 学习视频与拓展阅读
✓ 加入学习交流圈

学生服务入口

第一章
小学教育心理学概述

本章重点

- 教育心理学的发展简况
- 小学教育心理学的研究对象和任务
- 小学教育心理学的研究方法及其优缺点
- 小学教师学习小学教育心理学的意义

要有效地完成培养小学生的任务,小学教师除了掌握小学各学科的学科知识、了解小学生身心发展的特点和规律之外,还必须熟悉小学教育心理学的相关知识和技能。只有这样,才能科学有效地进行教育和教学,促进小学生身心的全面和谐发展。

第一节 教育心理学的产生与发展

小学教育心理学是教育心理学的一个分支,要了解小学教育心理学的相关理论知识和技能,就必须首先了解教育心理学发展的基本情况和相关理论观点。

一、教育心理学产生的背景

教育心理学思想古已有之。中外历史上很多教育家、思想家都结合其自身的研究,探讨了很多教育心理学的问题。但作为一门独立的学科,教育心理学产生于20世纪初,是19世纪社会政治经济、文化教育及心理学自身发展的产物。

(一)教育心理学产生的社会背景

19世纪是人类历史上的一个重要时期。随着英法德等国资产阶级革命的成功,资本主义经济获得了空前繁荣和广泛发展。到19世纪后半期,欧美各国先后完成了资产阶级革命,确立了资产阶级的统治地位。与此相应,要求普及文化教育,为资本主义大工业生产提供具有文化科学知识并掌握科学管理机器大生产的熟练工人的呼声日益高

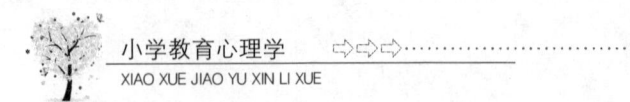

涨,一些主要资本主义国家都先后对国民教育制度进行了改革,实行了义务初等教育制度,使得教育在社会生活中的比重日益增加。随着教育事业在社会生活中的蓬勃发展,教育过程本身也越来越引人瞩目。一些教育家认识到,要培养适应资本主义大工业生产要求的管理者和劳动者,就必须了解受教育者的身心发展特点和学习规律,必须认识到心理学知识对教育工作的重要性。这在客观上推动着教育心理学的产生。

(二)教育心理学产生的心理学背景

教育心理学的产生与心理学自身的发展有着直接的联系。19世纪末诞生的科学心理学为教育心理学的产生提供了可能。从赫尔姆霍兹对反应时和视觉听觉的实验研究,到韦伯、费希纳的心理物理学研究,再到高尔顿的自由联想实验和心理测验研究,直至冯特建立心理学实验室并进行心理学的实验研究,一方面促进了心理学自身的发展,另一方面也为教育心理学的产生和发展奠定了坚实基础,迈出了教育心理学向实验科学靠近的步伐。

詹姆斯在其《心理学原理》一书中,通过分析习惯的形成而强调环境和教育的作用。他认为,习惯是"社会的巨大飞轮",因为有了习惯行为,所以社会各阶层才能各安其位、各司其职,社会才能保持稳定。学校教育只有通过培养学生良好的行为习惯,才能对社会发展产生作用。

霍尔是美国心理学会第一任会长,他所发起的儿童研究运动对于教育心理学的形成具有明显的推动作用。他曾与他的学生一起设计调查问卷,用以了解青少年儿童心理发展状况,以作为教育和教学的依据。这场儿童研究运动席卷了整个美国,推动了教育的科学化进程。霍尔认为,科学并非仅仅是科学家的事业,普通教师也可以成为有价值的教育研究者,通过课堂等自然环境搜集到的数据和资料与在实验室获得的数据资料具有同等的价值,这就在一定程度上巩固了教育的科学化概念,为桑代克创立教育心理学铺平了道路。

(三)教育心理学产生的教育学背景

德国教育学家赫尔巴特是教育心理学产生过程中的一个重要人物,他最早宣称心理学是一门科学,认为教育学必须以心理学为基础,要用心理学的观点来阐述教育的一些重要问题,并强调指出心理学是教育者首先要掌握的学科。在1806年出版的《普通教育学》中,赫尔巴特分别从"教育心理学的一般目的"、"多方面的兴趣"和"性格的道德力量"三个方面论述了教育问题。通过赫尔巴特及其弟子的努力,"教育科学化"的概念进入人们的视野,而教育若要实现科学化,就必须探求儿童身心发展规律,以心理学的原理为基础,这就为教育心理学的形成奠定了理论基础。

19世纪末,德国教育家梅伊曼倡导的实验教育运动直接促进了教育心理学的产生和发展。梅伊曼认为,只有借助生理学、解剖学、精神病学及实验心理学的研究成果与方法,根据儿童身心发展的特征,对儿童生活及学习活动进行实验,才能使教材和教法心理学化、教育活动个性化,才能预防儿童学习中的疲劳现象,使学习"经济化",并且他还关注到了男女儿童同校问题和特殊儿童的教育问题等。

拉伊也非常重视教育实验对于建构教育理论的作用,他认为教育实验可以在人为控制的条件下,检验构成教育系统诸因素的地位和作用,从而获得准确可靠的知识。他把教学过程设想为刺激—内化—反应的过程,认为教学过程首先要使学生通过感觉(刺激)去感受外界事物,再通过思维整理感觉印象(内化),最后用行动表达所感受和思考的有关知识(反应)。

梅伊曼和拉伊重视对儿童身心发展与改进教育方法的实验研究思想,对教育心理学的产生和发展起到了极大的推动作用。

二、教育心理学的发展

1903年桑代克出版了《教育心理学》一书,这标志着教育心理学作为一门独立的学科正式诞生了。教育心理学作为一门独立学科诞生之后,也在经历着不断的发展。不同国家教育心理学的发展既有共同之处,又有相异的地方,现简要介绍美国、苏俄及我国教育心理学的发展状况。

(一)美国教育心理学的发展

美国是个移民国家,早期科学文化并不发达。19世纪末到20世纪初,随着美国政府不断扩建公立学校,普及学校教育,美国的科学文化也得到了长足发展,甚至超过西欧许多早期发展的国家。在美国科学文化发展的过程中,詹姆斯、霍尔和卡特尔等著名心理学家都曾致力于将心理学引进教育领域,注重对学生进行观察、提问和交谈,强调获得有关学生的观念、兴趣、情感和价值观等方面的知识对于改进学校教学质量的作用。他们虽然不是教育心理学家,但他们的思想和著述却直接或间接促进了美国教育心理学的产生和发展。

1903年桑代克出版的《教育心理学》是美国第一本以教育心理学命名的专著。1913—1914年他又在这本书的基础上,扩展为三大卷的《教育心理学》,分别是:论人的本性、论学习心理,以及论智慧、疲劳和个别差异,引起许多心理学家的注意。桑代克对美国教育心理学发展的贡献,不仅在于他开创了动物学习实验与教育测验,为美国教育心理学的产生与发展奠定了基石,更重要的是他创建的教育心理学体系,奠定了美国教育心理学的基本内容和基础,使教育心理学正式作为一门学科从普通心理学、儿童心理学与教育学中独立出来。

近几十年来,美国教育心理学在教育与心理发展的关系;教与学的心理,包括学习理论、学习动机、个别差异、智力测验、成绩评定、课堂管理与纪律;教育中的社会因素;教师心理等方面进行了大量的研究,取得了重要的研究成果,呈现出以下几个明显特点:

1. **比较重视实验研究**

实验研究在美国教育心理学领域中占主导地位,从20世纪20年代到50年代,很多著名心理学家的研究工作不但主要是在实验室进行,而且大都是以动物作为研究对象。桑代克的"尝试错误说"主要是从研究猫得来的,托尔曼、武德沃斯、斯金纳等人最初都是以动物为实验对象,在实验条件下进行研究。这种企图通过动物学习的实验研究来解释人的学习问题,当然是不合适的,因为人和动物有本质的区别,人的学习比动物的学习要复杂很多。

在结合教育实际方面,美国教育心理学曾经走过一段弯路。早期以杜威为代表的教育家比较重视结合实际教育来研究教育心理学;虽然桑代克重视教育心理学的实验研究,他也热衷于结合教育实际来研究教育心理学的实际问题,但后来这种热情逐渐低落,导致很多教育心理学家都趋之若鹜地进行脱离教育实际的实验室研究。这种脱离教育实际进行教育心理学研究的情况在第二次世界大战以后,得到了很大转变。斯金纳发起的程序教育运动,重新激起了心理学家联系教育实际研究教育心理学的热情,到20世纪60年代初,布鲁纳所发起的课程改革运动,则把这种研究热情推向了新的高潮。

2. 比较重视学习心理的研究

这是美国教育心理学发展中的另一个特点。在美国教育心理学研究中,学习理论的研究一直比较活跃,出现了很多著名的学习理论。首先是学习的联结理论,如桑代克的学习联结说,华生的习惯说或刺激—反应说、格斯里的接近条件作用说和斯金纳的操作条件作用说。其次是学习的认知理论,包括学习的顿悟说、勒温的认知—场论、布鲁纳的认知—发现说、奥苏伯尔的认知—同化说等。第三是人本主义的学习理论。以罗杰斯和马斯洛为代表的人本主义心理学从其自然人性论出发,主张人或人格的自我实现说,认为人或人格的成长源于个体的自我实现趋向。

马斯洛强调,人格的形成源于人性的自我压力。人最终不是被浇铸或塑造或教育成人的,环境的作用最终只是容许或帮助他使自己的潜能现实化。教育的作用仅仅是激发人的潜能,并不是在人所固有的潜能以外增加什么。罗杰斯认为,自发学习是最持久深入的学习,大量的学习是通过做学得的;教学应鼓励思考,而不在于指导,因而提倡非指导性教学法和开放性教学。在教师的作用问题上,他认为采用"教师"这一称呼容易使人认为是把知识分配给学生,不符合自由学习的主张,因而他建议用"促进者"这一称号来代替"教师"称号。

3. 重视研究教学中的社会心理因素

这是美国教育心理学发展中的第三个特点。20世纪60年代以来,随着社会心理学研究的深入,不少教育心理学家开始从社会心理学角度进行研究,把学校和课堂看作社会情境,注意研究其中影响教学的社会心理因素。如运用社会心理学理论研究学习动机,试图用造成某种外部压力或不平衡状态的方法,来促使学生产生改变行为的欲望。费斯廷格的"认知不协调论"就是这方面的理论。一些教育心理学家还非常重视教学组织形式中的社会心理问题。如罗杰斯强调良好师生关系在课堂教学中的作用。另外,教育心理学家对教学班额也进行了研究,认为学前阶段人数多的班级比人数少的班级更有利于儿童人格的发展和今后的社会成熟,而中小学则是人数少的班级更有利于师生之间的相互作用,也更易于教师进行个别指导。

4. 注重探讨教育过程和学生心理

20世纪60年代,布鲁纳所倡导的课程改革运动,虽然由于教材编写难度大、教师适应与训练不易,以及社会支持不够等原因,未能获得预期的效果。但自此以后,重视教材、教法改革的研究,强调学生智力的开发和创造能力的培养,就成为美国教育心理学研究的热门。很多教育心理学家纷纷提出培养创造力的建议,开展了诸多创造力课题的研究。在具体教学过程中,布鲁纳等提倡发现学习,鼓励儿童的幻想、好奇心、个性和独立性等,这都是着眼于教学改革而进行的教育心理学研究。

5. 重视研究计算机辅助教学等教学手段的改进

美国教育心理学界对改进程序教学或计算机辅助教学等问题进行了积极研究。程序教学最初是普莱西和斯金纳等依据操作性条件反射与强化理论提出的,20世纪50年代末60年代初在美国颇为流行。把程序装入特制的机器进行教学,叫作"机器教学";把程序编成课本让学生自学,叫作"程序课本教学";把程序编成软件装入计算机自动控制,引导学生学习,叫作"计算机辅助教学"(CAI)。但是,由于科学技术的发展和知识的激增,以及计算机的普及,借助于网络和计算机进行自学成为社会的普遍需要,原有的计算机辅助教学等教学手段虽然仍在发挥作用,但在当前信息化时代,必须对计算机辅助教学进行升级改造,否则就不能适应人们对信息化社会所要求的泛在学习的需要。

美国教育心理学虽然取得丰硕的研究成果,得到了长足的发展,但长期以来由于对本学科的核心问题如研究对象、学科性质、研究任务及学科独特性缺乏深入的理论探讨,也在一定程度上影响着教育心理学的发展。

(二) 苏俄教育心理学的发展

以"十月革命"为界限,可以将苏俄教育心理学的发展,划分为两大阶段。

1. "十月革命"前,俄罗斯教育心理学的发展

俄罗斯教育心理学起源于俄国著名教育家乌申斯基。乌申斯基不仅提倡教育应以心理学为依据,而且系统概括了当时心理学发展的成就,并把它应用于教育。他在1867年出版的《教育人类学》的序言中指出:生理学、心理学和逻辑学是教育学的三个主要基础,心理学就其对教育学的作用和对教育学者的必要性来说,当然居于一切科学的首位,并且他还号召教育工作者研究教育过程中心理现象的规律及其在教育工作中的应用。乌申斯基不仅奠定了俄国教育科学的研究基础,也对教育心理学的产生起了强大的促进作用。

1877年卡普杰列夫出版的《教育心理学》是俄罗斯第一部以教育心理学命名的专著。随着西方儿童心理学和教育心理学的研究成果不断地引介到俄国,俄罗斯心理学家对教育心理学的研究对象、研究任务及研究方法等进行了广泛的讨论和研究,提出不少有价值的见解。拉祖尔斯基、鲁宾斯坦和聂恰耶夫等人对当时教育心理学的产生和发展有较大的贡献。拉祖尔斯基是一位实验心理学家,他认为心理学应像自然科学一

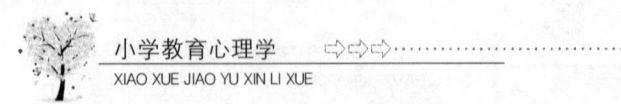

样,把它的结论建立在研究具体事实的基础上;他也力图使心理学接近实际,成为对实践有益的科学;他提出的临床观察法和自然实验法对于在个体生活与活动的自然情境下研究个性是十分有效的。鲁宾斯坦强调,应当重新审查教育心理学的对象,认为教育心理学应以校内外的具体生动的条件下发生的心理现象为研究对象。聂恰耶夫反对"教育学的空谈",主张应用现代的心理实验法来研究学校的教学问题。他们所提出的这些观点与建议,对于解决当时俄国教育心理学研究中存在的问题具有重要的启示。

但诚如一些心理学家所指出的,当时苏俄的教育心理学研究,基本上都是从普通心理学研究中获取资料,采用纯粹演示的方法去解释学校生活的事实。这是当时苏俄教育心理学研究存在的不足。

2."十月革命"后,苏俄教育心理学的发展

十月革命后,苏联心理学界尝试以马列主义观点来改造心理学和教育心理学。20世纪30年代,苏联教育心理学的发展,主要表现在对教育心理学理论观点的探讨上。在此方面有较大贡献的是维果茨基、布隆斯基和鲁宾斯坦等人。维果茨基反对把普通心理学的成果简单移入教育心理学,主张必须把教育心理学作为一门独立科学的分支来进行研究,并且提出了教育与教学在儿童心理发展中起主导作用的观点。在儿童心理发展的实质问题上,他从"文化发展论"和"内化说"出发,认为文化的掌握改造着儿童的心理过程,使本来是直接的、自然的行为方式,转变为间接的、文化的活动或过程。人的心理过程的结构,必须在其外部活动中形成,然后才能"向内转化成为内部过程的结构"。布隆斯基则认为,儿童的个性是心理、生理的统一体,只有把个性作为心理和生理的统一体,并且在儿童完整生活背景的基础上,才能科学地揭示儿童个性的形成。鲁宾斯坦建构了心理与活动相统一的原理,主张心理不但是在活动中表现出来的,而且也是在活动中形成的。这些思想都为后来苏联教育心理学的理论建构和发展奠定了思想基础。

20世纪40至50年代,苏俄教育心理学重视结合教学与教育实际进行综合性研究,主要采用自然实验法和经验总结法,探讨如何依据科学心理学组织教学过程,以及如何在儿童活动中来研究其心理变化和发展的规律。这一时期的研究成果主要集中在学科心理知识掌握方面,这是其突出优点;但也存在一些问题:忽视了教育心理学的理论探索,有简单粗暴地全面否定西方教育心理学理论的倾向,而且对马列主义观点的贯彻和运用显得过于教条。

20世纪50年代末以来,苏俄教育心理学研究与学校教学实践密切结合,从而促进了苏联的教育改革。在对待西方教育心理学研究成果的问题上,研究者也改变了过去那种全盘否定的态度,而是适当吸取西方教育心理学研究成果的合理之处,更加重视探讨教育心理学的理论问题。

苏俄教育心理学的发展表现出以下几个方面的动向和特点:

(1)注重结合发展心理学研究成果,开展针对儿童心理发展特点的教学研究。赞克夫"教学与发展"的实验研究,推动了苏联的教育改革;在学科和课程改革方面,把年

龄心理学和教育心理学相融合,编辑出版了《年龄与教育心理学》等著作。

（2）注重学习理论的研究。较为著名的是学习的联想—反射理论和活动理论。联想—反射理论认为,学习是通过条件反射在大脑中形成暂时联系而获得的,联系就是联想。活动理论认为,学习是通过活动形成的,动作是学习的基本单位,活动向高一级成熟阶段的过渡,就会导致发展。

（3）重视人际关系在儿童心理发展中的作用。从理论和实验两方面对个体个性心理特征的形成、人格化过程的规律性进行深入的综合研究。对学前儿童与周围人们的交往、学生学习活动的形成,少年参加社会公益活动的动机、态度,以及这些活动对儿童自我意识、儿童集体的形成和发展等进行了卓有成效的研究。

（4）重视探讨教学心理中的方法论和具体研究方法。把意识与活动的统一看作心理学的一般原则,把客观的研究方法和发生学的研究方法看作教育心理学的具体方法论原则。在具体研究方法方面,注重以心理测验为主,运用包括观察、谈话、作品分析、调查等综合研究方法来了解学生心理发展水平,为教学提供依据。

总的看来,苏俄教育心理学基本上是以马列主义为指导进行研究的,能密切结合教育实际,总结出的一些理论观点,对于促进苏俄的教育改革和教育心理学的发展具有重要作用。

（三）我国教育心理学的发展

以1949年新中国的建立为标志,可以将我国教育心理学的发展划分为两大阶段。

1. 新中国成立前我国教育心理学的发展

我国先秦诸子的论著中就蕴含着丰富的教育心理学思想。孔子主张学习要博约结合:"君子博学于文,约之以礼,亦可以弗畔矣夫!"主张学习不要主观臆测、武断专横、固执己见和自以为是:"子绝四:毋意,毋必,毋固,毋我。"强调复习对于巩固旧知识获得新知识的重要性:"温故而知新,可以为师矣。"孟子也非常重视学习的主动性和积极性:"君子欲其自得之也。"《学记》是我国古代教育思想集大成的一部著作,蕴含着非常丰富的教育心理思想,主要包括德育心理思想、学习心理思想和教师心理思想。荀子的《劝学篇》是我国古代的一篇重要的学习心理文献。到了汉、唐、宋、元、明、清时期,我国教育心理思想虽有所充实和发展,但由于长期受封建统治的束缚,不重视科学技术,导致我国教育心理学思想未能发展成为一门科学。

1908年,我国学者房东岳翻译的日本小原又一的《教育实用心理学》是20世纪我国出现的第一本有关教育心理学的著作。20世纪20年代初,廖世承在南京高等师范学校任教时主编的《教育心理学》是我国学者编写的第一部教育心理学著作。随后,陆志韦翻译了桑代克的《教育心理学概论》,陈德荣翻译了盖茨的《教育心理学》,吴绍熙等翻译了何林华的《教育心理学》,等等。

从20世纪初到1949年新中国成立之前,我国老一辈心理学家不仅在国内传播教育心理学知识,同时也展开了一些教育心理学问题的研究。如高觉敷、潘菽、陈选善、肖孝嵘和艾伟等在学科心理、教育与心理测验等方面开展了一些研究,对教育心理学的发展做出了重要贡献。但是,这一时期的研究多数是翻译西方的,研究问题的观点与方法大都是模仿或验证西方的思路和方法,少有创见。因此在新中国成立之前,我国教育心理学的基础还是比较薄弱的。

2. 新中国成立后我国教育心理学的发展

新中国成立以后,由于受政治运动和极"左"思潮的干扰和影响,我国教育心理学的发展并不顺利,经历了以下几个发展阶段:

(1) 学习改造阶段(1949年—1958年)。这一阶段主要是学习并运用马列主义原理和方法对旧教育心理学进行改造,以确立我国教育心理学的发展方向。同时,对影响我国较深的实用主义心理学和测验学进行了分析和批判。通过学习与批判,绝大多数心理学工作者都认识到我国教育心理学建设必须以马列主义为指导,为我国社会主义教育事业服务,也认识到西方教育心理学存在的一些问题。应该说,开局是好的,成绩是显著的。但是,到了1958年,受极"左"思潮膨胀影响而掀起的"批判心理学资产阶级方向"的运动,背离了党的"双百方针"和知识分子政策,以形而上学的片面性粗暴地对待学术问题,以行政命令强制推行某种观点,给我国教育心理学造成了致命之灾难。

(2) 扭转局面、初步繁荣阶段(1959年—1966年)。1959年召开的"五四"学术讨论会公开纠正了"心理学批判运动"的错误,贯彻了"双百"方针,对于运动中提出的有关心理学的对象、任务、方法,以及学科性质等问题展开了讨论,在一定程度上扭转了混乱局面,教育心理学的发展出现了一些由恢复到初步繁荣的生机。1962年中国心理学会召开教育心理学专业会议,并成立教育心理学专业委员会。在这次会议的推动下,我国教育心理学又重新得到了发展,研究的范围有所扩大,包括学习心理、德育心理、智育心理、学科心理、个别差异、入学年龄、学习阶段的划分,以及教学方法的改革等方面。1963年出版了潘菽主编的《教育心理学》讨论稿,全国各师范院校相继重新开设了教育心理学课程。到1966年"文化大革命"前夕,我国教育心理学研究出现了初步繁荣与欣欣向荣的局面。

(3) 停滞阶段(1966年—1976年)。在这十年期间,我国教育心理学同整个心理科学一起,遭到空前浩劫。心理学被宣布为资产阶级的"伪科学",心理学研究机构被解散,学校停止讲授心理学,老一辈心理学家遭到残酷迫害和批斗,专业队伍被拆散,心理学著作被焚毁,我国心理学处于毁灭的境地。

(4) 重生与快速发展阶段(1976年—　)。1976年以后,我国教育心理学研究获得了前所未有的发展,在教育心理学的教材建设、理论建设、专业建设,以及学科学位点建设等方面取得了显著成就;结合我国的教育教学实际,在学习心理、教学心理、德育心理、学习归因、心理健康、特殊儿童教育心理等方面进行了富有特色的研究。可以说,我国教育心理学已经进入快速繁荣发展的阶段。

三、小学教育心理学的产生

小学教育心理学是教育心理学的理论知识与小学教育教学实践相结合的产物。从时间上看,小学教育心理学与教育心理学都诞生于19世纪末20世纪初。但是,从渊源上来看,小学教育心理学的产生得益于19世纪末兴起的实验心理学运动。实验心理学研究的兴起,极大地推动了人们对儿童心理问题的关注和对儿童教育问题的研究。当时,欧洲和苏俄的一些教育家和心理学家尝试采用实验、测验、统计,以及因素分析等方法研究儿童的身心发展问题、儿童所遇到的学习问题和教育问题及其影响因素。他们认为,教育应符合儿童的心理年龄特征,教材教法应该儿童心理化;应注重了解儿童的智力发展水平,根据智力测验的结果编制教材、设置课程、选择教法、组织教学活动,只有如此才能最大限度地做到因材施教,实现小学教育教学活动的个性化。

随着心理学研究的逐渐开展,各分支心理学领域均取得了丰硕的研究成果,在理论观点、研究方法等方面均有所创树。小学教育心理学广泛地吸收和采纳了相应的理论观点和研究方法,并融入小学教育教学实践活动之中,使其自身的知识结构、方法体系不断得到丰富和完善。此时,小学教育心理学特别注重对小学生个性心理特征和人格化过程的规律性进行深入的综合研究,重视人际关系在儿童心理发展中的作用。在具体研究方法方面,注重运用包括观察、谈话、作品分析、调查等综合研究方法来了解学生心理发展水平,为教学提供依据,有效促进了小学生的学习和心理发展。

尽管20世纪60年代以来,小学教育心理学建立了其自身的理论体系,但整体来看,小学教育心理学还存在着一些问题,具体表现在:整体内容缺乏系统性和完整性,内容体系过于庞杂烦琐,个别主题专业性不强,忽视了实践性专题在小学教育心理学中的作用;与相邻学科关系模糊,特别是与儿童心理学的关系界定不清;研究方法缺乏特色,大多借用心理学的研究方法,缺乏对小学生的研究,方法脱离小学生实际;注重理论教学,忽视实践应用,导致小学教育心理学的应用层次不高,缺乏多元化发展等,这不仅限制了小学教育心理学的丰富性,也影响到小学教育教学质量的提高。

今后,小学教育心理学应进一步整合自己的知识结构和方法体系,在明确小学教育心理学研究目的的基础上,结合小学教育教学的实际及小学生身心发展的内在要求,合理整合小学教育心理学的知识结构和方法体系;同时,小学教育心理学还应秉持科学发展观和以人为本的理念,进一步明确其与心理学、儿童心理学及教学法等的区别与联系,合理把握小学生心理活动的规律与特点,分析小学生心理发展的异同,以为因材施教提供理论依据和素材,有效提高小学教育心理学的应用效果。

第二节 小学教育心理学的研究对象与任务

作为教育心理学的一个分支,小学教育心理学是将教育心理学的原理、方法运用到小学教育教学实际中的产物。因此,要研究小学教育心理学的对象与任务,就必须首先了解教育心理学的学科性质。

一、教育心理学的学科性质

（一）教育心理学是什么

国内外学者对"教育心理学是什么"的看法众多，但归纳起来主要有以下几个方面：

1. 国外有关"教育心理学是什么"的观点

国外关于"教育心理学是什么"的观点有很多，但比较流行的观点主要有以下几种：

（1）教育心理学是研究教育过程的行为的科学。这种观点主要体现在美国1971年出版的《教育百科全书》之中。

（2）教育心理学是研究教育学的心理学问题的科学。这种观点主要体现在安德森和福斯特1973年的《教育心理学》和林格伦1976年的《课堂教育心理学》中。

（3）教育心理学是研究教学和教育的心理学规律的科学。这种观点主要体现在苏联心理学家彼得罗夫斯基1972年的《年龄与教育心理学》中。

（4）教育心理学是向人们提供人性变化的知识，而人性的变化是通过学习与教育实现的，因此教育心理学主要是以学习为研究中心的科学。这种观点主要体现在桑代克1903年的《教育心理学》和奥苏伯尔1968年的《教育心理学》之中。

2. 我国有关"教育心理学是什么"的观点

我国学者对"教育心理学是什么"也提出了很多看法，比较有代表性的有以下几种：

（1）教育心理学是研究整个教育过程中的种种心理现象变化和发展的规律的科学。这种观点主要体现在潘菽1980年的《教育心理学》、1985年的《中国大百科全书·教育卷》和韩进之1990年的《教育心理学纲要》之中。

（2）教育心理学是研究学校情境中教与学的基本心理规律的科学。这种观点主要体现在邵瑞珍1988年的《教育心理学》之中。

（3）教育心理学是促成教育目的之实现的科学。这种观点主要体现在张春兴1988年的《教育心理学》之中。

（4）教育心理学是研究学校教与学情境中人的各种心理活动及其交互作用的运行机制和基本规律的科学。这种观点主要体现在张大均1997年的《教育心理学》之中。

尽管国内外心理学家对教育心理学的看法不尽相同，各自强调的侧重点也不一样，但综合起来考察，上述界说却揭示出了教育心理学的以下基本含义：教育心理学研究的范畴是学校情境下教育教学过程中的心理现象；教育心理学研究的目的是揭示学校教与学情境中人（主要是指师生）的心理活动特征和规律；教育心理学是通过考察教学情境中主体的行为特征来研究其心理活动机制和规律的。基于以上观点，结合学校教育实际，我们认为，教育心理学是一门研究在学校情境中学与教的基本心理规律的科学，包括受教育者的各种心理现象及其变化和发展规律，以及教育者如何通过这些规律对受教育者进行有效的教育。理解教育心理学是什么，要注意四个要点：

其一，教育心理学是一门学科，要遵循学科规律，具备学科应当具备的规范与要求。

比如,应当有学科的核心概念和理论体系。

其二,应当将教育心理学与一般的"学习心理学"区分开来。教育心理学主要研究在学校情境中学与教的问题,并不是所有情境中的学与教的问题。

其三,教育心理学研究的学与教,既包括知识、技能的学与教,也包括伴随这一过程的相应能力的发展,同时还涉及学生的思想品德、行为习惯和情感态度的学习。

其四,教育心理学主要研究的是学生的学习过程,其研究序列应该是学与教,而不是教与学。

(二)教育心理学的学科特点

每门学科都有其自身独特的学科特点,教育心理学也不例外。教育心理学是一门交叉性特点鲜明的学科,其交叉性学科特点主要表现在:心理科学与教育科学的交叉;基础科学与应用科学的交叉;自然科学与人文社会科学的交叉。① 从学科范畴看,教育心理学是从教育科学与心理科学中分化出来的,既是心理学的一个分支科学,具有心理科学的特点,又与教育科学有着密切联系,具有教育科学的某些特点。② 从学科任务看,教育心理学既是一门理论学科,承担着研究和揭示学校情境中主体心理活动机制和规律的理论任务,又是一门应用性较强的学科,承担着指导学与教的实践有效进行、促进主体健全发展的实践应用任务。③ 从学科属性来看,教育心理学既具有自然科学的某些属性又具有人文社会科学的某些属性。一方面,教育心理学在其课题研究中要运用自然科学的研究方法和手段、在其理论建构和技术开发中也必须吸收自然科学的相关成果,因而具有自然科学的某些特点;另一方面,教育心理学又重视研究教育教学情境中作为主体的人与人之间的交互影响,以及人在社会发展中的各种心理现象和规律,因而又具有鲜明的人文社会科学的特点。

教育心理学的交叉学科特性决定了教育心理学研究的二重性特点。如教育心理学研究既应符合心理科学的规范和要求,又应考虑教育科学的规范和要求。既要研究教育教学情境中主体的心理活动特点及规律,为解决教育教学中的理论问题提供科学依据,又要关注诸如学生的学习心理、教师的教学心理等与教育教学情境有直接关系的现实问题,以便为解决学校教育教学的实践问题提供具体原则和操作方法。因此,教育心理学的学科交叉性特点,既反映了教育心理学的存在价值,又反映了教育心理学的复杂性,这是我们在学习和研究教育心理学时首先应该明白的问题。

二、小学教育心理学的研究对象与任务

小学教育心理学以教育心理学的相关理论为基础,研究小学教育情境中学与教的基本心理规律。

(一)小学教育心理学的研究对象

1. 小学教育心理学的基本理论问题

学习与研究一门学科,首先要搞清楚这门学科的基本理论问题。小学教育心理学

的基本理论问题包括小学教育心理学的学科性质特点、研究对象、结构体系、基本内容、发展史和研究方法等。只有明确小学教育心理学的学科性质,了解小学教育心理学的内容结构体系、研究对象和任务,以及相应的研究方法,才能明确学习和研究这门学科的目的,增强学习与研究的自觉性,采用有效的方法解决教育教学情境中所遇到的实际问题。

2. 小学生的学习心理

把小学生的学习心理作为小学教育心理学的研究对象,是由小学教育心理学的特殊性决定的。小学教育心理学研究的主体是小学教育情境中的小学生,因此学习和研究小学教育心理学必须聚焦于小学生的学习。要掌握小学生身心发展的特点和规律,并在此基础上了解小学生的学习动机、知识技能的学习与迁移、知识的应用、学习策略的掌握和运用等。只有全面了解和把握小学生的学习心理,才能更好地制定有效的教学策略,指导促进小学生的学习。

3. 小学生的品德心理

小学阶段是儿童道德品质发展的关键阶段,也是针对其特点全面实施道德品质教育的最佳时期。了解和掌握小学生道德品质形成和发展的规律,分析小学生品德发展过程中所遇到的问题,采用恰当的教育方法对小学生晓之以理、动之以情、导之以行、持之以恒,对于培养小学生形成良好的道德品质具有重要作用。因此,小学生的品德心理也是小学教育心理学研究的对象。

4. 小学生的心理健康

身体健康和心理健康是小学生有效学习的重要保障,小学教育心理学亦应将小学生心理健康作为其研究对象。要了解和把握小学生心理健康的整体状况,明确小学生心理健康问题的具体表现,掌握评估小学生心理健康的工具和方法,能够运用相关理论和方法策略维护小学生的心理健康。

5. 小学教师心理

教师从事的是心灵塑造心灵的工作,教师的心理健康状况对于学生心理的健康发展具有重要作用,小学教育心理学也应将教师心理作为其研究对象。要了解小学教师的角色特点、地位和作用,清楚小学教师应具备的专业素养,认识到小学教师的职业心理特征,明确树立教师威信的策略和要求,了解小学教师心理问题的具体表现,以及维护小学教师心理健康的方法策略,不断促进小学教师的职业发展。

(二)小学教育心理学的研究任务

小学教育心理学既具有心理学的属性,又具有教育学的属性。因而其研究任务既应体现心理学发展的需要,又应体现教育学发展的需要。具体来说,小学教育心理学的研究任务主要表现在以下几个方面:

1. 研究和揭示小学生学习的性质、特点、类型,以及学习的过程和条件

小学教育心理学的根本任务在于研究、揭示小学生学习的性质、特点、类型,以及各种学习的过程和条件。不仅要研究和揭示小学生学习的一般性问题,同时还要研究和揭示小学生各种类型的学习的具体特点;不仅要研究和揭示小学生学习的一般规律,同

时还要研究和揭示小学生学习的各种特殊规律。这样,不仅可以有效促进小学生的学习,提高小学生的学习效率和质量,也可为发展和完善学与教的理论提供依据和素材。其实,学习就是发展。小学生的发展是通过自己的学习实现的。因此,小学教育心理学也把学习理论看作建构自己的知识体系和阐述、解释人的发展的基础。教师和学校环境对小学生学习和发展有重要影响,在研究小学生学习和发展的特征时,不能忽略学校环境和教师的影响。

2. 研究和揭示小学生学习活动的心理规律

小学教育心理学的另一根本任务在于研究小学生学习活动的心理规律。要研究小学生的学习动机,包括小学生学习动机的特点和激发小学生学习动机的方法;要研究如何教育和指导小学生把内部动机和外部动机结合起来,如何学会正确归因;要研究小学生成就动机的特点,探讨认知内驱力、附属内驱力和自我提高内驱力在小学生学习活动中的作用等。同时,还要研究小学生知识和技能掌握的规律,研究促进概念学习和规则掌握的条件,认知技能和动作技能的培养和训练方法,小学生学习迁移的规律和促进学习迁移的方法,以及小学生的学习策略与学习策略的训练等。

3. 研究和揭示小学生品德形成和发展的规律

小学教育心理学的第三项任务是研究和揭示小学生品德形成和发展的规律。小学生道德品质形成的过程包括道德认知的形成、道德情感的激发、道德意志的锻炼和道德行为习惯的养成等。小学生的道德认知要从研究道德观念的产生入手,研究小学生道德概念掌握和道德信念确立的特点;研究小学生道德评价能力的发展过程和规律,研究小学生道德情感和道德意志的形成过程及其特点;在研究小学生道德行为习惯养成的特点之时,要注意分析小学生问题行为的表现和成因,并探讨矫正的方法。研究小学生早期问题行为的发现和矫正对良好品德行为养成的重要意义。在研究小学生品德形成和发展规律时,还要注意研究影响小学生品德形成的因素。不但要研究小学生个体认知成熟的因素对品德形成的影响,还要研究教师和学校环境对小学生品德形成的影响。

4. 研究和揭示小学生个别差异形成的心理学规律

研究小学生个性差异形成的心理学规律,目的是为因材施教提供依据。要正确看待小学生表现出的个性差异,小学生的气质和性格等都具有明显的年龄特征,表现出不稳定性,可塑性很强,因此应用发展的眼光看待小学生的个别差异,归纳总结小学生个别差异形成的心理规律,为因材施教提供参考。

第三节 小学教育心理学的研究方法

作为教育心理学的一个重要分支,小学教育心理学是教育心理学的原理与方法在小学教育情境中的具体体现和应用。因此,学习和研究小学教育心理学必须遵循相应的原则。

一、小学教育心理学的研究原则

(一) 客观性原则

客观性原则是指小学教育心理学研究要贯彻实事求是的精神,即根据小学教育情境中教育心理现象的本来面貌来研究其本质、规律与机制,采取实事求是的态度,这是进行小学教育心理学研究的前提条件。

在小学教育心理学的研究中,对小学教育情境中出现的心理现象进行客观研究是完全可能的,因为任何心理现象都是由客观刺激引起的,通过个体内部的一系列中介过程而最终反映到行为上的。通过对客观刺激、中介过程和最终行为反应之间关系的综合考察,就可以探索出各种心理现象的本质。但在实际研究中,由于每个人对心理现象都有自己的体验,因而研究者容易把自己的主观体验同客观观察到的事实混淆起来,或在实际研究过程中,研究者容易因自己的喜好而影响到对客观事实的观察与数据的采集,使研究失去全面性,从而失去研究的客观性。

因此,为了更好地贯彻客观性原则,研究者在进行研究时应注意以下几点:

(1) 资料收集的客观性。在收集资料时,应该根据事先设计的观察内容、步骤,如实详尽地记录作用于被试身上的各种刺激及被试的行为反应;在采集资料的过程中,尽量采用被试的口头报告、档案资料、教师判断等多种方法,以使采集的资料公正全面。

(2) 资料和结果处理的客观性。对资料的处理和对结果的分析与整理应尽可能根据客观标准来进行,特别是在对待与自己的假设、理论不一致的数据资料时,更应谨慎处理。坚决杜绝根据自己的主观喜好随意删减资料,更不能为了验证自己的假设而篡改数据。应根据收集到的资料和数据处理结果,做出客观判断,得出科学结论。

(二) 系统性原则

系统性原则指在研究小学教育情境中的心理现象时,应把小学生的心理作为一个开放的、动态的、整体的系统而加以综合考虑,这样才更有可能把握各种心理现象之间的本质及它们的必然联系。系统性原则主要体现在以下几个方面:

(1) 整体性。尽管小学生的心理现象是复杂多变的,但这些心理现象的出现并不是孤立的,小学生的心理是其各种心理机能综合作用的结果。如果采用孤立、分离的方式来研究小学生的心理现象,就无法理解这些心理现象的特性及其相互制约关系。而且,小学生的心理是由其生理、家庭、学校、社会、同伴关系等多种因素综合影响的结果,因此只有将小学教育情境中出现的各种心理现象放在更大的背景之下进行综合研究,才能揭示其内在机制及形成规律。

(2) 层次性。人的心理具有结构上的层次性,包括心理的社会实践结构、个性心理结构、心理活动结构及心理的物质结构。它们在心理活动中具有不同的功能。在小学教育心理学的研究中应该区分小学生心理现象的结构层次及其相互关系,找到相应心理现象之间的结构层次网络,揭示出支配小学生各层次心理活动的规律。

(3) 动态性。人的心理呈现出一种相对稳定的动态变化过程,即随着人的社会实践活动的变化,心理活动也会发生相应的变化,因而在解决小学教育情境中小学生所出现的各种心理问题时,教师或研究者应进行动态的分析,弄清小学生心理问题产生的原因、过程、发展转变的机制等,只有这样才能有的放矢地解决这些心理问题。

(4) 自组织适应性。人的心理系统是一个有序的动态发展的开放系统,在大脑的调解下,通过与外界环境的信息交流,人能对原有心理结构进行改造与调节,从而提高心理系统的有序性,达到对外界环境的适应。小学生的行为是小学生与外界环境交互作用而产生的,教育教学的目的是要通过外部环境的刺激作用,影响和改善小学生心理结构的有序性,以适应外部环境的变化。

(三) 教育性原则

教育性原则是指在学习和研究小学教育心理学时,应采用能促进小学生心理良性发展的实验手段与方法,这是小学教育心理学研究中的一个道德原则。

心理学研究不同于其他自然科学研究,教育性原则是心理学包括教育心理学研究应当特别重视的原则。在心理学研究中,采用适当手段获取真实数据本是一件无可厚非的事情,但无论采用何种手段和方法,都不能有损儿童心理的正常发展。特别是小学教育心理学的研究是以少年儿童为被试,就更应该遵循教育性原则,要特别注意避免外部不良刺激对少年儿童心理的影响。

(四) 理论联系实际原则

理论联系实际原则是指小学教育心理学的研究应从学校实际需要出发,解决小学教育情境中出现的实际问题。

小学教育心理学研究针对的是小学教育情境中所出现的各种问题,目的是为了解决这些问题。因此,密切联系小学教育教学实际是检验小学教育心理学研究适切性和有效性的最好方法。而且,学校教育情境中各种丰富多彩的实际问题也为小学教育心理学研究提供了大量有意义的课题和素材,因而在小学教育心理学研究中,应做到理论与实践的紧密结合,把应用研究放在突出的位置上。

二、小学教育心理学的研究方法

随着心理学研究方法的不断改善,小学教育心理学研究方法也大有改进。目前,从事小学教育心理学研究,已有多种方法可供采用。概括起来,有如下几种:

(一) 观察法

观察法是指在小学教育情境中直接观察并记录小学生某种心理活动的表现或行为变化,从而了解小学生心理活动状况的一种方法。在小学教育情境中,教师经常采用这种方法观察小学生的行为表现。通过观察,教师可随时注意到学生学习的情况,也可以

了解学生对自己的看法,从而为教师辅导学生学习、调整教学方法、加强或改进师生关系提供参考。

观察法既可以直接使用也可以与其他方法结合使用,是小学教育心理学研究最基本最常用的方法。但是,由于观察法并不是一种严密精确的方法,因此应用观察法只能了解学生心理活动的某些外部表现,而不能深入了解其心理活动过程,更不能对其心理活动施加影响。同时观察者所获得的资料,往往带有主观色彩,影响其准确性。

为了使观察客观、准确,获得预想的效果,必须做到:

(1) 事先有明确的观察目的,确定观察的内容、对象、范围、方式等,并在此基础上制定可行的观察计划。

(2) 每次观察不宜太广泛,最好只观察少数或一种行为。

(3) 观察时应随时记录,或利用录音、录像帮助,要尽量客观,尽量减少由观察者带来的误差。

(4) 每次宜用较短的时间,对同一类行为,做多次重复观察。

(二) 实验法

实验法是心理学研究中应用最广、成就最大的一种方法,它是在有意控制某些因素的条件下,以引起被试的某些心理现象的方法。实际上,实验也是一种观察,只不过是有控制的观察。实验法可分为实验室实验法和自然实验法。

1. 实验室实验法

它是在特定实验室内利用一定的仪器进行的心理实验,通过实验可以获得人的心理现象的某些科学依据。小学教育心理学的某些课题也可以在实验室内进行,如关于小学生的记忆问题,就可以在实验室中利用电动"记忆鼓"来观察小学生学习某种材料的编码、储存和提取情况。又如小学生的学习迁移问题、智力发展水平问题等都可以在实验室进行研究。当然,在实验室中也能模仿诸如课堂教学等自然情境下的心理活动。

但是,实验室实验也有一定的局限性,特别是关于教育心理学某些课题的研究,往往不易发现真正的心理规律。

2. 自然实验法

它是在自然的情况下即教育情境下创设控制某些条件,以引起学生某种心理活动而进行研究的方法。自然实验法有观察法和实验法的优点,既是主动创设条件,又是在日常生活中进行,因此是教育情境中研究学生心理活动最常用和最适用的方法。

教育心理学实验的基本组织形式一般分为三种:

(1) 单组实验形式。这是一种简单易行的实验组织形式。同一个组(或班级)在其他条件不变的情况下,先后分期接受两种不同实验因素的影响,对实验因素所产生的结果进行观察和比较。

采用单组实验形式的优点:手续简便,不打乱学生原有的班级,实验因素较易控制。但也有不足:一是儿童的心理是发展的,不同时期的实验有不同的影响,加上学生生活经验的积累,后期的实验效果可能偏高;二是先前的实验因素对后继的实验因素可能起促进或阻碍作用;三是应用范围有限。

(2) 等组实验形式。这是根据实验条件,将被试随机分成条件相同的等组作为实验对象进行研究。在教育心理学研究中,经常采用实验组与控制组对照的方法,即将被试分成实验组和控制组,实验组接受实验影响,控制组则不接受实验影响,在实验过程中两组被试其他条件保持相同,最后将实验因素所产生的结果加以观测和比较,考察差异的显著性,从而判断实验因素的作用效果。等组实验的关键在于保证各实验组的同质性。

等组实验中设立对照组的目的是增加研究结果的正确性。对照组是供比较的组,是比较的基础。设立对照组不是随便指定一个组来充当,对照组的其他条件必须与实验组尽量相同。两者的不同之处是实验组加入实验因素,而对照组没有加入实验因素。在教育心理学的实验研究中,一般应使对照组在学生、教师、教材、教法等条件上与实验组大体相等。

(3) 循环组实验形式。这是单组实验和等组实验相结合的一种形式,各实验因素在各组中轮流施行。采用循环组实验,各组条件可不必完全相同,同一时间内各组分别接受不同实验因素的影响,然后比较实验结果,再进行下一轮的循环实验,再比较结果。

循环组实验形式兼有单组形式和等组形式的优点,又可避免二者的缺点,但运用这种组织形式难度较大,也比较复杂。循环组实验比较好地体现了教育实验的教育性原则,如果设计得好,此种方法可使所有学生都从实验中获益。

(三) 调查法

调查法的途径和方式是多种多样的。如通过谈话要求学生本人进行口头回答;通过家访了解学生平时在家中的情况;通过查阅材料(如班级鉴定、教师评语、学生的作业等)进行分析。教育心理学课题的调查研究常采用问卷法去搜集资料。

问卷法有许多优点,主要是简便易行;取样大,研究的被试具有广泛性与代表性;由于样组扩大,可以抵消一些中间变量的影响;研究结果的统计处理具有科学性等。

但问卷法也有不足,主要是问卷中题目的用语有时容易表露某种期待的答案;被试对问题的回答常有猜测,不易真实;统计处理较简单,难于进行质的分析等。

由于问卷法可以扩大样组使用,因此在大面积研究中确有许多优点。为了发挥问卷法的优点,在应用问卷法时可做如下改进:

(1) 问卷试题不宜过多,可以适当加大,但必须紧紧围绕主题拟题。
(2) 问卷题目内容应生动有趣,使被试愿意回答,回答须简单。
(3) 被试应根据自己的实际情况回答,尽量避免猜测主试的意图。
(4) 一套问卷题,中间应加入一定量的测谎题目。
(5) 问卷材料的选择须严格和客观,应通过预测进行效度和信度的检验。

(四) 个案研究

个案研究是对一个人或一组人进行研究的方法,有时也与纵向追踪研究相结合,系统记载被试某些心理活动的发展状况,某些教育心理问题产生与发展的原因,提出相应的解决措施。这种方式比较适合于特例研究,如对智力超常儿童、特殊才能儿童、学习困难儿童及品德不良儿童的研究等。

在进行个案研究的过程中,研究者除深入了解学生的各种情况外,还应与他们多接近,建立良好的关系,能给学生解决一些困难,使其充分信任研究者,这样才能在个案研究中取得真实的第一手材料,使个案研究顺利进行。

目前,教育心理研究中有时采用临床法,也是以少数人或个别人为研究对象,基本上也是一种个案研究的方法。

(五)教育经验总结法

教育经验总结是指教育工作者对自己平时的工作经验所进行的总结。在学校教育情境中,教师接触学生的机会最多,对学生的情况最了解,教师通过自己在教育教学工作中对学生的观察、了解能够总结出一些规律性的东西,而教师总结出来的这些经验又可以在教育教学工作中得到进一步的验证或修订。教育经验总结是教育工作者常用的一种方法,采用这种方法的效果往往与教师自身的教育素养和职业素养有关。教师的素养越高,就越容易总结出学校教育情境中带规律性的东西,否则教师所谈论的就只是一些教育心理现象,而无法上升到理论高度。

虽然教育心理学的研究更强调方法的客观性和科学性,但教育经验总结法也是进行教育心理学研究不可或缺的研究方法,可以补充实验法或调查法在教育心理学研究中的不足,因此在教育心理学研究中仍然需要重视教育经验总结法。

在进行小学教育心理研究中,通常使用的并非哪一种单一的方法,而是要根据研究课题的性质、研究的实际需要,以及研究目的等来综合考虑。一般情况下,小学教育心理学研究都是综合采用多种方法,以某一种方法为主、其他方法为辅,或交替使用多种方法。事实证明,多种方法的交替配合使用,反而能够更有效地了解学生的心理问题,并极大地促进问题的解决。

第四节　学习小学教育心理学的意义

小学教育心理学主要研究小学教育情境下学与教互动过程中产生的心理与行为问题。研究和学习小学教育心理学不仅可以丰富教育心理学的理论研究,而且对于解决小学教育情境中的各种心理问题具有重要的意义。具体来说,研究和学习小学教育心理学具有以下几个方面的意义:

一、可以丰富教育心理学的理论研究，拓展教育心理学的研究领域

小学教育心理学是将教育心理学的理论和方法运用到小学教育情境中而产生的，是教育心理学的重要分支。小学教育心理学不仅要研究教育心理学的一般理论问题，还要研究小学生的认知发展、社会性发展、学习动机、习惯的形成、知识与技能的学习、品德形成与发展的规律，以及小学师生的心理健康等具体问题。研究小学教育心理学的这些理论问题和具体实际问题，既是对教育心理学理论原理和具体知识在小学教育情境中的应用性研究，但更是在小学教育情境中对教育心理学一般原理和具体知识的创造与建构。从这种意义上讲，学习和研究小学教育心理学可以进一步丰富教育心理学的理论研究。

同时，在小学教育情境中研究学与教互动过程中产生的心理与行为问题，也拓展了教育心理学的研究领域。小学教育心理学是从心理学的角度研究和揭示小学生在小学教育情境中如何实现自己的发展的。小学生知识技能的掌握、良好人格的塑造、正确学习习惯的形成、良好道德品质的形成及健康心理的维护等一系列发展性问题都是通过学习实现的。因此，与教育心理学一样，小学教育心理学也把学习理论、人格理论、品德理论及心理健康理论等看作建构自己的知识体系，阐述、解释人的发展的基础。而且，小学教育心理学将小学教育情境作为自己研究的主要资料来源，将小学师生互动过程中产生的各种心理与行为问题作为自己的研究主题，也在一定程度上拓展了教育心理学的研究领域。

二、有助于教师掌握小学生的心理与认知发展规律，促进小学生的发展

学习小学教育心理学有利于教师把握小学生的心理特征，能够有效促进教育目标的顺利实现。要想提升小学生知识掌握的效率，消除小学生学习或成长过程中遇到的困惑，使小学生能够掌握做人的基本道理，了解和掌握小学生的心理与认知规律是必不可少的。掌握小学生的心理发展规律，了解小学生的个性特征和个体差异有利于教师因材施教，提高教学质量。可见，掌握小学生的心理发展规律是教师进行有效教学的前提与基础。

在学校教育情境中，教师对学生的学习起主导性作用。每个学生的情况都是不同的，每个学生的成长与发展都是受多种因素影响的，特别是现在的学生面临的成长环境更为复杂，教师只有掌握学生的心理发展特点，才能对学生存在的各种问题追根溯源，才能有效地调动学生的主观能动性，从行动、知识与思想等方面引导小学生，促进小学生向着更加良好的方向发展。同时，掌握小学生的心理发展规律，也有助于教师利用教育心理学原理分析小学生，预测小学生将要发生的行为或发展的方向，及时采取相应的措施，以达到预期的效果。

三、有助于教师更新教育观念,提高自我教育能力

随着我国教育事业的不断发展,教育改革不断深入,素质教育全面展开,社会大众对教师的要求也越来越高。教师只有更新教育观念,树立以全面提高学生整体素质为目标的教育观念,抓住"育人为本"这一素质教育的核心,在学校教育情境中,不仅要教会学生各种知识,更要培养他们良好的道德品质,坚定的意志力,这就需要教师不断学习教育心理学的理论知识和技能,并运用所学知识去观察和了解学生成长发展过程中的心理变化,只有这样才能有效促进学生的全面发展。

当然,教育心理学研究所揭示的学习规律、品德形成规律、人格发展规律及心理健康维护的相关理论,原则上也适合教师自己的学习。如果教师能够自觉学习和运用教育心理学的相关原理来指导自己的教育工作,不仅能够提高教育教学的质量,也有助于教师自身知识结构和心理结构的进一步完善,使教师不仅反思自己的教育教学工作,还要反思自己的人格修炼和品德修养,以提高自我教育能力。同时,学习和研究教育心理学,也有助于教师运用心理卫生知识和心理辅导技术,增进和维护自己与学生的心理健康。

四、可为实际教学提供理论指导,帮助教师进行教学研究

学习和研究小学教育心理学,可为小学教育情境中的实际教学提供一般性的原则和理论指导。在实际教学过程中,教师可根据小学生的实际,以及教学内容、学习材料和教学环境等的具体情况,将这些原则转变为具体的教学程序或活动。如根据学习迁移的规律,教师就可以在教学内容的选编、教学程序的安排等方面采取措施,从而促进小学生学习的有效迁移。

同时,学习和研究小学教育心理学,还可为教师参与教学研究提供可参照的丰富例证。有效的教学需要教师因人、因事、因时、因地而灵活地进行,生搬硬套某些教育心理学的原理不仅无助于教学质量的提高,还有可能适得其反,影响了教育质量。从这种意义上讲,教育心理学并没有给教师提供一套现成的解决问题的具体模式,而只是为教师提供了进行教育教学研究的思路和方法,使教师不仅能够理解、应用某些教育心理学的原理和方法,而且还可以结合自己在教学实际中所遇到的现实问题进行创造性研究,去验证这些教育心理学的原理并解决特定的问题。

复习与思考

1. 教育心理学产生的背景是什么?
2. 国外教育心理学的发展对我国有何启示?
3. 小学教育心理学的原则有哪些?
4. 小学教育心理学的研究方法有哪些?分别有什么优缺点?
5. 学习与研究小学教育心理学的意义和作用是什么?

第二章
小学生的认知发展

本章重点

- 小学生的认知特点
- 皮亚杰认知发展理论
- 维果斯基认知发展理论
- 小学生认知规律对教育教学的启示

小学阶段是人生发展的重要阶段。小学生从笼统、不精确地感知事物的整体渐渐发展到能够较精确地感知事物的各部分,并能发现事物的主要特征及事物各部分间的相互关系,其认知水平正处在不断发展和完善的关键时期。本章着重探讨小学生认知发展的特点和规律,并在此基础上探究小学生认知发展与教育的相互关系问题。

第一节 小学生的认知特点

认知过程包括注意、感觉、知觉、记忆、想象、思维等心理活动。随着神经系统的进一步成熟,在学习活动的要求下,小学生的认知能力得到了发展,注意力有了很大提高,知觉的有意性、精确性逐渐增强,观察能力明显提高,有意识记和意义识记得到发展,记忆容量增大,并逐渐发展出一些记忆策略,思维也从具体形象思维逐步向抽象逻辑思维过渡。

一、小学生的注意

注意是心理活动对一定对象的指向和集中。小学生注意力的发展表现在注意的目的性,以及注意品质的发展等方面。

(一)从无意注意向有意注意发展

小学低年级学生的注意力水平是有限的,注意的目的性很低,他们的注意力在很大程度上受到教学的直观性、形象性和教师所创设的教学情境的吸引。上课时,他们会

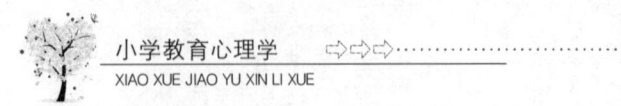

"开小差"、做小动作;做作业时,也需要教师或家长的督促。因此,低年级学生仍然以无意注意为主。随着学习活动的进行,大脑不断成熟,神经系统活动的兴奋与抑制过程逐步协调起来,三四年级的小学生在课堂上可以根据学习活动和教师的要求将注意指向学习对象,他们的注意力正处于从无意注意向有意注意发展的过渡阶段;到了小学高年级,小学生的有意注意逐渐发展起来,并开始占据主导地位,有意注意的自觉性逐渐增强。

(二)注意品质不断发展

小学生的注意品质也在不断发展,主要表现为注意的集中性和稳定性增强,注意的范围有所扩大,注意的分配和转移能力逐渐提高。

小学低年级学生注意的集中性水平较低,主要表现在两个方面:其一,集中注意的深度不足。他们能观察具体形象的事物,而不善于观察抽象、概括的材料;能集中注意于事物的外部现象,而不善于专注事物的本质联系。其二,注意集中的时间较短。到了小学中高年级,学生注意的集中性水平逐渐提高。

小学生注意的稳定性也在逐步发展。实验表明,在一般情况下,7~10岁的儿童可以连续集中注意20分钟左右,10~12岁儿童可以集中注意25分钟左右,12岁以上的儿童可以集中注意30分钟左右。在组织良好的教学中,小学高年级学生的注意可以保持30~45分钟。

在注意的分配方面,小学低年级学生,特别是刚入学的一年级学生,明显地表现出不善于分配注意的特点。他们在同一时间内只能将注意集中在一个对象上,还不能对注意进行有效的分配。随着学习活动和其他活动范围的扩大及知识技能的发展,小学生的注意分配能力逐渐发展起来。到了中高年级,小学生在同一时间里可以把注意分配在几个对象上。

在注意的转移方面,小学低年级学生注意转移的能力还比较差,他们还不善于把注意从一件事情转移到另一件事情上。到了小学中高年级,学生的注意转移能力才逐渐发展起来。

二、小学生的感知

在整个小学阶段,学生的感知发展很快。低年级小学生感知事物时较笼统,往往只注意事物的表面现象和个别特征,对时空特性的知觉很不完善。随着教学过程的深入,小学生的感知能力有了很大提高,知觉的有意性、目的性、精确性明显发展。他们已能从知觉对象中区分出基本的特征和所需要的东西,对于时间单位和空间关系的辨别能力也逐渐增强,其准确性、系统性都不断提高。具体来说,小学低年级学生的知觉具有无意性强、精确性较低等特点,因而在学习时容易分心;到了高年级,其知觉的有意性、精确性都会大幅度提高。

三、小学生的记忆

小学生的记忆也在系统的分阶段的学习生活中逐渐发展起来,主要表现在以下几方面:第一,短时记忆容量发展迅速;第二,由无意识记向有意识记发展;第三,由机械识记向意义识记发展。

(1)从小学低年级的无意记忆占主导地位发展到小学高年级的有意记忆占主导地位。在小学低年级阶段,学生的无意记忆占主导地位。随着年级的升高及学习和训练的影响,小学生的有意记忆明显得到发展,其主导地位逐渐增强。一般而言,小学三四年级是有意记忆得以显现并开始占据主导地位的标志。

(2)意义记忆所占的比例逐渐超过机械记忆,并且在记忆活动中逐渐占据重要地位。由于理解意义与逻辑思维的理解能力有密切关系,因此,意义记忆占主导地位的关键年龄,往往与理解能力发展的关键年龄一致,大约在小学三四年级这一阶段。

(3)由具体形象记忆向语词抽象记忆发展。小学低年级学生第一信号系统占优势,因此他们在识记事物时常常表现为形象记忆。随着知识经验的丰富和智力的发展,小学生抽象记忆的发展水平也逐步超过形象记忆。

四、小学生的想象

小学生的想象从形象片段、模糊向着越来越能正确、完整地反映现实的方向发展。虽然低年级小学生的想象力十分丰富,但在他们的头脑中,现实与想象之间往往没有明确的界限。有时候,他们会由于想象与现实的同一化,导致行为和言语的不合情理。如果没有考虑到小学生想象发展的这种特征,这种"言行不合情理"的现象在成人眼中往往被当作"说谎"、"欺骗"。对此,教师要有充分的认识和理解。总体来说,低年级小学生的想象具有模仿、简单再现和直观、具体的特点,到了小学中高年级,他们的想象对具体形象的依赖性会越来越小,其想象的内容也趋于现实,并且创造想象也开始发展起来。

五、小学生的思维

小学低年级阶段,儿童的思维依赖于具体的对象和情境,只能孤立地认识事物的个别特征和表面现象。随着年龄增长和学习活动的深入,他们开始能够了解事物之间的联系,并根据种属关系对事物进行分类和简单的分析概括,甚至掌握一些抽象的概念等。这时,儿童的思维能力出现了一次质的飞跃,即逐步从以具体形象思维为主过渡到以抽象逻辑思维为主。总体来看,小学生的思维从以具体形象思维为主要形式逐步向以抽象逻辑思维为主要形式过渡,但他们的抽象逻辑思维在很大程度上仍是直接与感性经验相联系的,具有很大成分的具体形象性。三年级之前,小学生偏重于形象思维,10岁左右是小学生形象思维向抽象逻辑思维过渡的转折期。随着思维能力的发展,小学生的思维品质也在不断发展,思维的结构也逐步趋向完善。

在言语方面,小学生逐渐能够掌握口头言语中语音的细微差别,其书面语言也开始发展。在教育教学的影响下,小学生的词汇数量增加很快,对词义的理解越来越精确,语法运用逐步趋于合理、完善,言语表达更加连贯、生动和多样化。小学生不仅在母语的掌握上获得了长足进步,而且还有能力同时进行外语学习,这说明小学生的言语发展有很大潜力。

案 例

为了把课上得更生动形象，小王老师今天带来了许多直观教具，有标本、图片，还有实物。进教室后，他把这些教具放在桌子上或挂在黑板上，他想，今天的上课效果一定很好。可是，结果并非如此。

[**分析**]小王老师带来的各种教具吸引了学生的无意注意，这些新颖性、色彩鲜明的教具容易使学生注意分散，不能专心听讲。

第二节 小学生的认知规律及其对教育教学的启示

认知发展是儿童心理学的重要研究课题。在儿童认知发展研究领域，最为著名的研究当属皮亚杰和维果斯基的研究。因此，本节主要聚焦于这两位杰出人物，结合他们开展的一些具体研究，介绍他们所提出的认知发展理论及其在教育实践中的应用。

一、小学生的认知规律

（一）皮亚杰的认知发展理论

皮亚杰是瑞士著名的儿童心理学家，发生认知论的开创者，日内瓦学派的创始人，他采用临床法对儿童认知发展进行了系统的研究。

1. 认知发展的基本过程

皮亚杰认为，认知的本质就是适应，即儿童的认知是在已有图式的基础上，通过同化、顺应和平衡，不断从低级向高级发展。图式是皮亚杰理论中的一个核心概念，是指个体对世界的知觉、理解和思考的方式，我们可以把图式看作心理活动的框架或组织结构，即认知结构。儿童最初的图式是遗传所带来的一些本能反射行为，如吸吮反射、定向反射等。皮亚杰认为，图式是认知结构的起点和核心，图式的形成和变化是认知发展的实质，而认知的发展要受同化、顺应和平衡这三个基本过程的影响。

（1）同化（assimilation）

同化是指儿童把新的刺激物纳入已有图式的认知过程。同化是图式发生量变的过程，它不能引起图式的质变，但影响图式的生长。

（2）顺应（accommodation）

顺应是指儿童通过改变已有图式或形成新的图式，来适应新刺激物的认知过程。

顺应与同化相伴而行，当个体遇到不能用原有图式同化的新刺激时，便要对原有图式加以修改或重建，以适应环境，这就是顺应的过程。顺应是图式发生质变的过程，通过顺应儿童的认知能力达到一个新的水平。就本质而言，同化主要是个体对环境的作用，而顺应主要是环境对个体的作用。

（3）平衡(equilibration)

平衡是指个体通过自我调节使认知发展从一个平衡状态向另一种较高平衡状态过渡的过程，即同化与顺应之间的均衡。皮亚杰认为，个体的认知图式是通过同化和顺化而不断发展以适应新环境的。一般而言，每当个体遇到新的刺激，总是试图用原有图式去同化，若获得成功，便得到暂时的平衡。如果用原有图式无法同化环境刺激，个体便会进行顺应，即调节原有图式或重建新图式，直至达到认识上的新平衡。因此，在儿童认知发展的过程中平衡是相对的，儿童的认知就是通过平衡—不平衡—平衡的循环过程而不断得到发展的。

2. 认知发展的阶段

皮亚杰将儿童的认知发展划分为四个阶段。在他看来，阶段出现的先后顺序固定不变，不能跨越，也不能颠倒；每一阶段都有独特的认知结构，这些相对稳定的结构决定着儿童行为的一般特点；认知结构的发展是一个连续建构的过程，每一个阶段都是前一阶段的延伸，是在新水平上对前一阶段进行改组而形成新系统。

（1）感知运动阶段(0～2岁)

这一阶段婴儿仅靠感知和动作来适应外部环境，并形成动作图式的认知结构。儿童只有动作智慧而没有表象和运算的智慧。虽然该阶段儿童认知发展还存在很大的局限性，但该阶段形成了以后复杂认知结构的基础。自出生至2岁左右，是智力发展的感知运动阶段。这一阶段婴儿的成长突出表现在两个方面：

第一，逐渐形成了客体永久性，即婴儿从见不到物体就认为它不存在到物体从眼前消失了仍认为它可能存在。这与婴儿语言及记忆的发展有关，客体永久性具体表现在：当一个物体（如玩具）在婴儿面前时，他知道它，而当其不在眼前时，他能认识到此物尽管当前看不见、摸不着，也听不到，但仍然是存在的。例如，被大人藏起的玩具，翻开毡子，打开抽屉，还是可以找到的。这标志着儿童已经形成了客体稳定性的认知图式。近年的研究表明，儿童形成母亲永久性的意识较早，并与母婴依恋有关。

皮亚杰关于儿童客体永久性发展的经典实验

最初，婴儿分不清自我和客体，儿童不了解客体可以独立于自我而客观地存在，只认为自己看得见的东西才是存在的，而看不见时也就不存在了。当客体在眼前消失，儿童依然认为它是存在的，这就是皮亚杰所说的儿童建立了客体永久性(Object Permanent)，一般在1周岁左右。图2-1中的小婴儿还没有建立客体永久性。实验开始时，给婴儿呈现一个玩具小象，当他对这个玩具正感兴趣时,用纸板把玩具挡住,他就不再关心这个玩具了。图2-2中年龄稍大的儿童则不同,当处于类似的实验情景时,儿童能够爬过遮挡用的帷幕,寻找他所感兴趣的玩具。

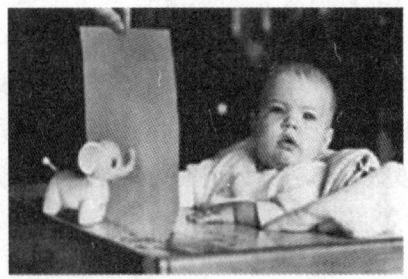

图2-1 婴儿客体永久性形成之前

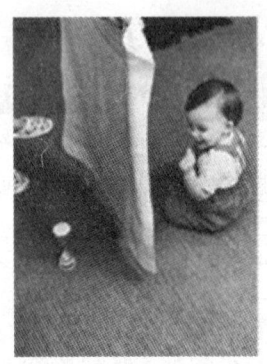

图2-2 婴儿客体永久性的形成

第二,出现了因果性认识的萌芽。儿童最初的因果性认识产生于自己的动作与动作结果的分化,然后扩及客体之间的运动关系。婴儿逐渐开始从被动反应(如抓住放到手里的东西)到积极而有意的主动反应(如伸手去抓东西)。当儿童能运用一系列协调的动作实现某个目的(如拉枕头取玩具)时,就意味着其因果性认识的产生。

(2)前运算阶段(2~7岁)

前运算是指个体还不能借助逻辑推理将事物从一种状态转化为另一种状态。与感知运动阶段相比,该阶段儿童的认知发展在质的方面有了新的飞跃。在感知运动阶段,儿童只能对当前感觉到的事物施以实际的动作进行思维。到了前运算阶段,客体永久性的意识巩固了,动作大量内化。随着语言的快速发展及初步完善,儿童频繁地借助表象符号(语言符号与象征符号)来代替外界事物,重视外部活动,开始从具体动作中摆脱出来,凭借象征图式在头脑里进行表象性思维。前运算阶段的儿童认识活动主要有以下几个特点:

第一,单维思维,缺乏守恒结构。所谓守恒是指儿童认识到即使客体的外部形状发生了变化,但其特有的属性不会变。

皮亚杰关于儿童守恒概念的实验

实验开始首先给儿童呈现两杯等量的水(杯子的形状一样),然后把这两杯水倒入不同口径的杯子里,问儿童哪一个杯子的水多或一样多。皮亚杰在实验中发现,对这个问题,6、7岁以下的儿童仅根据杯子里水的高度判断水的多少而不考虑杯子的口径大小。而6、7岁以上的儿童对这个问题一般都能做出正确的回答,即他们能同时考虑水面的高度和杯子口径两个维度来判断杯子里水的多少。如图2-3所示。

图2-3 皮亚杰关于儿童守恒概念的实验

第二,自我中心性。自我中心是指儿童不能从对方的立场或观点来考虑问题,以为自己的想法就是别人的想法,并深信自己的观点是正确的,当遇到同自己观点相矛盾的事实时,他们会坚定地认为事实是错误的。

皮亚杰的三山实验

为了研究幼儿的自我中心性,皮亚杰进行了著名的三山实验。他把大小不同的三座山摆放在桌子中央,四周各放一张椅子(见图2-4)。带着幼儿围

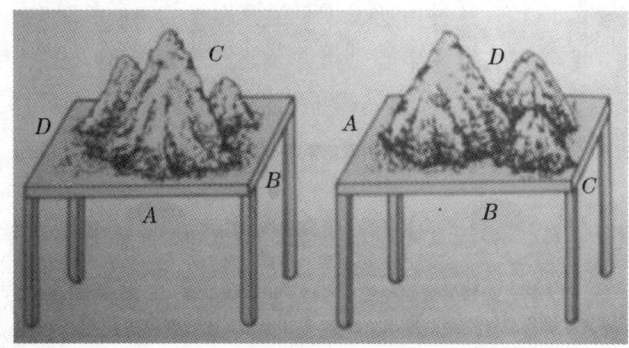

图2-4 皮亚杰的三山实验

绕三座山的模型散步,使幼儿可以从不同角度观察这三座山的模型形状;散步以后,让幼儿坐在其中的一张椅子上,洋娃娃依次放在桌边其他椅子上;问被试,"娃娃看到了什么?"然后向幼儿出示从不同的角度拍摄的"三座山"的照片,让幼儿挑出娃娃所看到的那张照片。实验要求幼儿辨别在三个不同位置上,洋娃娃看到的山外形的图片,此阶段的幼儿只能从自己的角度出发,而不是洋娃娃的观察角度来描述"三山"的形状,即不能成功完成任务。这说明幼儿在对事物进行判断时是以自我为中心的,不能采择别人的观点。

第三,思维的不可逆性。所谓可逆性是指思考问题时可以从正面去想,也可以从反面去想,可以从原因看结果,也可以从结果分析原因。前运算阶段儿童不能完成这种认知活动。

第四,思维具有泛灵论的特点。这一阶段的儿童常把无生命物体看作有生命、有意向的东西。例如,4~6岁的儿童经常把一切事物(如玩具等)看成和人一样是有生命、有意识、活的东西,与它们游戏、交谈。但是,随着年龄增长,泛灵观念的范围逐渐缩小。

第五,具体形象思维。这种思维主要是凭借事物的具体形象或表象来进行的,而不是凭借对事物概念的理解、判断、推理等进行的。

(3) 具体运算阶段(7~12岁)

具体运算是指儿童的思维运算必须有具体的事物支持,有些问题在具体事物帮助下可以顺利获得解决。该阶段儿童的认知活动具有了守恒性和可逆性,并掌握了一定的逻辑运算能力,但运算还离不开具体事物的支持,只能将逻辑运算应用于具体的事物之中,还不能将逻辑运算扩展到抽象的概念。

第一,多维思维,守恒概念的形成。守恒性包括质量守恒、重量守恒、对应量守恒、面积守恒、体积守恒、长度守恒等。具体运算阶段儿童并不是同时获得这些守恒的,而是随着年龄的增长,先是在7~8岁获得质量守恒概念,之后是重量守恒(9~10岁)、体积守恒(11~12岁)。

第二,思维具有可逆性。这是守恒观念出现的关键。例如,对上面所说的倒水例子(图2-3),具体运算阶段的儿童不仅能够考虑水从大杯倒入小杯,而且还能设想水从小杯倒回大杯,并恢复原状。这种可逆思维是运算思维的本质特征之一。

第三,去自我中心性。去自我中心是指儿童逐渐学会从他人的角度看问题。在前运算阶段,儿童是以自我为中心的,这妨碍了儿童客观地看待外部事物。随着儿童年龄的增长,他们逐渐能接受别人的意见,修正自己的看法。去自我中心主义是儿童社会性发展的重要标志。

第四,具体逻辑思维。关于具体逻辑思维的特点,皮亚杰举了这样一个例子:爱迪丝的头发比苏珊淡些,爱迪丝的头发比莉莎黑些,问儿童:"三个孩子中谁的头发最黑?"这个问题若是以语言的形式出现,则具体运算阶段儿童难以正确回答。但如果拿来三个头发黑白程度不同的布娃娃,分别命名为爱迪丝、苏珊和莉莎,按题目的顺序两两拿出来给儿童看,儿童看过之后,提问者将布娃娃收藏起来,再让儿童说谁的头发最黑,他们会毫无困难地指出苏珊的头发最黑。

(4) 形式运算阶段(12岁以后)

该阶段儿童的思维不受具体内容的约束,可通过假设推理来解答问题。在具体运算阶段儿童只能利用具体的事物来进行思维或运算,不能利用语言、文字叙述来运算。进入形式运算阶段,思维不必依赖具体事物,可以利用语言文字,在头脑中进行运算,重建事物来解决问题。这种摆脱了具体事物束缚,利用语言文字在头脑中重建事物和过程来解决问题的运算就叫作形式运算。这一阶段的儿童已经具备了假设演绎推理的能力,能够根据命题之间的关系进行推理,思维更加灵活,能够摆脱具体事物的束缚进行抽象逻辑思维。

3. 影响认知发展的因素

皮亚杰认为,影响儿童认知发展的主要因素是:成熟、物理环境、社会环境,以及具有自我调节作用的平衡过程。

首先,成熟是指机体的成长,特别是指神经系统和内分泌系统的成熟。成熟是认知发展的一个重要条件,它为形成新的行为模式和思维方式提供了一种可能性。例如,婴儿期出现的眼手协调,是建构婴儿动作图式的必要条件。然而,若要使这种可能性成为现实,必须通过练习和习得经验,才能增强成熟的作用。

其次,物理环境。鉴于个体与环境的交互作用是认识的来源,因此,个体必须对物体做出动作。个体在这种动作练习中得到的经验,不同于在社会环境中得到的社会经验。皮亚杰把这种经验分为两类:一类是物理经验(physical experience),是指个体作用于物体,获得物体的特性;另一类是逻辑—数理经验(logico-mathematical experience),是指个体理解动作与动作之间相互协调的结果。在皮亚杰看来,知识来源于动作,而非来源于物体。

第三,社会环境。它包括语言和教育的作用,即人与人之间的相互作用和社会文化的传递。学习者的社会经验可能会加速或阻碍其认知图式的发展。

第四,具有自我调节作用的平衡过程。皮亚杰特别强调该因素的重要性。平衡过程调节个体(成熟)与环境(包括物理环境)之间的交互作用,从而引起认知图式的一种新建构。正是由于平衡过程,个体才有可能以一种有组织的方式,把接收到的信息联系起来,从而使认知得到发展。正因为如此,皮亚杰把平衡作为认知发展的基本过程。

(二) 维果斯基的认知发展理论

维果斯基是苏联著名的心理学家,社会文化历史学派的创始人之一。他主要研究儿童心理和教育心理,着重探讨思维与言语、教学与发展的关系问题。维果斯基理论因强调社会文化在认知发展中的作用而受到国际心理学界的重视。

1. 文化历史发展理论

维果斯基提出,人的高级心理活动受人类文化历史的制约。他根据恩格斯关于劳动在人类适应自然和在生产过程中借助于工具改造自然的思想,详细地阐述了高级心

理机能的社会起源。维果斯基认为有两种工具,即物质工具和精神工具。原始人由于运用物质工具进行生产和劳动,最后脱离了动物世界;人因使用精神工具(语言和符号),从而使其心理发生质的变化,上升到高级阶段。精神工具与物质工具一样,受人类文化历史发展的影响,是不断发展变化的。在维果斯基看来,有必要区分两种心理机能:一种是靠生物进化获得的低级心理机能;另一种是以符号系统(精神工具)为中介的高级心理机能,这是文化历史发展的结果,也是人类在本质上区别于动物所特有的心理机能。在个体发展过程中,这两种心理机能是融合在一起的,但维果斯基特别强调社会文化历史在人的发展过程中所起的作用,强调活动和社会交往在人的高级心理机能发展中的突出作用。

2. 心理发展的本质

心理发展是指一个人的心理在环境与教育的影响下,低级心理机能逐渐向高级心理机能转化的过程。维果斯基从文化历史发展观出发,认为心理机能由低级向高级发展的标志有五个方面:一是心理活动的随意机能;二是心理活动的抽象—概括机能;三是高级心理结构的形成;四是心理活动的社会文化历史制约性;五是心理活动的个性化。

维果斯基指出,心理机能之所以由低级向高级发展,一是起源于社会文化历史的发展,受社会规律的制约;二是从个体发展来看,儿童在与成人交往过程中通过掌握高级心理机能的工具——语言、符号这一中介,而使其在低级心理机能的基础上形成了各种新的心理机能;三是高级心理机能是不断内化的结果。

3. 教学与认知发展的关系

维果斯基从四个方面阐述了教学与认知发展的关系。

(1) 教学的含义。维果斯基认为,可以将"教学"定义成"人为的发展"。他将教学分为广义和狭义两种。广义的教学是指儿童通过活动和交往掌握精神产品的手段,它带有自发的性质。狭义的教学是指有目的、有计划地进行的一种交际活动,它创造着儿童心理的发展。

(2) 最近发展区。维果斯基认为,在进行教学时,必须注意到儿童有两种发展水平:一种是儿童的现有发展水平;另一种是即将达到的发展水平。他把两种水平之间的差距称为"最近发展区",即独立解决问题的真实发展水平和在成人指导下或与其他儿童合作解决问题的潜在发展水平之间的差距。最近发展区说明了儿童发展的可能性。维果斯基认为,教学创造着最近发展区,第一个发展水平和第二个发展水平之间的动力状态是由教学决定的。所以,弄清楚儿童发展的两种水平,即最近发展区,将会大大提高教学对儿童心理发展的作用。

(3) 教学应当走在发展的前面。基于最近发展区理论,维果斯基提出"教学应当走在发展的前面"。这是他对教学与发展关系问题的最主要的理论。首先,教学主导着或决定着儿童智力的发展,这种决定作用既表现在智力发展的内容、水平和智力活动的特点上,也表现在智力发展的速度上;其次,教学创造着最近发展区。儿童两种水平之间的动力状态是由教学决定的。通过教学可以引起和推动儿童一系列内部的发展过程,使儿童掌握人类的历史经验并转化为儿童自身的内部财富。

(4) 学习存在着最佳期。在如何发挥教学的最大作用这一问题上,维果斯基提出了"学习的最佳期"这一主张。具体来说,儿童在学习任何内容时,都有一个最佳年龄。如果不考虑儿童学习的最佳年龄,就会对儿童认知发展造成不利影响。因此,教师在开始某一种教学时,除必须以儿童的成熟和发育为前提之外,还要考虑将教学建立在儿童正在开始且尚未形成的心理机能的基础上,即教学应走在心理机能形成的前面。

4. 认知发展的"内化"学说

维果斯基是"内化"学说的最早提出者之一,其内化学说的基础是他的工具理论。内化是外部的实际动作向内部心智动作的转化。他认为人类运用精神工具(语言和各种符号)使心理活动得到根本改造,这种改造转化不仅在人类发展中,而且也在个体的发展中进行着。小学低年级阶段,学生还不能使用语言这一工具来组织自己的心理活动,因此其心理活动是直接的、不随意的、低级的、自然的。当学生掌握并使用语言来组织自己的心理活动时,其心理活动才转化为间接的、随意的、高级的、社会历史的内部技能。因此,一切高级心理机能最初都是在人与人的交往中,以外部动作的形式表现出来的,然后经过多次重复,多次变化逐渐内化成内部的智力动作。内化的过程不仅通过教学来实现,而且也能通过日常生活、游戏、劳动来实现。内化与外化是密切联系的。外化是内部智力动作向外部实际动作的转化。外化的表现形式很多,如言语反应、行为反应、计划方案和产品等。

二、小学生认知规律对教育教学的启示

(一) 皮亚杰认知发展阶段理论对教育教学的启示

皮亚杰的认知发展阶段理论在教育教学中的应用主要体现在以下四个方面:

1. 适时教育

教师应认识到儿童认知发展水平的有限性,掌握各年龄阶段儿童认知发展所达到的水平,这样在教学中就会更加主动。例如,给7岁儿童教分数概念很难;不可能给5岁儿童教体积守恒。因此,教育不能超越阶段,对儿童进行教育必须遵循循序渐进的原则。因为在文化、教育等方面的差别,必然也将造成智力发展的不同水平,但限于自然成熟的作用,儿童达到某一智力的不同水平,总是有种限度。同时现有的智力水平也必是从前一个阶段逐渐发展起来的,没有超越阶段的智力发展。

2. 重视经验因素

皮亚杰认为,影响儿童认知发展的物理环境包括物理和逻辑—数理两种经验,因而在教学中应注意丰富儿童的学习生活,充分利用其好奇心强,兴趣广泛,活泼好动,喜欢探究,肯于思考的认识特点,鼓励儿童在不同的环境中积极活动,不仅要让儿童玩变形金刚、积木,也应允许儿童玩沙子,在水沟中筑水坝等,教师和家长应经常带儿童到各种自然和社会环境中去体验和感受,让儿童较早较广泛地接触外界,认识环境,观察自然与社会,亲身实践,这样就可以从中获得生动、丰富的经验,包括物理经验和更为重要的

逻辑—数理经验。

3. 多参与社会活动

皮亚杰特别强调社会活动对儿童认知发展的作用。年幼儿童的自我中心性主要表现在活动中不能考虑他人的观点，只从自己的立场出发考虑问题，原因主要是他们缺少与他人相互作用的机会。因此，随着儿童参与社会活动的增多，他们逐渐能够认识到他人的观点与自己的不同。例如，儿童对游戏规则的掌握，就与他们参与游戏活动的多少有关。

4. 创设最佳的难度

根据皮亚杰的观点，认知发展是通过不平衡来促进的。因此，教师要在教学过程中经常制造一些促使学生产生认知不平衡的问题，以促使他们的认知发展。教师的主要任务是通过提问来引起学生的认知不平衡，并提供有关的学习材料或活动材料，促使学生认知发展。

（二）维果斯基认知发展理论对教育教学的启示

维果斯基认为，心理发展是一个量变与质变相结合的过程，是由结构的改变到最终形成新质的意识系统的过程。他强调活动，认为活动是以语言及其他符号系统为中介的社会性活动。他强调内部心理结构，认为心理结构是外部活动内化的结果，新知识必须以旧知识为基础才能建构。认知发展的过程是一个内在结构连续的组织和再组织过程，在新水平上整合新旧信息以形成新结构。因此，利用维果斯基的最近发展区理论，可以采用以下三种评价方式来准确制定教学目标：

第一，通过对学生的诊断性评价来查明学生现有的知识水平、能力发展状况，以及学习上的特点、优点与不足，从而更好地组织教学内容、选择教学方法，以便对症下药、因材施教。可以通过让学生写周记等形式来了解学生的学习状况，从而有针对性地解决他们的问题。

第二，通过对学生的形成性评价，使教师和学生及时获得反馈信息，从而更好地改进教学过程，提高教学质量。在教学活动中，形成性评价往往是通过对学生课堂提问或书面检测来实现的。在课堂上，教师应提出一些有启发性的问题，启发学生利用自己已有的知识和感性经验进行分析，从而引导学生一步一步地获取新知识。

第三，通过对学生的总结性评价来证明学生掌握知识、技能的程度和能力水平，以及达到教学目标的程度，从而确定学生在以后教学活动中的活动起点，预测学生在后续教学活动中成功的可能性，为学生制定新的学习目标提供依据。这个环节可以采取的方法是通过单元检测、期中检测、期末检测来具体把握学生的学习现状。这也是学校教育普遍采用的方法。

皮亚杰的认知发展理论揭示了儿童心理发展具有不同于成人的独特性，强调遵循儿童的思维发展规律是教育取得成效的根本保证。维果斯基提出的"最近发展区"理论，要求教学必须要考虑儿童的最近发展区，并要走在儿童发展的前面。皮亚杰和维果斯基关于儿童的认知发展理论既有共同点又有差异，皮亚杰的认知发展阶段论强调教育应遵循儿童的年龄特点，维果斯基强调教师在"最近发展区"的引导作用，这些对于正

确理解教育与发展之间的关系,具有十分重要的现实意义和指导意义。

(三) 教育如何促进心理的发展

教育作为一种影响认知发展的重要因素,制约着学生认知发展的趋向和速度。但是,教育对认知发展的影响作用并不是唯一的,也不是单向的。教育与儿童的认知发展之间存在着比较复杂的相互依存的关系。教育必须从儿童的认知发展特点出发。其一,儿童既是社会成员,又是自然实体,作为自然实体,儿童的认知发展有一个逐渐成长达到成熟的过程,因此教育的内容和方法只有适合学生的认知发展水平和特点才能起到促进作用。同时,儿童作为社会成员,又受到其他各种社会因素的影响,因此教育也不能忽视这些因素在儿童认知发展中的作用。其二,认知发展是在学生的积极活动中实现的,教师必须将教育转化为学生内在的需要,不断激发学生自我教育和学习的积极性。只有这样,教育才能真正取得成效。

为了促进学生的心理发展,教育者要做到以下几点:① 教育的目的性、方向性要明确。② 教学内容要适合学生的认知发展水平,并在此基础上提出略高的要求,使大多数学生经过努力能够获得学习效果,并通过学习效果进行自我强化,培养起学习兴趣,力争做到从全体出发,又照顾到个体差异。③ 要选择适当的教育和教学方法,激发学生的学习动机,使学生对所学的内容能够集中注意力。④ 要考虑到家庭和社会环境的作用,尽可能做到互相配合、协调一致。⑤ 对学生认知的培养不能一蹴而就。教育的影响是一个长期的过程,迟效性和反复性都是教育工作中的正常现象,要在缓慢的发展和反复中看到学生的进步,要注意教育内容的连贯性和系统性。

案 例

一位父亲拿来两瓶可口可乐(这两瓶可口可乐瓶的大小形状一样,里面装的饮料也是等量),准备分别给他一个6岁和一个8岁的孩子,开始俩孩子都知道两瓶中的饮料是一样多的。但父亲并没有直接将两瓶可乐饮料分配给孩子,而是将其中一瓶倒入了一个大杯中,另一瓶倒入了两个小杯中,再让两个孩子挑选。6岁孩子先挑,他首先挑选了一大杯而放弃两小杯,可是当他拿起大杯看着两个小杯,又似乎犹豫起来,于是放下大杯又来到两小杯前,仍是拿不定主意,最后他还是拿了一大杯,并喃喃地说:"还是这杯多一点。"这个6岁的孩子在挑选饮料时很犹豫地选择了大杯。在6岁孩子来回走动着挑选量较多的饮料时,他那8岁的哥哥却在一旁不耐烦而鄙薄地叫道:"笨蛋,两边是一样多的。如果你把可乐倒回瓶中,你就会知道两边是一样多的。"他甚至还亲自示范了将饮料倒回瓶中以显示其正确性。

[分析]从这个6岁孩子身上可以充分体现出前运算阶段儿童思维或智力的进步和局限性。他此次挑选过程中表现出的迷惘犹豫说明他不仅注意到了杯子的大小,也开始注意到杯子数量,思维已开始从单维集中向两维集中过渡。但他最后挑

选大杯表明他并未真正形成守恒和可逆意识。

6岁儿童挑选可乐过程表现出的迷惘和犹豫其实也是一种内心的冲突或不平衡,即同化与顺应之间的不平衡。过去的或是说现存的认知结构或图式已不能解决当前的问题,新的认知结构尚未建立。不平衡状态不能长期维持,这是智力的适应功能所决定的,平衡化因素将起作用,不平衡将向着平衡的方向发展,前运算阶段的认知结构将演变成具体运算思维的认知结构。守恒性和可逆性获得是这种结构演变的标志。8岁男孩的叫喊和示范动作充分体现了这一点。

扩展阅读

儿童心理理论

儿童心理理论是儿童在成长的过程中,逐渐发展出一种对自己和他人心理状态的理解能力。他们开始理解自己所思考的、知道的、感知的,以及所相信的也许与其他人有所不同,并开始了解到人们的许多行为是由他们自己的知识和信念引起或推动的。儿童的这种能力被心理学家称为"心理理论"(Theory of Mind)。心理理论问题自 Premack 和 Woodruff 于 1978 年提出以来,对它的研究已成为继皮亚杰关于儿童认知发展的研究和元认知的研究之后,又一个探讨儿童心理表征和心理理解的崭新视角和范式。

在研究心理理论问题时,心理学家们最为关心的是儿童何时产生心理理论能力。为此,心理学家把研究的重点主要集中在儿童对他人的信念,以及信念与行为之间关系的认知发展方面。所谓信念是指人们对世界的心理认识或态度,是对客观世界的心理表征。一般而言,人们都想正确地表征现实世界,但实际上,人们依赖信念对现实世界的表征既可能是正确的,也可能是错误的。为此,心理学家较为一致地认为,如果儿童能够正确地理解他人会拥有"错误信念"(false belief),那么,就可以判断这时的儿童已具有了心理理论能力。

关于儿童对"错误信念"的研究最早始于 Wimmer 和 Perner(1983)的实验。在实验任务中,让被试观察用玩偶演示的故事:男孩 Maxi 将巧克力放在厨房的一个碗柜(位置A),然后离开;他不在时,母亲把巧克力转移到另一个抽屉(位置B)。Maxi 因不在现场,因此不知道巧克力已被移位。此时,向被试提问:Maxi 会到哪儿找巧克力?是碗柜里,还是抽屉里?

实际结果是,对3岁的儿童来说,由于他们很难区分自己所知与他人所知的不同,因而他们的典型反应是:Maxi 将到抽屉里找巧克力,他们认为巧克力就在这里,但是对 4 岁左右的儿童来说，由于他们已经可以将自己所知与他人所知区分开来，他们可以正确地预测一个人的行为是依赖该人所想或所知的，因而大多可以正确地预测：Maxi 将到碗橱里找巧克力，因为 Maxi 以为巧克力还在里面（Maxi 有了错误信念）。许多研究认为，由于儿童在 4 岁左右理解了错误信念，因此，该年龄是心理理论能力发展的转折点。但是，也有一些研究通过改变提问内容和形式、让儿童参与活动、研究儿童的欺骗行为等，发现 3 岁前的儿童也能理解错误信念。截至 2015 年，研究者们正从多种研究模式和研究内容（甚至从脑神经机制的角度）来进一步探究儿童心理理论能力的发展特点。

心理学家普遍认为，拥有发展良好的心理理论，就能使个体更好地操作与控制日常的社会环境，较准确地预测他人和自己的认知和情感状态，并协调相互间的关系。对儿童而言，拥有良好的心理理论，可促进儿童诸多社会认知能力的发展，这些能力是他们与同伴、父母、兄弟姐妹及陌生人相处所必须具备的。例如，儿童若提高了对相互矛盾的心理表征的认识水平，就可以理解看法、偏见、信念、欺骗、争执、印象、反语、讽刺、错误观念和解释等概念的含义，并且认识到，由于人们对同一事物可能持有不同的认知表征，因此每个人自己也就可能出现错误信念，即自己关于某事的认识可能是错误的。他们在认识到外表与真实有差异后，就可把这种认识应用于对关系的认识上，比如意识到"他们表现得好像彼此喜欢，但是实际上他们并不喜欢对方……"

此外，心理理论能力在儿童的理解及叙述的产生上很可能扮演一个中心的角色。实际上，在学前儿的故事书里有大量与角色的愿望和信念有关的内容。例如，小红帽的故事。这个故事说的是小红帽有一个错误信念，即认为狼是她的外婆。作为读者（包括幼儿），我们都知道狼是在欺骗小红帽。但为了理解和欣赏这个故事，幼儿必须能够超越现状，理解到小红帽是不知道我们所知的，否则，这个故事的许多意蕴就丧失了。

复习与思考

1. 简述小学生的认知特点。
2. 皮亚杰认知发展理论的主要观点是什么？对教育教学有何启发？
3. 维果斯基认知发展理论的主要观点是什么？对教育教学有何启发？

第三章
小学生的人格与社会性发展

本章重点

- ➢ 小学生的人格发展
- ➢ 小学生的社会性发展
- ➢ 小学生的人格发展对教育教学的启示
- ➢ 小学生的社会性发展对教育教学的启示

小学生的人格与社会性发展状况是影响其学习的主要的非智力因素。非智力因素虽不直接决定小学生的学习,但却对小学生的学习产生重要的影响。从全人发展的角度看,非智力因素的发展本身也应该成为教育教学关注的重要内容。

第一节　小学生的人格发展

人格是一个人总的精神面貌,作为一种非常稳定的特质,对人的认知、情感、意志、行为等方方面面都产生深刻影响。人格的发展既受遗传生理因素的影响也受后天环境和经验的影响。"人格"这一概念很早就引起哲学家和心理学家的注意,关于这一概念的内涵也存在一定的争议。

一、什么是人格

(一) 人格的由来与含义

人格(personality)一词来自拉丁文"persona",原意是面具、脸谱的意思。由于面具可以直观代表角色的特点,后来被广泛应用于戏剧。当这个词被应用于日常生活时,其含义也得到了扩展。不仅用来表示一个人表现在别人眼中的印象或外表的自我,也用来表示一个人在生活中扮演的角色或真实的自我及个人品质,甚至还用来表示一个人的尊严和优越。

人格在心理学中含义非常丰富，不同的心理学家提出了不同的定义。有的强调人格是一系列稳定特点的总和，有的强调人格的整体性，有的强调人格的层次性，有的强调人格的适应性，还有的强调人格的差异性。现代心理学在综合了历史上有关人格的各种定义后，主要采用一种综合性的定义，将"人格"界定为：人格是个体在先天生物遗传素质的基础上，通过与后天社会环境的相互作用而形成的相对稳定而独特的心理行为模式。

理解这一概念需要把握以下几个方面：① 人格是一个人的心理行为模式。② 这种行为模式是独特的。③ 这种行为模式是相对稳定的。④ 人格不是生下来就有的，而是在先天的生物遗传素质的基础上，通过与后天环境相互作用而形成的。

关于人格的结构，心理学体系中存在着多种理论。如荣格的内外倾向性理论，卡特尔的16种人格特质理论等都是非常有影响力的理论。本章仅介绍两种在心理学中影响较大的人格理论。

（二）艾森克的"大三"人格理论

"大三"人格理论是由英国心理学家艾森克提出的。他认为人格主要由三个维度构成，即内向—外向、神经质和精神质。内向—外向维度划分的思想最早来自精神分析理论家荣格，艾森克用科学的方法验证了这个维度的存在。他认为，一些人喜欢热闹，好交际，较冲动，他们的精力倾向于外部世界，这些人属于外向的人。另外一些人比较喜欢安静，好反省，喜欢井然有序的生活，他们是内向的人。当然内向—外向是一个维度，绝对内向和绝对外向的人是少数，大多数人既有部分内向的特点，也有部分外向的特点。只是在这个标尺上，有的人更靠近外向一端，有的人更靠近内向一端。

（三）古德伯格和诺曼等人的"大五"人格理论

卡特尔的16种人格特质理论长久以来被认为是解释人格结构的经典理论。然而一些人格心理学家认为16种特质显得有点太多了，于是一批心理学家重新对卡特尔提出的人格特质进行分析，发现了五个稳定的人格因素。这种理论以古德伯格和诺曼等人为代表，他们认为人格可以用五个因素来描述，被称为"大五"人格理论。

古德伯格和诺曼认为，这五种人格因素分别是：外倾性、神经质、开放性、宜人性和尽责性。① 外倾性等同于艾森克的内向—外向维度，含义为好交际对不好交际，爱娱乐对严肃，感情丰富对含蓄。典型的外倾性表现出热情、社交、果断、活跃、冒险、乐观等特点。② 神经质的含义为烦恼对平静，不安全感对安全感，自怜对自我满意，包括焦虑、敌对、压抑、自我意识、冲动、脆弱等特质。③ 开放性的含义为富于想象对务实，寻求变化对遵守惯例，自主对顺从，具有想象、审美、情感丰富、求异、创造、智慧等特征。④ 宜人性的含义为热心对无情，信赖对怀疑，包括乐于助人、合作、信任、利他、直率、谦虚、移情等品质。⑤ 尽责性的含义是有序对无序，谨慎细心对粗心大意，自律对意志薄弱，包括胜任、公正、条理、尽职、成就、自律、谨慎、克制等特点。

二、小学生的人格类型

在小学生人格研究领域,罗宾斯等以母亲评定的方式将儿童人格划分为超控型、低控型和弹性型三种类型。超控型儿童有较强的自我意识,情绪稳定,对经验开放,更为外向;低控型儿童最易与人相处,同时他们比较内向,情绪不稳定;弹性型儿童不易与人相处,具有较低的自我意识,情绪不太稳定,对经验也不够开放,具有一定的反社会倾向。① 卡斯皮和斯尔瓦利用《自我报告多元人格问卷》对800名3至18岁的儿童进行调查,对数据进行聚类分析发现,儿童的人格可以划分为低自控型、羞怯型、善调节型、自信型和保守型。低自控型儿童在冲动、危险寻求、攻击、人际疏远方面得分较高;羞怯型在冲动、危险寻求、攻击、社会效能方面得分较低;自信型儿童在冲动性方面得分最高;保守型儿童在社会效能方面得分最低;善调节型儿童持续表现出规范的行为。②

我国学者张野、杨丽珠利用《中国小学生人格发展教师评定问卷(第三版)》对小学生的人格类型和发展特点进行研究,结果发现,我国小学生的人格类型可分为矛盾型、认可型、拒绝型和中间型。③ 详见图3-1。

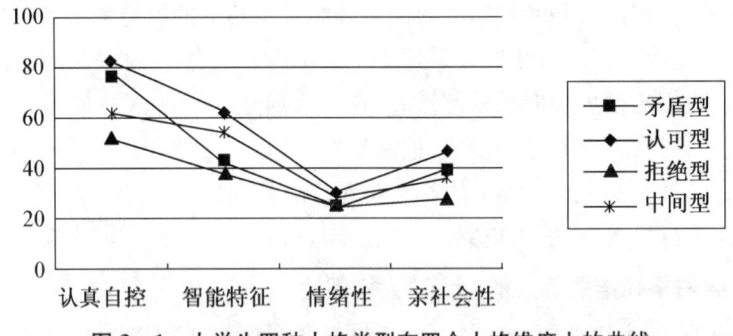

图3-1 小学生四种人格类型在四个人格维度上的曲线

矛盾型的小学生认真自控维度的分数高于总体平均水平,并且明显高于中间型,智能特征的分数低于总体平均水平,亲社会性维度的分数与总体平均水平相当,但是情绪性维度的分数却与拒绝型(分数差异不显著)一起为所有类型中该维度的最低分,表明该类型小学生情绪性行为表现最多。

认可型的小学生认真自控、智能特征、亲社会性的程度水平最高,情绪性行为的消极表现最少。

拒绝型的小学生认真自控、智能特征、亲社会的程度水平最低,情绪性行为的消极表现最多(与矛盾型差异不显著)。

---

① Richard W. Robins and Oliver P. John etc. Resilient, Overcontrolled, and Undercontrolled Boys: Three Replicable Personality Types, Journal of Personality and Social Psychology, 1996. Vol. 70, No. 1, 157 - 171.
② Avshalom Caspi, Phil A. Silva. Temperamental Qualities at Age Three Predict Personality Traits in Young Adulthood: Longitudinal Evidence from a Birth Cohort. Child Development, 1995. 66(2): 486 - 498.
③ 张野,杨丽珠.小学生人格类型及发展特点研究[J].心理科学,2007,30(1):205 - 208.

中间型的小学生认真自控维度的分数低于总体平均水平,智能特征维度的分数高于总体平均水平,情绪性维度的分数与总体平均水平大致相当,亲社会性维度的分数稍稍低于总体平均水平。与另三种类型相比,该类型各维度分数均处于一般水平。

张野等人同时研究了低、中、高三个年龄段小学生的人格类型的年级差异,发现三个年龄段小学生在人格类型的人数分布上均是认可型最多,说明小学生中积极人格类型的人数占主体地位。从发展趋势上看,认可型和矛盾型的小学生在人数上随年级升高逐渐增多,但矛盾型小学生的人数在中年级到高年级阶段增长迅速,这表明我国小学生尤其是中高年级小学生在敏感、焦虑等消极情绪的表现方面存在着令人担忧的问题。与低年级小学生相比,中高年级的小学生在独立性、自我意识的发展上均有了显著提高,具体表现在他们不再完全服从教师的指令,对事物的认识也变得更加深入,同时,同伴关系也由于小团体的出现而亲疏不一,这些均可能导致其在教师眼中消极情绪的大量出现。除了师生关系、同伴关系的影响外,学业压力也开始有所显现。消极人格类型迅速增多的现象需要引起关注。

人格类型的性别比较发现,认可型女生的人数显著高于男生,而拒绝型女生的人数显著低于男生。上述结果与社会对男女两性的认识是趋于一致的。与男生相比,教师眼中的女生往往具有较好的人格行为表现,她们在学习、学校日常生活中认真、负责,能较好地控制自己,更容易表现出同情心、更多地做出关心他人的行为。

三、影响小学生人格发展的因素

人格的形成和发展是一个复杂的过程,受到多种因素的综合影响。影响小学生人格发展的因素可以分为遗传因素和环境因素两大类。

1. 遗传因素

基因(遗传因子)是具有遗传效应的 DNA 片段,它支持着生命的基本构造和性能,储存着生命的种族、血型、孕育、生长、凋亡过程的全部信息。许多研究表明,人类的基因影响许多行为表现。典型的证据来自双生子研究。双生子分为同卵双生和异卵双生。所谓同卵双生是由同一个受精卵分裂为两个细胞簇,然后这两个细胞簇发展为独立的两个个体。这两个个体在遗传上是完全一样的。所谓异卵双生是由两个受精卵发展而来的两个个体。研究发现,即便是同卵双生子在极端不同的环境中长大,他们之间人格特质的相似性也高于在相同环境中长大的异卵双生子。另有研究表明,同卵双生子,一方患精神分裂症,另一方也患精神分裂症的比例约为45%,而异卵双生子之间的同病比例约为15%。这说明精神障碍具有基因基础,基因确实对人格产生一定的影响。

但我们也不应过于夸大基因对人格发展的影响。一些更严密的研究发现,基因对不同性状领域影响的程度并不相同。基因对气质和社会性特征的影响弱于其对生理和认知发展的影响。基因除了对以反社会形式存在的神经过敏、焦虑等社会倾向、幻想性、活动水平与社会性适应不良特征的影响较为明显之外,绝大多数社会性特征的基因效应并不存在跨研究的一致性。

> **扩展阅读**
>
> ## 遗传对人格的作用
>
> 尽管心理学家一般都假定组成人格特征的相对稳定的习惯和特质由我们的环境形成,但是,家庭研究和其他的纵向研究则揭示,许多人格特征的核心维度受其基因影响。例如,内/外向——一个人是害羞、退缩、在他人面前不自在,还是外向和社会取向的——显示了与 IQ 大约同样的中度水平的可遗传性。另一个受基因影响的重要属性是移情关注。高移情的人能够认识到他人的需要并且关心他们的幸福。新生儿通过自己变得难过来对其他难过的婴儿做出反应——对有些研究者来说,这个发现暗示了移情的能力可能是天生的。早在 14~20 个月,对悲伤同伴的关心水平上,同卵双生子已经比异卵双生子更为相似了。并且,到了中年,离开家分开生活了很多年的同卵双生子,仍然在移情关注的测验上彼此相似($r=0.41$),而异卵双生子之间极不相似($r=0.05$),这就很合理地表明了这个属性是一个可遗传的特质。(引自 David R. Shaffer 著,邹泓等译,发展心理学——儿童与青少年,第六版,中国轻工业出版社,2005 年 2 月第 1 版)

2. 环境因素

(1) 生理物理环境

生理物理环境主要是指那些客观存在于个体之外并对其产生影响的物理条件和满足个体生理需要的条件,如怀孕与生育的时空条件、食物、空气及天气、气候等条件。有关研究发现,染色体异常会影响到个体的人格特点。如性染色体为 XYY 的个体会表现出比其他个体更多的攻击性。孕期及产期并发症也会影响个体的人格发展,如孕期受到不良因素的影响,可导致胎儿畸形或其他的发育不良,而这些发育的异常会在日后的发展中为人格发展埋下不良影响的种子。尽管身体形态和健康状况不直接决定人格的发展,但通常会在社会互动中给个体发展带来不利影响,使其人格发展面临更多的挑战。

(2) 社会环境

社会环境是指人类生存及活动范围内的社会物质、精神条件的总和。广义的社会环境包括整个社会经济文化体系,狭义的社会环境仅指人类生活的直接环境。影响小学生人格发展的社会环境因素主要包括家庭因素、学校因素和社会因素。

家庭因素主要包括家庭的社会经济地位、父母教育观念以及父母共同养育等。① 家庭的社会经济地位影响着整个家庭环境。不同的家庭社会经济地位会导致儿童成长的家庭环境产生差异,儿童从家庭环境中所能得到的资源也不同。许多研究表明,家庭收入较低、失业、贫困等不利的经济状况都与儿童时期低智商、低学业成就,以及负性情绪和问题行为密切相关。② 父母教育观念是父母基于对儿童发展的认识而形成的对儿童教养教育的理解,它直接支配着父母对儿童进行教育的目标、方向、手段和行为及方式方法。父母的教育观念受其所处的社会文化背景的影响,如西方文化背景下的父母更注重培养孩子的独立自主的人格特质,更强调个人的自我实现和自我成就。而东方文化背景下的父母,更注重培养孩子服从,与他人保持一致的人格特质。人格发展良好的小学生,其父母大多数持积极开放的教育观念,能与孩子平等相处,给孩子更多的独立自主和自我探索的机会。③ 父母共同养育是指父母在养育孩子的过程中相互支持、协调一致的心理品质和行为。研究发现,父母合作共同养育的家庭,儿童的人格得到最好的发展。其次是父母一方积极参与的共同养育家庭,且父亲高参与型家庭的儿童人格发展好于母亲高参与型家庭。父母低参与型养育的家庭和父母对立型的共同养育家庭对儿童人格的发展最为不利。①

影响小学生人格发展的学校因素主要包括校园文化因素、同伴关系因素和教师期望因素等。① 校园文化是学校所具有的特定精神环境和文化气氛,包括校园建筑设计、校园景观、绿化美化等物化形态的内容,也包括学校的传统、校风、学风、人际关系、集体舆论、心理氛围,以及学校的各种规章制度和学校成员在共同活动交往中形成的非明文规定的行为准则。健康的校园文化,可以陶冶学生的情操、启迪学生心智,促进学生的全面发展。② 随着年龄的增长,交往范围的扩大,同伴关系在小学生人格发展中的作用日益重要。较好的同伴关系会促进儿童正确社会价值观的形成、社会技能的发展、自我概念和人格的健康发展。而同伴关系不良则会对人格发展带来明显的消极影响。杨丽珠等人研究发现,同伴接纳程度高的小学生,其人格的智能特征、亲社会性及认真自控等方面的得分较高。② ③ 教师期望是指在教师对学生全面了解的基础上,所产生的一种预测性认知,这种认知主要表现在学业成绩、行为表现、人格特征等方面。著名的"皮格马利翁效应"说明,教师期望对儿童发展具有重要的作用。相关研究表明,正向的教师期望有助于小学生形成健康的人格,而负向的教师期望则容易导致小学生自卑和退缩,对人格发展产生不利影响。

社会文化对小学生的人格发展也有影响。例如,整个社会的社会风气、小学生所处的亚文化氛围及其所接触到的大众传媒对小学生的人格都有影响。很多研究表明,小学生经常观看暴力性影片会使其攻击暴力性明显上升。不良的社会风气和亚文化氛围会使小学生沾染上一些不良习气,表现出更多的不良行为,久而久之会影响到其健康人格的发展。

---

① 邹萍.父母共同养育行为及其对小学生人格发展的影响[D].辽宁师范大学,2007:5.
② 杨丽珠,徐敏,马世超.小学生同伴接纳对其人格发展的影响:友谊质量的多层级中介效应[J].心理科学,2012,35(1):93-99.

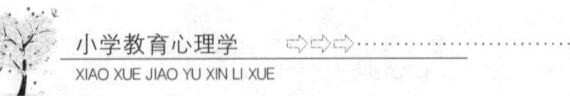

案例

同样的境遇,孩子的行为差距为什么那么大?

李老师是一所山区小学的乡村教师。她所带的班级里百分之八十的学生都是留守儿童。他们的父母为了改善家里的经济状况外出打工,把自己的孩子托付给爷爷奶奶、外公外婆或其他亲戚照看。李老师一直有一个问题想不通,同样的年龄、同样的性别、类似的经历,为什么学生之间的差距会如此之大?

李老师发此感慨是因为她班上有两个孩子,都是留守儿童,一个让她操碎了心还是很难管好,一个不需要特别教导,方方面面都很优秀。这两个孩子都是男孩,11岁,一个叫李明,一个叫李冰。两个孩子虽然同姓但没有血缘关系,他们村上所有人家都姓李。两个孩子都跟着爷爷奶奶住。李明聪明懂事,在学校里学习成绩优秀、团结同学,诚实、勤奋、懂事、好学,在教师和家长眼里就是一个小大人。不仅学习好还能帮助爷爷奶奶做家务,帮助老师管理班级,帮助同学解决学习困难,年年被评为三好学生。李冰则恰好相反,学习成绩差,还不认真学习,上课走神,下课打闹,经常偷同学东西,最近又染上了打游戏的毛病,从爷爷奶奶家里偷钱去玩电脑游戏。李老师想搞清楚两个学生为什么差距会这么大,还专门到两个学生家里去家访。两个家庭的条件真的看不出太大的差别,双方都由爷爷奶奶照顾生活,家庭条件都比较差,双方的爷爷奶奶都有慢性病,爸爸妈妈都一个月左右打一次电话回家。双方父母都是只有春节才回家。双方的爷爷奶奶基本都是文盲,爸爸妈妈也都初中没毕业。李老师比较了两个家庭的几乎所有的方面,好像真的找不到差异的地方,但是为什么两个孩子的发展却截然不同呢?

[分析] 留守经历通常对孩子都会产生不良影响,因为父母离家,爷爷奶奶年迈,孩子生活中缺少父母的关爱,情感上会感到孤独,没有安全感。但是面对不利的生活环境,不是所有的儿童都会受到不良影响。有一种儿童,他们在面临不良环境时,看起来不仅没有被不良的环境因素打倒,反而在逆境中愈挫愈勇,锻炼了各方面的品质,有了更好的发展。心理学里将这种儿童称为"弹性儿童"。心理弹性是个体面对生活逆境、创伤、悲剧、威胁或其他生活重大压力时的良好适应过程,它意味着从困难经历中"恢复过来",心理弹性是个体在危险环境中良好适应的动态过程。心理学家将影响儿童成长的因素分为两类:一类为危险因素,对儿童的成长产生不利的影响;一类是保护性因素,这类因素对儿童成长产生积极影响。保护性因素包括良好的智力、社交能力、自我效能感等个性因素和亲密的亲子关系、父母的权威性教育、有序的家庭环境等家庭因素,以及参加亲社会组织,与教师等亲社会成人建立亲密联系。在上述案例中,两个孩子的个体因素及家庭教育等方面可能是两个孩子行为表现差异巨大的原因。

第二节 小学生的社会性发展

人是社会性动物,个体在形成自己人格的同时也在不断地发展着自己的社会性。社会性发展同样受多种因素的影响。个体的社会性调节着个体与社会的关系,对个体适应社会具有重要的意义。

一、什么是社会性

社会性即社会属性,指由人的社会存在所获得的一切特征,符合社会规范的典型行为方式,主要包括社会认知、社会情绪情感、社会关系和社会行为等方面。刚出生的人类个体基本不具有社会性,其社会性是在社会化过程中逐渐形成的。所谓社会化是指个体在特定的社会文化环境中,学习和掌握知识、技能、语言、规范、价值观等社会行为方式和人格特征,适应社会并积极作用于社会、创造新文化的过程。它是人和社会相互作用的结果。通过社会化,个体逐渐学会社会中的标准、规范、价值和所期望的行为习惯。

二、小学生的社会性发展

小学生社会性的发展主要表现在社会认知、同伴关系、亲社会和反社会行为等方面。

(一) 社会认知

社会认知是指人对社会性客体及其之间的关系,如人(他人和自我)、人际关系、社会群体、社会角色、社会规范和社会生活事件的认知,以及对这种认知与人的社会行为之间的关系的理解和推断。

1. 观点采择

美国发展心理学家R.塞尔曼认为,观点采择在儿童的社会认知发展中处于核心地位。观点采择是指儿童推断别人内部心理活动的能力,即能设身处地理解他人的思想、愿望、情感等。观点采择的本质特征在于个体认识上的去自我中心化,即能够站在他人的角度,从他人的角度看待问题。通过观点采择,可以预测儿童对友谊、权威、同伴及对自我进行推理的概念水平,可以把儿童社会认知发展的不同方面联系在一起。

塞尔曼采用两难故事法研究了儿童的观点采择的发展。其中一个被广泛引用的故事是这样的:

> 霍莉是一个8岁女孩,喜欢爬树。在左邻右舍的孩子中她最擅长爬树。一天,当她从一棵高树上爬下时,从离地面不高的树枝掉了下来,但没有摔伤。她的爸爸看到了,很担心霍莉,因而要求霍莉以后再也不爬树了。霍莉答应

了。后来有一天,霍莉和她的朋友们遇到了肖恩。肖恩的猫夹在树上下不来了。必须立即想办法把猫从树上救下来,不然猫就会从树上摔下来。只有霍莉一个人能够爬上树把猫救下来,但她记起曾经答应爸爸再也不爬树了。

为了考察儿童对霍莉、爸爸和肖恩的观点的理解,向儿童提出以下四个问题:霍莉知道肖恩的感受吗?如果霍莉的爸爸发现她又爬树,他会感到怎样?如果霍莉的爸爸发现她又爬树,她认为她爸爸会怎样做?你会怎样做?

根据不同年龄儿童对这些问题的回答,塞尔曼把3岁到青春期儿童观点采择的发展划分为五个阶段:

阶段0(3~6岁)自我中心的观点采择:儿童只知道自己的观点,意识不到别人的观点。他们认为,不管自己认为霍莉该怎样做,别人都会这样想。

阶段1(6~8岁)社会信息的观点采择:儿童认识到人们有他们自己不同的观点,但相信这是由于个人所接受到的信息的不同。这一阶段儿童仍然不能考虑别人的想法,并事先知道别人对一件事会怎样反应。

阶段2(8~10岁)自我反省的观点采择:儿童知道,即使接受的信息相同,自己和他人的观点也会发生冲突。他们能够考虑对方的观点。他们还能认识到别人也会站在自己的角度看问题,所以能够预期对方对自己行为的反应。但是儿童不能同时考虑自己和他人的观点。

阶段3(10~12岁)相互的观点采择:儿童能够同时考虑自己和他人的观点并且认识到别人也这么做。到这一阶段,互动的每一方能够站在他人的角度看问题,而且在做出反应之前能够从他人的角度看待自己。儿童还能假定存在着一个与互动无关的第三者的观点并能预期互动的每个参与者(自己和他人)对同伴的观点的反应。

阶段4(大致在12~15岁及以上)社会和习俗系统的观点采择:这一阶段的青少年试图通过与他生活于其中的社会系统的观点(即"概括化他人的观点")的比较来理解另一个人的观点。换言之,青少年期望他人考虑和采纳其社会群体中大多数人所持的观点。

可见,小学生已经开始能够考虑别人的观点,并且这种能力在小学阶段发展迅速,至12岁时已能够站在第三方的角度来审视自己和他人的观点和行为。然而,儿童的观点采择能力的真正成熟差不多要等到青春期结束。

2. 移情的发展

有人认为移情是一种特殊的观点采择能力,这是因为移情既包括认知成分,又包括情感成分。其中,移情的认知成分包括辨别、命名他人情感状态的能力和采择他人观点的能力;移情的情感成分是对他人情绪情感的反应能力。

霍夫曼认为,儿童移情的发展要经历以下四个阶段:

阶段1(非认知的移情阶段):出生第一年,儿童对自我—他人关系尚未达到分化,所以不能区分对他人的情绪状态和自己的情绪状态的体验,因此,人生第一年的移情处于一种非常原始的阶段,即非认知的移情阶段。这一阶段,移情是对自身和情景感觉的一种模糊不清的混合物。

阶段2(自我中心的移情):出生第二年,儿童初步的自我意识开始萌芽,自我中心的移情出现。这一阶段,儿童开始能够对他人的情感做出反应,但是这种反应只是减轻自己的不安和痛苦,然后儿童表现出对他人痛苦的同情。

阶段3(推断的移情阶段):2~3岁开始,这一阶段儿童形成了最初步的角色采择能力,表现出一些利他主义的尝试。

阶段4(超越直接情景的移情阶段):童年后期,在这一阶段,儿童能够注意到他人的生活经验和背景,对他人的情感反应超出了直接情景的局限。

由此可见,小学儿童逐渐具备了基本的移情能力,能够认识到他人的情绪、情感,并对他人的情绪、情感表现出相应的反应,如看到别人高兴,自己也高兴;看到别人悲伤,自己也悲伤。小学儿童已能够主动给需要帮助的人提供帮助。小学儿童已开始意识到每个人的境遇、背景不同,遇到相同的事情可能会有不同的认知和情绪反应。如,同样是丢了100块钱,但对一个富人和一个穷人的意义不同,反应也会不一样。

(二) 同伴关系

同伴关系是指年龄相同或相近的儿童之间的一种共同活动和相互协作的关系,或者主要指同龄人之间或心理发展水平相当的个体之间在交往过程中建立和发展起来的一种人际关系。

1. 同伴关系的作用

(1) 同伴关系是个体发展社会能力的重要背景。皮亚杰认为幼儿是自我中心的,不能意识到同伴的观点、意图和感情。然而,在与同伴交往过程中,儿童逐渐建立起平等互惠的同伴关系,逐渐学会同伴之间平等协商和合作。哈吐普认为,没有与同伴平等交往的机会,儿童将不能学习有效的交往技能,不能获得控制攻击行为所需要的能力,也不利于儿童性别社会化和道德价值的形成。

(2) 同伴关系是满足儿童社交需要、获得社会支持和安全感的重要源泉。马斯洛认为归属和爱及尊重的需要是人类基本的需要。同伴关系是满足这些需要的重要来源。弗曼等人指出,儿童在亲密的友谊关系中和一般的同伴群体中所获得的社会需要的满足是不同的,爱、亲密和可靠的同盟更多是从亲密的朋友关系中获得的。

(3) 同伴交往经验有利于自我概念和人格的发展。詹姆斯认为,人类具有被自己所关注,被自己的同类所赞赏的本能倾向。当个体没有受到或受到太多他人关注时,可能会对自己的价值产生怀疑。库利提出,在社会互动中,人们获得了自己怎样被他人知觉的信息,这种信息是个体形成自我的基础。早期的同伴关系不良,容易导致青少年儿童短期或长期的社会适应困难;长期的同伴关系不良,则容易导致成年期出现各种人格问题,影响人格的健康发展。

2. 小学生同伴关系的发展

小学生相互交流信息、表达思想、进行合作及分享等方面的能力逐渐提高。他们能够更加容易地参加那些要求儿童共同努力以达到的共同目标,甚至只是某个同伴想要达到的目标的合作任务。他们对他人、友谊和人际期望等方面逐渐有了更深刻的理解。按照皮亚杰的理论,这个阶段的儿童正处于"去自我中心"的阶段。"去自我中心"促进了儿童相互作用,儿童间的相互作用反过来又加速了"去自我中心"。在这个阶段,儿童对同伴更有选择性,同伴大多数是同性的,友谊变得更加有意义和持久。另一方面,小学阶段逐渐出现三五成群的小团体,成为小学生同伴交往的重要形式。根据这些团体与社会利益的关系,可以分为亲社会团体、非社会团体和反社会团体。小学生的团体主要以非社会团体和亲社会团体为主,反社会团体较少。

扩展阅读

同伴关系的类型

美国社会学家、心理学家莫雷诺于1934年提出一种研究同伴关系的方法,称为同伴提名法。让被试根据某种心理品质或行为特征的描述,从同伴团体中找出最符合这些描述特征的人来。比如,以"喜欢"或"不喜欢"为标准让儿童从同伴中选出3个最喜欢和3个最不喜欢的人。然后计算每个被提名者被"喜欢"和被"不喜欢"的次数。根据这些数据可以将儿童的同伴关系分为四种基本的类型。

(1) 受欢迎型

这类儿童得到最多的正提名和较少的负提名。通常这类儿童情绪稳定,反应敏捷,活动的强度和速度适中,在交往中积极主动。他们喜欢与人交往,而且善于交往,且经常表现出友好、积极的交往行为。

(2) 被拒绝型

这类儿童得到较少的正提名,却有较多的负提名。他们情绪不稳定,爱冲动,其活动的强度大,速度较快,特别好动,较外向,注意力易分散,坚持性差。他们喜欢与同伴交往,却不会交往。容易表现出更多的敌意、批评、攻击性,更容易活动过度和过分离群,产生强烈的孤独感。

(3) 被忽视型

这类儿童得到很少的正提名和负提名。与其他儿童不同的是,这些儿童不大喜欢与他人交往,他们平时很安静,常常独处或独自活动,在交往中表现出退缩或畏缩,很少表现出主动、友好的行为,也很少表现出不友好、攻击性行为。因而既没有多少同伴喜欢他们,也没有什么同伴会很讨厌他们。

(4) 矛盾型

这类儿童得到的正提名和负提名均较多。他们被某些同伴喜爱,同时又被另一些同伴讨厌,也称"有争议的儿童"。这些儿童一方面能力较强,性格较活跃,能领导大家进行游戏,在某个团体中有一定的权威地位;另一方面,有时候会压制同伴,行为有时会具有破坏性,从而引起一些同伴的反感。

(三) 自我的发展

个体的自我是一个由多种成分构成的动力系统,它具有两个基本特征:一是区别于他人的"分离感",即意识到自己作为一个独立的个体,在身体、情感和认知方面都具有自身的独特性。二是跨时间、跨空间的"稳定同一感",即一个人知道自己是长期的持续存在的,不随环境及自身的变化而否认自己是同一个人。① 自我主要包括自我概念(也称自我认识)、自我体验和自我控制等。

1. 自我概念

自我概念是指个体对自己的知觉,是自我系统中的认知方面或描述性内容,所表达的是人们关于自己身心特点的主观知识,所回答的是"我是谁"的问题。

个体自我概念主要有三方面的功能:① 保持个体内在一致性,即自我概念为个体的存在提供了自我认同感和连续性,并引导其行为按照有利于保持一致性的方式行动。② 决定个体对经验的解释,即个体按照与自我概念相一致的方式解释自己与他人的行为。③ 决定个体的期望,即个体在自我概念的基础上建立自己的期望和后续行为。

自我描述反映小学生对自我的认识。有研究表明,小学生的自我描述是从比较具体的外部特征向比较抽象的内部特征的发展。但即使到了小学高年级,儿童对自己的认识仍带有很大的具体性和绝对性。哈特要求小学生在认知能力、社会能力、运动能力、普通自我价值四个方面评价自己的能力。结果发现:第一,小学三年级学生已能在喜欢或不喜欢的项目上认识自己。第二,小学生能够对不同领域的能力做出重要区分,因此其自我评价依赖于情境。第三,小学生对自我的评价与教师评价、同伴评价相一致。

小学生自我概念的发展还不成熟。他们还没有消除自我中心现象,其自我概念往往具有一致性较高,区别性较小的特点,自我概念的内容往往不符合现实。而且,小学生还不能根据外在的标准进行自我评价,这是因为他们认知外界反馈信息的能力还比较差。

2. 自尊

自尊是指个体在社会比较过程中所获得的有关自我价值的积极评价与体验,是自我体验的重要形式。这一概念主要有四层含义:首先,自尊是一种评价与体验。自尊是在自我评价的基础上产生的。自我评价是自我概念的一部分,是对自我的价值判断。有什么样的自我评价,就会有与之相对应的自我体验。其次,自尊是一种积极的评价和体验。个体对自我的评价和体验既有积极的,也有消极的。积极的称为自尊,消极的称为自卑。自尊不是妄自尊大,而是对自己有信心,相信自己能够克服自己的缺点。再

---

① 张文新. 儿童社会性发展[M]. 北京师范大学出版社,1999:378.

次，自尊是个体对自我价值的评价和体验。并非所有的体验和评价都是自尊，如恐惧、焦虑就不属于自尊。只有那些对自我价值的评价和体验（如自信心、成就感等）才属于自尊。最后，自尊是在社会比较过程中获得的。不进行社会比较，个体就难以对自己各方面的价值或优缺点做出判断，就难以形成自尊。

程学超等人的研究发现，山东四地市的三、四、五年级学生的自尊发展具有显著的性别和年级主效应，即男孩的自尊显著高于女孩，四年级学生显著高于三年级学生，县城三年级男孩显著高于农村五年级女孩。① 李玮等调查发现，蒙古族小学生的自尊不存在年级差异，男生和女生在总体自尊方面不存在显著差异，但男生在外表和体育运动因素自尊方面显著高于女生，而女生在纪律因素自尊方面显著高于男生。② 在整个小学阶段，小学生的自尊水平相对稳定。

扩展阅读

父母怎样提高孩子的自尊心

威廉·戴门认为在美国以孩子为中心的教育观念在刚出现时是一种突破，它让家长们知道孩子有他们个人的发展需求，而热情的鼓励可以促进他们的发展。但是，现在美国社会的以孩子为中心的教育又太纵容孩子。很多美国父母相信，孩子只有首先热爱自己，才会有健康的理想，才懂得尊重他人。这种思想是基于自尊先于健康的发展信念，认为自尊心是通过表扬和无条件的接受建立起来的。

然而孩子过度膨胀的自尊心——自我评价远超其他人对他的评价，是很危险的适应问题。最近有一项研究，父母认为有攻击性的二、三年级的孩子中，大多数的自我评价比其他同学的自我评价更趋完美。他们对自己能力的错误看法使他们不愿意改变自己的行为。

戴门强调自尊心的增强是成就的结果，而不是原因。从这个角度讲，孩子不是为了拥有自尊才具有自尊的；而是通过承担社会义务和责任间接获得的。很多美国父母不是让孩子掌握更多有用的技能，而是无论什么情况下都认为自己的孩子在各个方面都还可以。像"你真不错！""你好极了！"这样的赞扬很虚假，这样孩子的潜能就得不到发挥。在戴门看来，总有一天孩子会看穿他们，不信任他们，开始为自己担心。跨文化的研究也证明，真正的自尊是成就的结果，而不是原因。

---

① 程学超，谷传华.母亲行为与小学儿童自尊的关系[J].心理发展与教育，2001(4):23-27.
② 李玮，七十三.三至五年级蒙古族小学儿童自尊状况的调查研究[J].内蒙古师范大学学报，2008(5):73-76.

3. 自我控制

自我控制是指个体自主调节行为,并使其与个人价值和社会期望相匹配的能力,它可以引发或制止特定的行为,如抑制冲动行为、抵制诱惑、延迟满足、制定和完成行为计划、采取适应社会情境的行为方式。儿童自我控制的方式主要有:① 利用言语自我调节,即儿童通过自言自语或内部言语来指导自己的行动,抵制外在的诱惑;② 制定计划,按照计划的顺序和要求去行动;③ 采用有效的注意策略,通过注意策略使自己的注意力有效地维持在当前任务上;④ 延迟满足,即能够对当前的欲望和诱惑进行有效抑制,以追求未来得到更多的报偿。

韩进之的研究发现,我国儿童自我控制和自我调节能力发生的年龄大约在5到6岁之间,小学阶段自我控制能力有了大幅提高。李凤杰、石婧等人的研究发现,小学阶段女孩在自我控制的自觉性、坚持性、自制力和计划性等四个特质上高于男孩,表现为小学阶段的女同学比男同学在行为上更加乖巧,能够主动地、按时地完成老师交给的任务和作业,在面对困难或者从事不太感兴趣的事情时表现出更好的意志努力;在情绪方面,女孩子表现出较好的自制力,与同学等交往中不太容易出现冲突,即使出现矛盾也有较好的协调和控制能力,而男孩更容易出现同学冲突和攻击侵犯等行为;在动机方面,女孩比男孩更早地认识到学习知识的意义和价值,开始规划和管理自我等。①

(四) 亲社会行为和攻击行为

1. 亲社会行为

亲社会行为通常指对他人有益或对社会有积极影响的行为,包括分享、合作、助人、安慰、捐赠等。

艾森伯格认为,亲社会行为的产生经历三个阶段:第一,亲社会行为的初始阶段——对他人需要的注意。个体能否注意到他人的需要受个体的状态、特质及其对社会文化历史的认知和社会认知发展水平的制约。同时,也受个体对情境解释的影响。第二,亲社会行为意图的确定阶段。紧急情况下,由于时间紧迫,不容许潜在助人者全面地分析个人得失,在助人与否的决策中认知变量和人格变量所起的作用相对较小,而情感因素,如移情、同情、内疚感或个人痛苦等则起主导作用。在非紧急情况下认知因素对亲社会行为起主要作用,包括两方面:一是对亲社会行为的主观效应分析,即对亲社会行为的代价和收益的主观评估。二是对他人需要原因的归因。如果潜在助人者把潜在受助者需要的原因归于受助者可控的内部因素(如努力、可选择行为),就有可能萌发不助人的动机。第三,意图和行为建立联系的阶段。艾森伯格认为,助人者个人能力的高低或自我知觉到的能力的高低(自我效能感)影响到助人意图与行为联系的加强或减弱。比如,受过专业训练的医护人员在看到别人受伤时更可能提供帮助。同时,个人能力的相对水平也影响助人意图与行为的联系。比如,在紧急情况下,若有能力更强者

---

① 李凤杰,石婧.小学生自我控制的发展特点及启示[J].上海教育科研,2014(6):56-58.

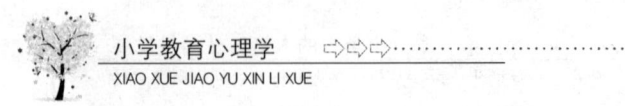

在场,个体的助人行为将部分地受到抑制。影响助人意图和行为建立联系的另外一个因素是情境的变化。多数情况下,一个人的助人决定与助人行为之间是有时间间隔的。在这个时间间隔内,个体特征与情境因素随时间而发生的变化也可能影响到已有助人动机的个体是否会做出助人行为。

小学生的助人行为有随年龄增长而增加的趋势。我国6~12岁儿童均能做出一般助人倾向的反应,但8岁后儿童的反应更强烈,也较成熟。对利他行为的研究发现,随着年龄的增长,儿童的行为一致性程度逐渐增加,年长儿童的道德行为与道德观念更趋一致。我国5岁儿童已能表现出一定程度的"慷慨",9岁儿童同情和重视他人的"需要"已占支配地位。

2. 小学生的攻击行为

攻击行为是任何对生物体有意的伤害而被伤害者力图逃避的行为。包括意图伤害但未实施的行为,但意外伤害和参与者没有伤害意图且乐在其中的混战打闹游戏则不属于攻击行为。

攻击行为是儿童个性和社会性发展的重要方面,其发展状况既影响儿童品德和良好行为的形成和发展,也是个体社会化的重要指标。儿童的攻击行为具有一定的稳定性。一些研究表明,儿童在3~10岁表现出的攻击行为能够很好地预测其以后是否容易出现攻击和其他反社会倾向。男孩和女孩在攻击行为方面存在明显的性别差异。男孩的身体攻击和攻击频率都大于女孩,而女孩的攻击行为主要表现为言语攻击和心理攻击。所谓心理攻击,即通过拉走被攻击对象的朋友,使其在人际关系中处于孤立地位而使被攻击对象受到伤害。

进入小学以后,儿童能够更加熟练地、友善地处理纠纷,与幼儿期相比,小学生的身体攻击频率有所下降。由于社会认知能力的提高,他们越来越善于区分偶然的和有目的的激怒行为,能够更好地推断他人的意图,并常常宽容他人无意识的伤害行为,对有意识的攻击行为也常还以言语攻击而非身体攻击。

欺负是一种特殊形式的攻击行为,通常情况下是指力量占优势的一方(一人或多人)对力量相对弱小的一方重复实施的攻击行为,其根本特征在于行为双方力量的不均衡性和重复发生性。欺负是中小学生中经常发生的一种攻击行为,对儿童的身心健康和学习均产生不良影响。经常受欺负通常会导致儿童情绪抑郁、注意力分散、孤独、逃学、学习成绩下降和失眠,严重的甚至会导致自杀。而对于欺负者来说,欺负他人则可能会造成以后的暴力犯罪或行为失调。

研究发现,我国小学生欺负行为的发生率为20%左右。总体上,我国小学生欺负与受欺负问题的发生率随年级的升高而下降,其中直接言语欺负的发生率最高,其次是直接身体欺负,间接欺负的发生率最低;男生主要以直接身体欺负为主,女生主要以直接言语欺负为主;欺负者大多与受欺负者同龄或年长于受欺负者;有近半数的欺负行为发生在教室,其次是操场、走廊或大厅等地方;多数欺负行为发生在同班同学之间。

第三章 小学生的人格与社会性发展

案 例

面对校园暴力,教育能做些什么?

新闻报道,2016年4月22日晚,有网友在qq、微博、微信等网络平台上发布一段视频,视频内容为数名女生掌掴一名女生。在不到100秒的视频中,女生被掌掴32次,其间一直没有反抗。

实际上,类似的校园暴力事件不是个别现象。2016年12月28日,最高检察院召开新闻发布会,通报检察机关参与防治中小学生欺凌和暴力工作的有关情况。2016年1月至11月,全国检察机关共受理提请批准逮捕的校园涉嫌欺凌和暴力犯罪案件1881人,经审查,批准逮捕1114人,不批准逮捕759人;受理移送审查起诉3697人,经审查,起诉2337人,不起诉650人。

校园暴力为何屡禁不止,教育能做些什么?

[**分析**] 新闻媒体报道的校园暴力事件多发生于初中阶段,这个阶段的儿童正处于青春期,容易冲动,逆反心理较强。研究发现,对于青少年的攻击暴力最好的办法是预防,而不是等问题比较严重了再去干预。因此,要预防初中生的校园暴力问题,较好的策略是在小学阶段就做好预防。通过活动体验和其他方式教给小学生沟通、合作的技巧和解决争端的策略,可以有效预防青春期的攻击暴力问题。

三、影响小学生社会性发展的因素

社会性发展是一个漫长而复杂的过程,受到生物遗传、家庭和社会文化等因素的影响。不同因素在社会性发展的不同时期所起的作用是不同的。生物遗传因素在生命早期的作用比较重要,但是随着儿童年龄的增长,家庭、社会因素所起的作用越来越大。

(一)生物遗传因素

社会性行为并非人类所独有。社会生物学研究发现,人类具有的依恋、怯生、表情、攻击行为和亲社会行为等在某些生物物种中也有表现。这从某种程度上说明社会性的发展具有普遍的生物适应意义,对于种族的存亡绝续具有重要作用。例如,蚂蚁、蜜蜂等昆虫在遇到危险时经常表现出牺牲个体保护群体的极端"利他"行为,这种行为对于其种族的延续具有重要意义。人类的社会性发展也是经过漫长的进化而发展出来的一种对整个人类生存发展具有重要意义的生物适应。

学者们相信,这种适应性本身就包含基因信息的遗传机制在内,即某种适应性性状能通过基因型进行代际传递,从而得以保存。遗传学为我们理解基因与环境的相互作用机制提供了一个绝佳的视角。尤其是近些年兴起的行为遗传学为我们寻找基因与行为之间的关系提供了很多答案。例如,许多研究发现,以反社会形式存在的神经过敏、焦虑等社会性倾向、幻想性、活动性水平与社会性适应不良等特征的基因效应尤为明显。

小学生的社会性也受生物遗传因素的影响,如小学生的气质与神经类型密切相关,气质作为一种人格特征会影响到他们与环境的互动方式,进而影响到社会性的发展。

(二) 家庭因素

1. 父母因素

（1）父母教养观念

父母教养观念是指父母在教育和抚养儿童的过程中,对儿童的发展、教育儿童的方式和途径,以及儿童的可塑性等问题所持有的观点和看法。父母教养观念包括三个方面:父母的儿童观、发展观和父母观。儿童观是指父母对儿童在发展过程中是被动接受外界影响还是积极主动地获得发展这类问题的基本看法;发展观是指父母对儿童发展的规律及其影响因素的观点或看法;父母观是指对父母在儿童发展过程中的作用问题的看法。

父母教养观念与儿童发展之间存在着密切的关系,这种影响是通过父母的教养行为起作用的。陈会昌等关于家长教育观念和儿童发展的关系的研究表明,父母家庭教养观念、父母对学校教育的看法和孩子的社交能力之间有一定程度的相关;家长对孩子独立性、礼貌及整洁等个性品质培养的重视程度与儿童社会交往能力的发展呈显著相关。

（2）父母教养方式

家庭教养方式是指父母对子女抚养教育过程中所表现出来的相对稳定的行为方式,是父母各种教养行为特征的概括。西方有研究将父母的教养方式分为三种类型:专制型、权威型和放纵型。其中权威性被认为是比较理想的教养方式,有利于培养儿童的独立性、责任感和成就倾向,这种家庭培养出来的儿童更自信、和善、具有良好的社会适应能力。国内学者张建新对该领域进行了深入细致的研究。他运用因素分析法将家庭教养方式分为四个类型:理解鼓励型、过分约束型、冷漠专制型和限制保护型,认为比较理想的类型是理解鼓励型。理解鼓励型父母大多较为亲切,孩子做事或遇到困难都会积极鼓励和帮助。张建新研究发现,积极的父母教养方式有利于儿童形成健康的人格特点和良好的人际关系。[①]

2. 家庭结构

家庭结构是指家庭中成员的构成及其相互作用、相互影响的状态,以及由这种状态所形成的相对稳定的联系模式。家庭结构可以分为很多类型,在我国比较典型的是父母加一个孩子的核心家庭。然而,近年来随着社会发展,离婚后的单亲家庭呈上升趋势。随着我国普遍二孩政策的普及,多子女家庭将再次出现。在西方,再婚家庭和同性

---

① 徐慧,张建新,张梅玲.家庭教养方式对儿童社会化发展影响的研究综述[J].心理科学,2008,31(4):940-942.

恋家庭也逐渐成为不可忽视的家庭组织形式。在我国,再婚家庭和留守儿童家庭等特殊的家庭结构值得我们深入研究。

家庭结构不完整或家庭结构的改变对儿童社会性发展总体上是不利的,但是任何一种组合形式的家庭,都可能培养出身心健康的儿童。这也说明,儿童的身心发展不是单一因素起作用的结果,而是多种因素相互作用的结果。例如,离婚通常对儿童社会性的发展产生不良影响,但也有研究发现,与父母长期激烈冲突的婚姻家庭相比,离婚对儿童的发展反而是更好的选择。

3. 家庭情绪氛围

对家庭情绪氛围起决定性影响的是夫妻关系。父母经常争吵、挑剔、冲突较多,父母对孩子的消极情感就较多,其子女表现出的攻击、犯罪行为也较多,同伴关系发展也较差。父母由于受到婚姻矛盾的困扰,往往忽视儿童或想通过溺爱儿童来补偿对婚姻的遗憾。无论是忽视还是溺爱,对儿童的健康发展都会产生不利影响。婚姻关系较好的父母对孩子采用较为一致的教育方式,给孩子更多的赞赏和积极反馈,他们的孩子更多地表现出自信和独立,以及更为良好的同伴关系。

(三) 社会因素

1. 社会文化和亚文化

儿童一出生就处于特定的文化氛围之中,文化构成了儿童生长发展的宏观背景。文化对儿童发展的影响主要是间接的,它通过影响社会与家庭、父母养育方式,以及同伴相互作用方式等影响儿童的发展。文化对儿童发展的影响无处不在,小学生的生活习惯、价值观念、社会情感等社会性发展的各个方面都受社会文化的影响。

与儿童发展更为密切的是其所处的亚文化。所谓亚文化是指在主文化或综合文化的背景下,属于某一区域或某个集体所特有的观念和生活方式,一种亚文化不仅包含着与主文化相通的价值与观念,也有属于自己的独特的价值与观念。对小学生社会性发展影响最大的是其同伴群体的亚文化。随着小学生年龄的增长,交往范围的扩大,同伴对他们发展的影响也越来越大,同伴的价值观念、行为方式、兴趣爱好等都会影响到小学生自身的社会性发展。

2. 大众传媒

在众多的社会文化因素中,大众传媒对小学生社会性发展的影响应该被放在突出的位置。大众传媒对小学生社会性发展的影响与其他文化因素相比更具有直接性。大量的研究表明,儿童观看暴力影片或电视能够大幅提高儿童的攻击暴力性。近些年随着网络媒体的兴起,网络游戏对儿童社会性发展的影响引起了广大学者的关注。一些研究发现儿童青少年容易沉溺于网络不能自拔,严重影响其学习和社会性发展。女生更多地沉溺于社交媒体,而男生更容易沉溺于网络游戏。网络沉溺可直接减少现实生活的社交互动,阻碍儿童的社会性发展。而沉溺于暴力性网络游戏却可以大幅提高儿童的攻击性,对其社会性发展产生不利影响。

> **扩展阅读**
>
> ### 一个经典的观察学习实验
>
> 希克斯(Hicks)曾做过这样一个实验。由一位女性实验者个别地将几个5至12岁的儿童带离教室,去玩一些玩具。在去游戏室的途中,实验者记起她在图书馆有些事要做,并建议儿童在等待时观看一段短的影片。在图书馆附近的一个房间里,在电视屏幕上播放的这部影片描述的是一位成人男子对一个芭比娃娃施加各种攻击性行为。在电影结束后,将儿童带到游戏室,独自玩耍15分钟。该房间里既有可用于模仿的或非模仿的攻击性行为的玩具(包括一个芭比娃娃),也有适合非攻击性游戏的玩具。实验者通过一个单向玻璃观察儿童的行为,并记录下儿童所有的攻击性情况。
>
> 在许多方面,希克斯的实验都堪称经典。首先,榜样的呈现采取了某种可称为"暴露技术"的方式。实验并没有要求儿童观看榜样行为,相反,儿童仅仅是接触到这些行为。类似的,模仿测验包含某种模仿的机会,但并没有要求儿童这样做,儿童是自己决定是否模仿榜样行为的。另外,希克斯的实验还考虑到了榜样的模仿效应和非模仿效应。希克斯的试验中,儿童像榜样一样用铁锤敲击芭比娃娃。他们也表现出了许多并非榜样所展示出来的攻击性行为。因此,该研究证实了榜样影响行为的两种方式:通过直接的模仿和引发儿童已经具有的相关行为。

第三节 小学生人格与社会性发展对教育教学的启示

教育教学要尊重儿童发展的规律。小学生人格与社会性发展是教育教学的起点,也是教育教学的目标。小学生人格和社会性发展对教育教学存在着诸多启示。

一、小学生人格发展对教育教学的启示

教学是师生间一个复杂的互动过程,受多种因素的影响。其中,小学生自身的身心发展特点是一个重要的影响因素,也是教育教学的起点。小学生的人格特点是其比较稳定的心理特征,对教育教学产生重要的影响。

(一)人格发展任务对教育教学的启示

健全的人格对一个人终生发展具有重要意义,也是学校教育的目标之一。精神分

析理论家埃里克森提出了人生发展的八个阶段的人格发展理论。他认为,小学阶段的主要任务是要发展勤奋感,避免自卑感。所谓勤奋感是指学生认识并相信通过自己的努力能够获得良好的成绩,在学业上取得成功。而自卑感强的学生往往是经过多次努力,最终仍不能使自己在学业上获得成功,久而久之怀疑自己的学业能力,不愿再在学业方面做出努力。埃里克森认为,如果学生认为自己无力参与学校这个小社会,他们就可能拒绝加入整个社会。教师一定要帮助学生渡过这一危机。

实际上,埃里克森提出的勤奋感与自卑感的对立危机,主要涉及的是儿童自我概念的一个方面,即学业自我概念。小学阶段的人格发展任务不仅要培养学生良好的学业自我概念,更要塑造学生的健全人格。要塑造小学生良好的人格,需要做好以下几点:

1. 塑造和利用良好的榜样力量

亚里士多德曾经说过,"人是最富于模仿性的生物,人是借助模仿来学习他最早的功课的",这一命题已被现代心理学所证明。行为主义心理学家班杜拉通过一系列的实验研究证明,观察学习(或称模仿学习)是人类重要的学习形式。小学生观察敏锐,模仿能力强,且其思维方式正处于从具体形象思维向抽象逻辑思维的过渡阶段,其行为特别容易受到榜样的影响。因此,要塑造小学生的健全人格,就要给他们提供良好的榜样。首先,小学教师要为人师表、以身作则,严格要求和规范自己的言行,为小学生树立良好的榜样。小学教师是小学生的重要他人,师生关系成为这个阶段儿童最重要的人际关系。小学生特别是低年级小学生对自己的老师往往抱有非常崇拜的感情,在言行上倾向于认同和模仿自己的老师。其次,小学教师要注意在学生中发现、培养和树立良好的榜样。一个班级中,总是不乏品学兼优的学生,小学教师要善于发现和培养这样的学生,号召其他学生向这些学生学习。再次,小学教师要注意不同学生身上的闪光点,对不同学生的优点进行肯定和表扬,启发学生互相学习彼此的优点。

2. 贯彻民主的教育方式

现代教育理论认为,教师是教的主体,学生是学的主体,教师的教必须通过学生的学而起作用。民主的教育方式,即尊重学生的主体性,教师把学习的主动权完全交给学生,教师只是教学活动的引导者、参与者、组织者。这种教育方式不仅可以激发学生学习的积极性,培养其内在的学习动机,还可以培养学生的独立思考和批判性思维,培养学生互助合作、积极进取的精神。长期接受民主教育方式的小学生更加自信、乐观和独立,其人格结构更为完整而协调。

3. 善用积极的教育评价

发展心理学研究发现,小学生已经具有一定的自我评价能力,但他们的评价容易受到教师的影响。积极的自我评价可以使小学生形成积极的自我概念,更为积极地参与到学习生活当中。小学教师在教育评价的过程中,应该善于使用积极的教育评价方式。积极的教育评价,应该尊重学生,以鼓励为主,肯定学生的优点。具体而言,应该做好以下几点:第一,实现评价主体的多样化。教师评价学生是教育评价的常见方式。积极的教育评价应打破教育评价主体的单一性,在以教师评价为主的基础上倡导学生自我评

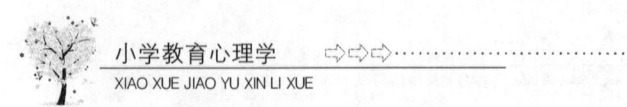

价和学生互相评价。在学生自评和互评时应引导学生多关注优点,再提需要改进的方面。第二,做到评价内容的全面化。小学生的主要任务是学习文化科学知识和技能,但教育评价不应只局限于知识技能的学习方面。评价过程中应注意把人格特点、道德品质方面的评价纳入日常教育评价的范围且突出其重要地位。第三,评价方式的多样化。教育评价应当以"质性评价"、"形成性评价"为主,定性评价与定量评价相结合,形成性评价与终结性评价相结合。质性评价可以补充定量评价的缺陷。形成性评价能够为学生提供及时反馈,可使学生及时对自己的行为和学习做出调整。口头评价是形成性评价的重要形式。小学教师口头评价学生时要尊重学生,注意运用语言技巧,以积极肯定和表扬为主,提出改进意见时注意维护学生的自尊。

4. 对学生抱有较高的期望

美国心理学家罗森塔尔和雅各布森曾经做过一个著名的实验。他们到一个乡村小学做了一个"预测未来发展测验",对学生做了一个"科学测试",然后从名册里随机选取了一部分小学生组成一个名单,并将这个名单给了该班的老师。诈称经过严格的测试,发现这批学生非常有潜力,未来将有良好的发展。8个月后,研究者对全体学生的学习成绩和行为发展情况再次进行了调查测试。结果表明,列入名单中的学生成绩增长得比其他同学快,而且求知欲旺盛,表现出更大的适应性,与教师的感情也特别深厚。研究者分析,这是由于教师在与这些学生接触的过程中,教师的语调、面部表情及眼神等,都向他们传递了自己暗含的期待,学生因从教师那里得到更多的提问、辅导和积极情绪体验而受到鼓舞。于是学生产生了对教师的信任感,教师也从学生身上得到积极情绪的反馈。师生间感情的交互,激起教师更大的教育热情,鼓励了学生更积极地学习,久而久之,学生的行为向着教师期望的方向发展。教师对学生的这种期望被称为期望效应或"皮格马利翁效应"。实际上,教师的高期望之所以能够影响到学生的发展,本质上是因为教师从内心完全相信学生具有良好发展的潜能。

(二) 归因、控制点对教育教学的启示

归因和控制点是影响学习的一个重要的人格因素。美国心理学家维纳认为,个体对自己行为的原因可以归纳为许多可能的因素,但都可以归入内在—外在、稳定—不稳定两个维度中,共包括能力、工作难度、努力和运气四个范畴。个体把成功与失败的行为归于何种因素,对学生今后学习的积极性有重要影响。若把成功归因于内部因素(努力和能力),会使人感到满意和自豪,归因于外部因素(运气和难度),则使人感到意外和感激;若把失败归因于内部因素,会使人感到内疚和无助,归因于外部因素,则感到气愤和敌意。若把成功归因于稳定因素(能力和难度),会提高以后学习的积极性,归于不稳定因素(努力和运气),则以后的学习积极性可能高也可能低;把失败归于稳定因素,会降低以后学习的积极性,归于不稳定因素,则可能提高以后学习的积极性。维纳认为,追求成功的人把成功的原因归于自己能力强,而把失败归于自己的努力不够。相反,避免失败的人往往把成功的原因归于运气好、任务易等外部原因,而把失败归结为自己无能。维纳的归因理论强调,应引导学生将自己学业的成败归于努力程度,因为努力是内在的不稳定因素,是可以通过自己的主观意志改变的,通过努力获取成功会给人带来自豪感,不努力遭遇失败会让人产生内疚感。

控制点的概念最初是由罗特提出的。他认为,学习者可以分为两种类型:外部控制型和内部控制型。外控者认为自己的行为结果是受机会、运气、命运、权威人士等外部力量的控制,自己是无能为力的。他们缺乏自信,相信奖励不因自己的活动而出现。内控者具有强烈的自我信念,并认为自己所从事的活动及结果是由自身的内部因素决定的,自己的能力和所做的努力能控制事态的发展,他们相信奖励依个人的行为而定。不同的控制源主要通过影响学生的成就动机、学生投入的精力、学生对待任务的态度和行为方式、学生对奖励的敏感性及惩罚或分数对他们的意义、学生的责任心和对待教师的态度等一系列变量,从而影响学生的学习。一般认为,内控者由于倾向于把学习上的成功归结于自己的能力和勤奋,而把学习上的失败归结为自己的努力不够,因而在事后分析原因时,把失败作为需要付出更大努力的标志。这样,无论是学习上的成功还是失败,都能够促进他们更加勤奋、更加努力,因此这些学生的成就动机就比较大,学业成功的可能性也比较大。外控型学生一般倾向于从外部找原因,认为学习成功是自己运气较好,而学习失败则是因为自己运气不好、教师教得不好、学习任务太难等。这种学生的成就动机比较弱,对学习无兴趣,逃避和学习有关的各种活动。

总之,归因和控制点的理论给我们的启示是,在教育教学中,教师要引导小学生把自己行为成败的原因更多地归于内部的、不稳定的、可控的因素,即自身的努力程度。这是一种积极的归因方式,可以使学生做到成不骄败不馁,始终保持对学习、生活的积极态度和乐观向上的精神。

(三)人格的个别差异对教育教学的启示

人格是个复杂的综合体,含义非常宽泛。无论我们采取何种定义,气质和性格是两个不可或缺的重要部分。小学生气质和性格的个别差异构成了其人格差异的主要方面,而这些差异对于我们的教育教学具有重要的启示意义。

1. 气质的个别差异与因材施教

传统上,我们将气质划分为多血质、胆汁质、粘液质和抑郁质四种类型。气质类型不同,特点也就不同。多血质者属于外向型,精力旺盛,反应敏捷,但做事容易虎头蛇尾,遇到困难较难坚持;胆汁者也属外向型,精力旺盛,但情绪不稳定,易走极端和钻牛角尖;粘液质属于内向型,情绪平衡而含蓄,可长时间从事单调无聊的工作,但反应迟缓,对事缺乏热情;抑郁质属于内向型,对事敏感,情绪体验深刻,但性格常较孤僻忧郁,容易疲劳。

在教育教学中,小学教师应如何根据学生气质的个别差异实施教学呢?

首先,小学教师要了解学生的气质类型。小学教师应该学习一些心理学知识,熟悉各种气质类型的特点,了解各种气质类型的优势和局限。在日常的教学工作中注意观察学生,对每个学生的气质类型和特点做到心中有数。

其次,小学教师应根据每个学生的气质类型,因材施教。气质类型本身没有好坏之分,一方面是因为气质与神经类型关系密切,具有一定的先天性,不宜进行价值判断。另一方面是因为每种气质类型都各有优缺点,难分优劣。多血质的优点是活泼外向,精力旺盛,但容易见异思迁、注意力不集中,尤其是在学习比较枯燥或比较困难的内容时很难坚持,因此在教育教学过程中,教师应注意提醒此类同学加强坚持性,避免虎头蛇尾;对于胆汁质的学生,教师要注意鼓励其发扬做事专注和打破砂锅问到底的钻研精神,但要注意引导其注意调节情绪,避免狂暴情绪;对于粘液质的学生,要注意培养其灵活性;对于抑郁质的学生要注意运用和风细雨式的教育方式,多鼓励,少批评,注意引导其避免过度敏感。

2. 性格的个别差异与因材施教

性格是指个体在生活过程中形成的对现实的稳定态度,以及与之相适应的习惯化的行为方式。性格是人与人相互区别的主要方面,是人格的核心成分。

性格的个别差异主要体现在性格的特征差异与类型差异两个方面。

性格的特征包括态度特征、理智特征、情绪特征和意志特征四个方面。第一,性格的态度特征是指个体对社会、集体、他人的态度,对劳动、工作、学习的态度,以及对自己的态度;第二,性格的理智特征是指个体在感知、记忆、思维、想象等认识过程中所表现出来的习惯化了的行为方式;第三,性格的情绪特征是指个体在情绪活动时的强度、稳定性、持续性、以及主导心境等方面的特点;第四,性格的意志特征主要表现在个体对自己行为的控制和调节方面的性格特征,如自觉性、果断性、自制力及坚韧性等方面的特征。

性格的类型是指在一类人身上所共有的性格特征的独特结合。依据不同的标准可以将人的性格划分为不同的类型。

根据个人心理活动的倾向性可以把人的性格分为外向型和内向型。

根据知、情、意三者在性格中何者占优势,把人们的性格划分为理智型、情绪型和意志型。理智型的人,通常以理智来评价、支配和控制自己的行动;情绪型的人,往往不善于思考,其言行举止易受情绪左右;意志型的人一般表现为行动目标明确,主动积极。

根据个体独立性程度,可把人们的性格划分为独立型和顺从型。独立型的人善于独立思考,不易受外来因素的干扰,能够独立地发现问题和解决问题;顺从型的人,易受外来因素的干扰,常不加分析地接受他人意见,应变能力较差。

根据人的社会生活方式,以及由此而形成的价值观,把人们的性格类型分为理论型、经济型、审美型、社会型、权力型和宗教型。

小学生无论在性格特征方面还是在性格类型方面都存在着很大的个体差异。小学教师在教育教学过程中要注意观察了解学生的性格特征和类型。在此基础上,教师应针对学生的个体差异因材施教,适当运用个体化的教学策略。在教学中要注意运用匹配和失配两种策略。所谓匹配策略即教学方式要符合学生的性格特征和类型。如,让外向型的学生在课堂上当众发言。所谓失配策略即教师有意运用不符合学生性格特征和类型的教学方式,意在锻炼学生的能力,补足学生的短板。如,教师鼓励内向沉默的学生在课堂上当众发言。在使用匹配和失配策略时应注意以匹配策略为主,失配策略

为辅,根据学生的具体情况灵活运用。另外,在教育教学过程中,教师还应注意不同性格特征和类型的学生的相互作用,合理利用这种相互作用。如在排座分组时应该注意不同性格、不同性别学生的搭配组合,使学生能够优势互补,互相学习。

案 例

因材施教:发挥优势还是补足短板?

小山是个五年级的学生,被同学称为"四肢发达,头脑简单"。他的各项体育成绩在班里都是第一,而学习成绩却总是一塌糊涂。在如今分数就是一切的观念下,小山的父母却不这样看待,他们认为体育好的孩子同样有出息,所以,他们总是鼓励小山发展体育强项,让孩子把长处尽量发挥出来。

一次,在小山参加学校运动会,各项比赛又都拿第一时,父母鼓励他努力锻炼,以后考一个体校,将来进国家队,参加奥运会比赛。小山知道自己天生脑子不太灵活,因此有些自卑。父母激励的话语增加了小山的信心。他不再有自卑的心理,每天充满着希望去刻苦锻炼,果然在小山上初二时,由于长跑成绩突出,被直接选入了省体校。

[分析] 同样是孩子,在智力、禀赋、性格、心理等各个方面会存在着不同的特点。父母首先要了解孩子自身的特点,改变自己的教育观念,顺应孩子的自然天性,采取适合孩子自身特点的方式,因材施教,才会达到事半功倍的效果。

教育孩子,首先要了解孩子的长处,鼓励孩子发挥自己的优势,不管这个优势在一般的观念中是不是具有很大的价值。一个好的老师,应不放弃每一个学生,父母也应该鼓励孩子。只要孩子具备他人没有的强项,孩子就具有了他人无法可比的核心竞争力。

二、小学生社会性发展对教育教学的启示

(一) 社会认知发展对教育教学的启示

社会认知能力是儿童处理人际关系、适应社会的基础,对于儿童发展具有重要的意义。小学阶段是社会认知发展的重要时期,在这个阶段里,小学生参与社会生活的深度和广度都比幼儿时期大大提高,同伴交往、师生交往、与其他社会成员人际交往的频率和范围也大大扩展。

首先,在教育教学过程中,教师要重视对小学生的社会认知能力的培养。传统上,我们认为教学就是教给学生知识和技能,教学更多的是对学生认知能力的培养,而忽视对学生社会认知能力的培养。目前,随着新课程改革的实施,社会课、思想品德课成为

了义务教育课程。学校应重视这类培养学生健康心理、高尚情操的课程。教师也应该加强学习,认真备课、上课,把这类影响孩子社会认知的课程开设好。

另外,教师也要认识到学生的认知能力和社会认知能力是相互关联又相互区别的。认知是社会认知的基础,学生的社会认知能力与其认知能力相适应。因此,社会认知的教育要尊重学生的认知基础,同样需要遵循循序渐进、由浅入深的原则。观点采择是社会认知的核心,而观点采择的关键在于培养学生的"去自我中心化"。所以教师在对学生进行有关社会认知的教学训练时,应着重引导学生从他人的角度看问题,体悟他人的感受和想法。

(二) 同伴关系发展对教育教学的启示

同伴关系对于小学生的发展具有重要意义,教师在教育教学中应注意引导小学生发展良好的同伴关系。

首先,教师应注意帮助创造良好的同伴交往环境和氛围。我国现阶段的小学生多为独生子女,同伴交往的机会较少。教师可通过布置群体合作性活动和作业,为小学生提供良好的同伴交往的机会。引导小学生在课堂上和课外活动中互相尊重,互相合作,为小学生的同伴交往创造良好的氛围。

其次,教师应引导小学生建立正确的交往观念,学会良好的交往技巧。教师应在教育教学中注意引导小学生正确看待自己的同学和同伴,更多地鼓励小学生将自己的同学和同伴看作自己的朋友和合作伙伴而不是竞争对手和敌人。引导小学生正确看待同伴交往对自己发展的意义,能够认识到自己可以从同伴交往中获得必要的情感支持并互相学习彼此的优点,取长补短;引导小学生逐步建立正确的友谊观和正确的择友标准;在教育教学中抓住适当时机培养小学生的合作、分享、谈判、协商等良好的交往技巧。

再次,教师应帮助、鼓励小学生建立良好的同伴团体。教师要认识到在小学阶段,小学生中出现小团体是正常现象。要注意引导小学生团体向亲社会团体的方向转化,特别要注意有没有反社会团体的存在。如果发现反社会团体要引起足够的重视,及时进行教育引导,防止不良团体对学生发展产生不利影响。

最后,教师应及时发现小学生相互交往中出现的不良势头,及时引导修正。小学生在同伴交往过程中可能发生一些不良交往方式,例如同伴欺负。欺负行为经常表现为年龄大的学生欺负年龄小的学生,男生欺负女生。教师一旦发现类似现象要及时制止并对相关学生进行教育,必要时应引入心理专家的干预。

(三) 自我发展对教育教学的启示

1. 自我概念发展对教育教学的启示

小学生的自我概念可以直接影响他们的自我体验,从而进一步影响其自我调节,对其行为产生重要影响。例如,自我概念中的学业自我概念可以影响到学生成就动机的高低,影响其在学业方面的努力程度。因此,在教育教学中对小学生自我概念的形成和发展施加影响,对于促进其良好自我概念的发展具有重要意义。

根据镜像自我理论,儿童自我概念的形成是从他人的反馈中获取信息,在与社会环境的互动中逐渐形成的。一方面,社会给儿童提供何种反馈信息,对于儿童的自我概念具有重要作用;另一方面,儿童如何对这些信息进行选择加工影响到自我概念的形成。因此,在教育教学中塑造小学生良好的自我概念可以从两个方面入手:

第一,给小学生提供积极的信息反馈。所谓积极的信息反馈,即对于小学生的言行举止、身体外貌、运动能力、学业成就等方面应多给予肯定性评价。教师除了多给学生积极的信息反馈外,还应鼓励小学生之间多发现彼此的优点,互相欣赏、肯定和鼓励,营造良好的交往氛围。

第二,引导小学生积极建构自我概念。这就需要教师在教育教学过程中引导学生形成一套积极的信息加工系统,对外来信息进行过滤选择,通过倡导多元价值使有利于构建良好自我概念的信息得到重视。例如,让一个相貌平平但学业优良的学生认识到学业对人发展的重要作用,而让一个学业平平但运动能力强的学生看到运动能力的价值。

教师除了在教育教学中注意培养学生良好的自我概念之外,还可以利用小学生的自我概念促进教育教学。例如,可以让学生认识到偶然失误或暂时松懈导致的学习成绩下降,并非是其真实成绩的体现,或让偶有成功的学生相信成功才是真正的自我。

2.自我体验发展对教育教学的启示

自我体验是自我的情绪情感因素。现代心理学揭示,情感因素具有动机作用,对学习活动具有重要价值。小学生已经具有比较深刻的自我体验,且这种自我体验可对自我调节或控制产生重要影响。在小学阶段,应注意从以下几个方面引导学生进行积极的自我体验:

(1)改进教学方法,让学生对所学知识技能等产生切实的情感体验

要激发学生求知的欲望,让学生产生对知识的渴望,为此教师应改进教学方法,采用启发式教学策略。在教育教学过程中,教师可以通过不同的教学方法和途径,让小学生从不同角度、不同侧面加深对知识技能等的理解,体会其"妙用",从而产生对掌握知识技能等的强烈兴趣。例如,在语文教学中教授描写祖国山河美景的课文时,可以让学生"听、读、想、画"课文内容,体会课文的意境美,通过激发学生的积极情感来帮助学生掌握生字,理解课文,体会语言文字的美妙,进而激发写作的欲望。教师应灵活运用教学方法,使学生在学习过程中更多地体会到愉悦的情绪情感体验。

(2)适当安排教学任务,让小学生体验到成功的喜悦,做到愉快学习、热爱学习

教学任务的难度安排和次序安排可以影响到学生是否能顺利完成学习任务。教学任务的安排应能让每一位学生有成功的机会。教师应在教学过程中给学生适当的支持,让学生在绝大多数的学习任务中通过努力取得成功。引导学生体会经过努力探索解决问题后的愉悦感和成就感,使学生对学习本身产生直接的兴趣。

(3)利用小学生偶尔产生的羞愧和羞耻情绪,激励小学生发奋图强

经常失败会使学生对学习失去信心,产生自卑感,偶尔失败会使学生产生暂时的羞愧等消极情绪。教师对这种暂时性羞愧情绪进行合理引导,就可以使这种屈辱感转化

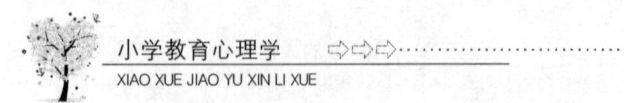

为强大的学习动力。这种转化的关键在于教师要让学生相信,目前的失败不是其应有水平的体现,让学生相信其真实的学习能力和潜在实力远高于目前取得的成绩,使其认识到目前的暂时失败是因其努力程度不够或者没有掌握适当的学习方法,最终激发学生奋起直追,发奋图强。

3. 自我控制发展对教育教学的启示

自我控制能力能够使儿童有效地抵制诱惑、抑制冲动、制定和完成行为计划,对于儿童的发展具有重要意义。小学阶段是儿童自我控制发展的关键阶段。教师在教育教学过程中要注意培养小学生的自我控制能力。心理学的研究发现一些策略可以提高小学生的自我控制能力,这些策略包括:

(1) 有意转移注意力

此方法主要用于抵制诱惑和延迟满足。当面对诱惑物时,如果个体的注意力一直维持在诱惑物上,那么感受到的诱惑力量就会越来越强,结果可能使自我控制的防线轰然崩塌,最终做出失控行为。此时,若能将注意力转移到其他方面,不去注意诱惑物,那么就可以大大降低诱惑物的吸引力,从而达到自控的目的。

(2) 自我暗示

教会儿童自我暗示,可以有效抵御诱惑,实现自我控制。比如,上课不专心时进行自我暗示"我要专心听老师讲,努力听懂老师讲的内容,不去想或做别的事情"。

(3) 自我监督

有的学生上课喜欢做小动作,回家做作业时也经常干些与作业无关的事。家长或教师可以教其自己监督自己的行为。若学生出现了分心的情况,就让他们立即将这一行为记录下来,并作为重新回到学习中去的提示。儿童可以根据自己的分心情况计算每次完成任务时分心的次数,并逐渐提高要求,直至最后做到集中注意,一次也不分心。

(4) 提供榜样

研究发现,观察一个延迟满足的榜样也可改善儿童的自我控制。让儿童经常观察宁可立即得到小的奖励,而不愿等待大的奖励的儿童,这个儿童也会变得不愿等待;若榜样是个不为小刺激所动,通常选择延缓满足后得到更丰富奖励的儿童,这个儿童也会耐心等待。

总之,适当的训练可以提高儿童的自我控制能力。但也要注意,自我控制的度并非越高越好。过度自我控制的儿童表现出很强的压抑,没有主见,不够灵活,缺乏热情。能够进行适度自我控制的学生,通常都有良好的发展。

(四) 亲社会行为和攻击行为发展对教育教学的启示

1. 亲社会行为发展对教育教学的启示

亲社会行为是小学生社会性发展的重要组成部分。小学阶段是亲社会行为快速发展的阶段,在这个阶段里,儿童的亲社会行为较幼儿期表现出更加稳定一致,学习的成果更能保持和泛化,因此,小学教师在教育教学过程中要更加重视培养学生的亲社会行为。研究表明,下列方法在培养小学生的亲社会行为方面较为有效。

（1）角色扮演法

角色扮演是一种使人暂时置身于他人的社会位置，并按这一位置所要求的方式和态度行事，以增进人们对他人社会角色及自身原有角色的理解，从而更有效地履行自己角色的心理学技术。

角色扮演使儿童能够亲身体验他人的角色，从而可以更好地理解他人的处境，体验他人在各种不同情境下的内心情感。较长时间的角色扮演经验可以改变儿童的心理结构。由于扮演中真实、直接的情感体验的支持，所扮演的角色的某些特征最终能被"固定"在儿童的心理结构中，从而使其个性发生实质性变化。

（2）移情训练法

移情训练是一种旨在提高儿童善于体察他人的情绪、理解他人的情感，从而与之产生共鸣的训练方法。

通过移情训练程序可以引导儿童对他人观点的注意，并给予需要者以帮助。常用的移情训练的方法包括认知提示、情感换位、巩固深化和情境表演等。认知提示主要提示儿童注意基本的社会规则、自己的想法和情感等方面，加强儿童对自身和情境的认识。情感换位是通过假想将自己置于他人的位置并设想自己在该情境下的感受。巩固深化主要是通过上述各种训练方法的变式，使儿童的移情能力得到巩固。情境表演是通过模拟一个真实情境，让儿童扮演情境中另外一方，从而加深对另外一方情感体验和认知的方法。这种情境表演可用于帮助儿童将学习到的移情技能应用到现实生活中，也可用于解决现实中遇到的移情问题。

（3）榜样示范法

榜样示范法的理论基础是观察学习理论。观察学习理论最早是由班杜拉提出来的，他认为人类在社会生活中主要是通过观察他人的行为模仿学会的，观察学习是人类学习的主要形式。观察学习包括注意、保持、动作复现和动机四个阶段，简单来说，人首先需要注意到榜样的行为，然后记在头脑中，在头脑中或现实中加以练习，需要表现的时候愿意表现出来，这就是一个完整的观察学习过程。

一些心理学实验表明，为儿童提供助人的榜样行为，儿童在观察后也大多能够表现出助人行为。其中有一个经典的实验是这样的：让7至11岁的儿童观看一个成人玩滚木球的游戏，游戏成功会得到奖品。获奖后，这个成人把得到的一部分奖品捐赠出来作为穷苦儿童的基金。然后让这些儿童单独玩滚木球的游戏，游戏现场放一个基金筹款箱，结果发现，观看过成人游戏过程的儿童把所得奖励捐献出来的数量远远超过没有观看过的控制组儿童。

2. 攻击行为发展对教育教学的启示

与幼儿阶段相比，小学生攻击行为的频率明显下降。但是随着小学生体格的增长，参与社会程度的提高，个体的攻击能量却越来越强。另外，小学生的团体行为明显增加，反社会团体成员在一起活动可能导致彼此的攻击行为得到强化和维持。攻击行为通常是不符合社会化目标的，也是在教育教学过程中力争减少的行为。因此，在小学阶段，教师应该采取必要的措施监控和减少小学生的攻击行为。常用的减少攻击行为的策略包括：惩罚、宣泄、认知干预、社交技能训练、移情训练和榜样示范等。

复习与思考

1. 什么是人格？
2. 影响小学生人格发展的因素有哪些？
3. 什么是社会性？
4. 小学生人格发展对教育教学有哪些启示？

第四章
小学生的学习心理

本章重点

- 小学生的学习
- 影响小学生学习的因素
- 学习的理论
- 小学生的学习困难

学习对于人的发展是至关重要的。小学阶段是学习的基础阶段,小学生的学习兴趣、学习动机、学习习惯等都会对个体的发展产生长远的乃至终生的影响。然而,理论界关于学习的概念、理论还不统一,存在着百家争鸣的局面。

第一节 学习的一般概述

学习是我们每个人每天都在进行的事,然而要给"学习"下一个科学的定义,从科学的角度来研究学习,发现学习的规律却不是一件容易的事。小学生的学习具有这个年龄阶段特有的一些特点,理解和尊重这些特点可以更好地促进小学生的学习。

一、什么是学习

"学习"是心理学研究中一个比较核心的概念。不同的心理学家从不同的角度、用不同的措辞对学习进行过界定。目前,比较流行的做法是将学习分为广义学习和狭义学习两个方面。

(一) 广义的学习

广义的学习是指,学习是个体在特定情境下由于练习或反复经验而产生的行为或行为潜能的比较持久的变化。

理解广义的学习概念需要从以下几个方面加以把握:

第一,学习的发生是由经验所引起的。这些经验不仅包括外部环境刺激,包括个体的练习,更包括个体与环境之间复杂的交互作用。

第二,学习有时表现为行为,有时不表现为行为,需要更多的时间才有可能转化为行为,因此心理学家把学习看作行为潜能的变化。这种变化不是暂时性的,而是比较持久的。

第三,不能简单地认为凡是行为变化都意味着学习的存在。学习是由练习和反复经验而产生的。有机体的行为变化不仅可以由学习引起,也可以由本能、疲劳、适应和成熟甚至疾病等引起,由这些因素引起的行为变化不能称之为"学习"。学习的行为变化是比较持久的,而由疲劳、创伤、药物、适应等所引起的行为变化都比较短暂。

第四,广义的学习既包括人类学习,也包括动物学习。人类和动物都有学习,但人类学习和动物学习有本质的区别。人类学习无论在内容、方式还是性质上都与动物不同。

从内容上看,人类学习的内容比动物学习广泛。动物学习,仅仅是掌握个体的直接经验,而人类学习不仅需要掌握个体经验,还要掌握人类社会积累的各种文化知识、技能和规范等丰富的间接经验。从方式上看,动物学习主要是一个自发的过程,而人类学习是在社会传递下,以语言为中介实现的。语言既是人类传递经验与交际的手段,也是记载人类社会历史经验的工具。从性质上看,动物学习是不自觉的,是以其对外界自然条件的适应为特征的,其学习只是消极被动地适应其生存的环境。人类学习是自觉的、有目的的、积极主动的过程。人类学习是人类积极地作用与改造周围环境,在与他人积极交往的过程中获得知识经验的。

(二) 狭义的学习

狭义的学习是指学生的学习。学生的学习是在教师的指导下,有目的、有计划、有组织、有系统地进行的,是在较短的时间内接受前人所积累的文化科学知识,并以此来充实自己、使自己的行为发生改变的过程。

学生的学习是人类学习的一种特殊形式,既具有人类学习的一般特点,又具有自身的特殊性:

第一,学生的学习以掌握间接经验为主,与人类认识客观世界的过程有所不同。人类的认识是从实践开始的,而学生的学习未必如此,他们不必要也不可能事事从直接经验开始,而可以从现有的经验、理论、结论开始。学生的学习可以越过直接经验,以间接经验为主。

第二,学生的学习是在教师的指导下,有计划、有目的和有组织地进行的。学生所学的知识经验是社会积累下来的最基础、最重要、具有特定教育目的的知识经验和技能。因此,学生的学习不是自发的、任意的、散乱的,而是在受过专门训练的教师指导下,按照一定的教育目的、教学大纲和教学计划,一步步、循序渐进地进行的。

第三,学生的学习具有一定程度的被动性。学生学习与人类学习一样,应该是一个主动建构的过程。但学生的学习又不是为了适应当前的环境,而是为了适应将来的环境。当学生意识不到他当前的学习与将来生活的关系时,便不愿为学习付出努力。因此,教师要注意用各种方法来培养和激发学生学习的动机,以提高其学习的主动性和积极性。

二、小学生的学习

(一) 学习对小学生心理发展的意义

进入小学,学习就成为小学生的主导活动。学习对小学生的心理发展具有重要的意义:

其一,学习活动具有明确的目的性、系统性、组织性和强制性,是小学生不可逃避的义务。小学生必须按照学校的安排、教师的引导和要求,克服各种困难,完成学习任务。这对于培养小学生的责任感、义务感、锻炼小学生的意志力具有重要的意义。

其二,小学阶段的学习对小学生以后的学习生活和个人发展具有重要的意义。小学生学习的知识技能虽然简单,但是涉猎面却相当广泛。这些知识技能的学习可为小学生未来的学习和生活奠定坚实的基础。

其三,学习有助于促进小学生社会性的发展。小学生的学习主要是在班集体中进行的,在共同的学习活动中,学生互相交流、互相帮助,这不仅有助于小学生发展社会交往的技能,提高社会认知的水平,培养合作、互助的集体精神,还有助于小学生掌握各种基本的社会行为规范,形成并发展各种良好的道德品质。

(二) 小学生学习的特点

1. 小学生的学习动机

学习动机是指引发与维持学生的学习行为,并指向一定学业目标的动力倾向。小学生的学习动机直接影响其学习态度和学习成绩。学习动机是多种多样的、分层次、成系统的,其中起主导作用的动机被称为主导动机,它往往决定或支配着学生的学习活动,影响着学生的智力发展。研究发现,我国小学生的学习动机包括回报动机、求知动机、交往趋利动机、利他动机、学业成就动机、生存动机、实用动机。在小学生的学习动机中,外部动机始终占主导地位,内部学习动机还处在不断的发展过程中。四、五年级小学生的学习动机结构基本上没有差别,六年级小学生才开始形成具有长远社会意义的自我实现动机。还有研究表明,小学生学习动机的总强度表现出随年级升高而下滑的趋势。原因有二:一是因为学习动机受自我意识制约,小学三年级到五年级的学生,其自我意识处于平稳发展阶段,所以表现出动机由强向弱转化;二是随着年级的升高,学习内容增多、任务加重,外部压力较大,也会导致动机强度减弱。

2. 小学生的学习兴趣

学习兴趣是促使学生自觉地从事学习活动的一种重要的推动力。在整个小学阶段,随着年龄的增长和知识经验的丰富,小学生的学习兴趣也在发生变化,但仍表现出一些共同的特点:

（1）小学生最初对学习过程和外部活动更感兴趣，以后逐渐对学习内容和需要独立思考的学习活动更感兴趣。

（2）小学生的学习兴趣从不分化到逐渐产生对不同学科内容的初步分化性兴趣。转折期出现在小学三年级。

（3）小学生对有关具体事实和经验的知识较有兴趣，对有关抽象因果关系知识的兴趣在初步发展着。

（4）游戏因素在小学生学习兴趣上的作用逐渐降低。

（5）在阅读兴趣方面，一般从课内阅读发展到课外阅读，从童话故事发展到文艺作品和通俗科学读物。

（6）小学生对社会生活的兴趣逐步在扩大和加深。

3. 小学生的学习态度

小学生在学习过程中，逐渐形成了一定的学习态度。小学生的学习态度主要体现在对教师的态度、对集体的态度、对作业的态度和对评分的态度等方面。

（1）对教师的态度

低年级的小学生对教师怀有特殊的尊敬和依恋之情，教师在这个阶段的小学生心目中具有绝对权威的地位。中年级小学生逐渐对教师产生选择性的、怀疑的态度，只有那些思想作风好、教学好，对儿童有耐心、公正的教师，才能赢得小学生的信任，对小学生的学习产生重大影响。

（2）对集体的态度

低年级小学生还没有形成班集体，同学之间彼此很少互相关心。在教师的组织和教学的影响下，小学生开始互相交往、彼此关心、互相帮助，逐渐有了班集体的概念。从中年级开始，小学生开始具有了比较有组织的自觉的班集体生活，开始把自己看成是集体中的一员，重视班集体的舆论和评价作用，进一步提高自己对学习、对集体的责任感，从而不断提高学习质量和行为品质。

（3）对作业的态度

初入学的小学生还不能把作业看成是学习的重要组成部分，还不能经常以负责的态度来对待作业。在教师的教育下，小学生逐步形成对作业的自觉负责的态度，表现为能按一定时间来准备功课、完成作业，主动安排学习活动，按照一定的顺序耐心细致地完成作业。

（4）对评分的态度

进入小学，小学生就已认识到评分的意义。在正确教育的影响下，低年级小学生逐渐了解分数的客观意义，并树立对分数的正确态度。从中年级起，小学生开始了解学习是一种社会义务，因而把优良的分数看成是高质量地完成这一社会义务的客观表现。

4. 小学生的学习策略

随着年龄增长，小学生的学习策略不断丰富，他们逐渐学会使用有效的学习策略。但总体而言，小学生学习策略的使用具有不完善、不稳定和刻板的特点。在低年级阶段,小学生多使用单一的学习策略;随着年级增高和学习任务复杂性的不断增加,小学生学习策略的运用表现出明显的多重性特点。

三、影响小学生学习的因素

小学生的学习是一个复杂的长期的过程,受到多种因素的影响,这些因素相互作用,相互渗透,共同影响着小学生的学习。

(一)自身因素

小学生的自身因素是其学习的重要影响因素,这些因素主要包括智力、气质、性格、学习动机和学习习惯,其中智力和气质更多的是先天的,而性格、学习动机和学习习惯主要是后天的。

智力是一种一般的认知能力,包括注意力、记忆力、观察力、想象力、思维力等方面,是学习能力的基础,对学习过程有着重要的影响。

气质是表现在心理活动的强度、速度、灵活性与指向性等方面的一种稳定的心理特征。小学生的气质特点对学习也有一定的影响,它主要影响着学生学习的反应速度、情绪表现和坚持性等方面。

性格是人对现实的态度和行为方式中较稳定的个性心理特征,它影响着学生对待学习的态度、情绪情感、自觉性、坚持性、灵活性和逻辑性等方面。

学习动机是促使学生从事学习活动的内在推动力,主要是在后天学习活动中形成的。学习动机的类型和强弱影响着学习的持久性和效果。

学习习惯也是影响学习的重要方面。养成良好的学习习惯,有利于激发学生学习的积极性和主动性;有利于形成学习策略,提高学习效率;有利于培养自主学习能力;有利于培养学生的创新精神和创造能力,使学生终身受益。

(二)家庭因素

家庭是小学生重要的活动场所,家庭因素对小学生的学习有着重要影响。研究发现,父母的教育观念、教育方式、家庭经济地位、父母受教育程度等都影响到小学生的学习。

父母的教育观念决定着家庭教育的具体内容、方法及走向[①],影响到小学生学习的态度、兴趣、动机、习惯等各个方面。父母教育观念的误区会对小学生的学习产生不良影响。

不同的家庭教育方式对小学生学习的影响也不相同。民主型的家庭教育有利于培养小学生的独立性、自觉性和探索精神,可以促进小学生的学习。专制型和放任型的家庭教育对小学生的个性形成和对待学习的态度、动机和行为等都会产生不良影响。

一些研究表明,家庭的社会经济地位、父母的受教育水平与小学生的学习成绩具有

---

① 李巧巧,刘丽.我国父母教育观念研究综述[J].教育理论与实践,2007年,第27卷专刊:103-104.

正相关关系。这主要是因为家庭的社会经济地位越高、父母受教育水平越高,就越可能给小学生提供更好的学习条件和学习资源。值得注意的是,家庭的社会经济地位和父母受教育水平并不必然有利于小学生的学习。相比之下,父母的教育观念、教育方式在小学生学习过程中的作用更为重要一些。

(三) 学校因素

小学生的学习活动主要是在学校里完成的,学校因素对小学生的学习影响深远。学校的各种因素对小学生的学习都有影响,其中重要的因素包括学校的教育理念、教师素质、同伴群体、校风、班级气氛,等等。

教育理念是指人们对于教育现象(活动)的理性认识、理想追求及其所形成的教育思想观念和教育哲学观点。学校的教育理念涉及学校为什么办教育,办什么样的教育,怎么办教育等一系列根本问题。这些问题与学生学习的内容、目标、方式方法等存在着紧密联系,对学生的学业发展产生重要影响。

教师是教学的主体,是教育教学过程中的关键要素之一。教师素质的高低直接决定课堂教学的质量与效果,深刻影响师生关系、课堂氛围、学生的学习动机、学习兴趣和学习效果等教育教学的各个方面。

另外,同伴群体对待学习的态度、学校的校风、班级的学习氛围等也间接地影响小学生对待学习的动机、态度、学习行为和学习效果。

(四) 社会因素

社会大环境与小学生学习之间的关系主要是间接的,一些社会因素通过影响小学生身边的环境因素而对他们的学习产生影响。例如,良好的社会风气有利于振奋民族精神,培养积极乐观、勤劳朴实、道德高尚的现代市民和维护社会安定。这种良好的社会氛围,不仅可以为小学生提供良好的物质环境和心理环境,也可以潜移默化地影响到小学生对待学习的态度和积极性。再如,良好的社会管理可以使社会生活有条不紊,市容环境清洁卫生,保证学校周边没有网吧、KTV等对小学生成长不利的环境因素,为小学生的学习起到保驾护航的作用。

案例

诺贝尔奖得主最重要的学习经历

1978年,75位诺贝尔奖获得者在巴黎聚会。有人问其中一位:"您在哪所大学、哪所实验室里学到了您认为最重要的东西呢?"出人意料,这位白发苍苍的学者回答说:"是在幼儿园。"又问:"在幼儿园里学到了什么呢?"学者答:"把自己的东西分一半给小伙伴们;不是自己的东西不要拿;东西要放整齐,饭前要洗手,午饭后要休息;做了错事要表示歉意;学习要多思考,要仔细观察大自然。从根本上说,我学到的全部东西就是这些。"

[分析] 这位学者认为他终生所学到的最主要的东西,是幼儿园老师给他培养的良好习惯。英国唯物主义哲学家培根在谈到习惯时深有感触地说:"习惯真是一种顽强而巨大的力量,它可以主宰人的一生,因此,人从幼年起就应该通过教育培养一种良好的习惯。"联系现实生活中的人和事,再仔细分析一下,就会越发感到那位科学家的话和培根的话确实包含着深刻的道理,尤其是在学习问题上,几乎对于每一个人都适用。幼儿阶段和小学阶段是培养良好的学习习惯的重要时期,而习惯养成最有效的办法就是日复一日不断重复常规。

第二节 学习理论

关于学习的本质、过程、分类与规律,由于理论倾向不同、立场不同,不同的学者提出了各自不同的见解。其中影响较大的包括学习的类型理论、行为主义的学习理论、认知学派的学习理论和人本主义的学习理论。

一、学习的类型理论

学习是一个复杂的现象,既涉及学习者内部加工过程又涉及外部影响,既有内容问题又有形式问题,既有简单的学习形式又有复杂的高级学习形式。为了详尽而细致地研究学习,心理学家从不同的角度提出了不同的学习类型理论。

(一) 加涅(R. Gagne)的学习类型理论

加涅主要是从学习结果的角度来看待学习的,他认为:学习是反映人的心理倾向和能力的变化,这种变化要能持续一段时间,且不能把这种变化简单地归结于生长过程。

1. 加涅的学习水平分类理论

加涅根据学习的复杂程度,将学习划分为八种类型,分别是:

(1) 信号学习:即经典条件作用,学习对某种信号做出某种反应,这是最低层次的学习。如,学习者看到红灯停止过马路,或学会叫出某个物体的名称,这类学习只涉及某个信号与某个反应(或事物)之间的联结。

(2) 刺激—反应学习:即操作条件作用,与经典条件作用不同,其过程是:情景—反应—强化。即先有情景,做出反应动作,然后得到强化。如,某学生发现地上有碎纸片(刺激),该生将纸片捡起(反应),老师表扬了这个学生的行为(强化),于是该生以后发现地上有碎纸片都会捡起(联结的加强)。

(3) 连锁学习:即一系列刺激—反应的联合。如,开门动作包括将钥匙插入锁孔,旋转钥匙,推门,打开门等一系列的刺激反应的连锁。

(4) 言语联想学习:同样也是一系列刺激—反应的联合,但它是由言语单位联结到一起构成的连锁。如,说出一句完整的话。

(5) 辨别(或多重辨别)学习:指在一组相似的刺激中能够辨别各刺激所属的反应,个体变得能对相似的但仍然不同的刺激做出不同的反应。

(6) 概念学习:对刺激进行分类时,学会对一类刺激做出相同的反应,也就是对事物的抽象特征反应。

(7) 规则学习:规则一般由两个或两个以上的概念构成。规则学习即了解并掌握两个或两个以上概念之间的关系。

(8) 解决问题学习:指能根据过去习得的规则,经过内在思考过程而创造新的或更高级的或更高层次的原则。即运用所学规则解决问题。

这一学习类型的分类非常详细,且有坚实的理论基础。但是在实际应用中,一些概念不易理解和区分。加涅后来对这种分类做了修正。将前四类合并为一类,把概念学习扩展成具体概念和定义概念两类,于是分类就变成:① 连锁学习;② 辨别学习;③ 具体概念学习;④ 定义概念学习;⑤ 规则学习;⑥ 解决问题学习。

2. 加涅的学习结果分类理论

加涅从学生学习的角度考察了学习结果,将学习结果分成五类:

(1) 言语信息:指以言语陈述的形式存储于学习者记忆中的有关事物和组织化了的知识,这种学习结果使学习者能够再现以往所贮存的信息。

(2) 智慧技能:言语信息帮助学生解决"是什么"的问题;而智慧技能要解决"怎么做"的问题,如怎样把陈述句改成疑问句,怎样使动词和句子的主语一致。

(3) 认知策略:指学习者借以调节自己的注意、记忆和思维等内部过程的技能。智慧技能使学生学会运用字母、数字、词语、图形等符号与环境发生交互作用,而认知策略则是学习者对这一认知过程的控制。

(4) 动作技能:指能够为完成有目的的动作使用肌肉、骨骼等有组织的活动,是平稳、精确、灵活而适时的操作能力。人在学习、劳动和日常活动中都会表现出动作技能。

(5) 态度:态度是通过学习获得的内部状态,这种状态影响着个人对某种事物、人物及事件所采取的行动。

(二) 布卢姆(B. Bloom)的学习分类理论

布卢姆的学习分类是服务于其教育目标分类系统的,因而是以教育目标和教育任务为出发点,涵盖认知、情感和技能三大领域。

1. 认知领域的学习

(1) 知识:对知识的简单回忆。

(2) 理解:能解释所学的知识。

(3) 应用:在特殊情况下使用概念和规则。

(4) 分析:区别和了解事物的内部联系。

(5) 综合:把思想重新综合为一种新的完整的思想,产生新的结构。

(6) 评价:根据内部的证据或外部的标准做出判断。

2. 情感领域的学习

(1) 接受:指学生愿意注意特殊的现象或刺激(如课堂活动、教科书、作业等)。包括三个水平:知觉到有关刺激的存在;有主动接受的意愿;有选择地注意。这是低级的价值内化水平。

(2) 反应:指学生主动参与学习活动并从中得到满足。处于这一水平的学生,不仅注意某种现象,而且以某种方式对它做出反应并获得反应的满足。类似于我们通常所说的兴趣。

(3) 形成价值观念:指学生将特殊对象、现象或行为与一定的价值标准相联系,对所学内容在信念和态度上表示肯定。包括三个水平:接受某种价值标准;偏爱某种价值标准;为某种价值标准做奉献。

(4) 组织价值观念系统:指将许多不同的价值标准组合在一起,消除它们之间的矛盾和冲突,并开始建立内在一致的价值体系。分两个水平:价值概念化和组成价值系统。价值概念化是对所学内容的价值在含义上予以抽象化,形成个人对同类内容的一致看法;组成价值系统是指将所学的价值观汇集整合,加以系统化。

(5) 价值体系个性化:指个体通过学习,经由前四个阶段的内化之后,所学得的知识观念已成为自己统一的价值观,并融入性格结构之中。也分两个水平:概念化心向,即对同类情境表现出一般的心向;性格化,即指心理与行为内外一致,持久不变。

3. 动作技能的学习

(1) 知觉:指学生通过感官,对动作、物体、性质或关系等的意识能力,以及进行心理、躯体和情绪等的预备调节能力。

(2) 模仿:指学生按提示要求行动或重复现实动作的能力,但学生的模仿性行为经常是缺乏控制的。如,在观看打乒乓球的某一技巧动作的录像后,能以一定的精确度来演示这一动作。

(3) 操作:指学生按提示要求行动的能力,但不是模仿性的观察。即学生要能进行

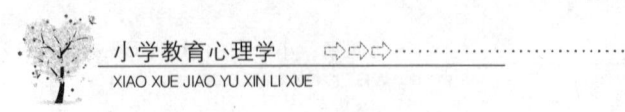

独立的操作。

(4)准确:指学生的练习能力或全面完成复杂作业的能力。学生通过练习,可以把错误减少到最低限度。

(5)连贯:指学生按规定的顺序和协调要求,去调整行为和动作等的能力。

(6)习惯化:指学生自发或自觉行动的能力。也就是学生能下意识地、有效率地协调一致地进行操作。

在实际的学习中,认知、情感和动作三方面的学习几乎是同时发生的。例如,学生写字时(动作技能),也正在进行记忆和推理(认知),同时,他们对这个任务会产生某种情绪反应(情感)。

二、行为主义的学习理论

(一)桑代克的"试误—联结"学习理论

桑代克把自己的心理学称为联结主义心理学,认为心理、学习是情境与反应之间的联结。联结的形成是通过盲目尝试—逐步减少错误—再尝试这样一个循环往复的过程习得的。这一理论是建立在对动物的实验基础之上的,根据实验结果,桑代克提出了三条著名的学习规律:效果律、练习律和准备律。

1. 效果律

在试误学习的过程中,如果其他条件相等,在学习者对刺激情境做出特定的反应之后能够获得满意的结果时,则其联结就会增强;而得到烦恼的结果时,其联结就会削弱。

2. 练习律

在试误学习的过程中,任何刺激与反应的联结,一经练习运用,其联结的力量就逐渐增大。而如果不运用,联结的力量就会逐渐减少。

3. 准备律

在试误学习的过程中,当刺激与反应之间的联结,事前有一种准备状态时,实现则感到满意,否则感到烦恼;反之,当此联结不准备实现时,实现则感到烦恼。

虽然尝试—错误学习模式是从动物实验中推导出来的,但它对人类学习和学生学习来说,仍有很大的借鉴意义。首先,教师在教学过程应该允许学生犯错误,并鼓励学生从错误中进行学习,这样获得的知识学生才会终生不忘。其次,在实际的教育过程中,教师应努力使学生的学习得到自我满意的积极结果,防止一无所获或得到消极后果。再次,应注意在学习过程中加强合理的联系,并注意在学习结束后不时地进行练习。此外,任何学习都应该在学生有准备的状态下进行,而不能经常搞"突然袭击"。

(二)巴甫洛夫的经典性条件作用学习理论

19世纪末20世纪初,巴甫洛夫和他的同事在对狗的消化腺进行试验研究时,发现了经典条件反射这一现象。在对经典条件反射进行全面研究后,巴甫洛夫发现了其中所蕴含的学习规律,最重要的是经典条件作用的获得、消退律、泛化律和分化律。

1. 经典条件作用的获得

在条件作用的获得过程中,条件刺激与无条件刺激之间的时间间隔非常重要。一方面,条件刺激和无条件刺激必须同时或近于同时呈现,间隔太久则难以建立联系;另一方面,条件刺激作为无条件刺激出现的信号,必须先于无条件刺激而呈现,否则也将难以建立联系。

2. 经典条件作用的消退

如果条件作用多次出现而没有无条件刺激伴随,则已经建立的条件作用将逐渐减弱甚至消失,这种现象被称为条件作用的消退。条件作用的消退并不是一蹴而就的,需要一个较长的时间,一般比建立条件作用所用时间更长,而且在消退的过程中还会出现自动恢复的现象。巴甫洛夫认为条件作用的消退是一种由抑制过程所引起的较完全、较长期的机能性遮断。

3. 经典条件作用的泛化

经典条件作用一旦确立,其他类似最初条件刺激的刺激也可以引起条件作用,称为泛化。泛化在教育教学中具有重要的作用,借助于刺激泛化,我们可以把已有的学习经验扩展到新的学习情景,从而扩大学习范围。

4. 经典条件作用的分化

泛化刺激所引起的泛化反应,往往是不准确或不精确的。通过选择性强化和消退使有机体学会对条件刺激和与条件刺激相类似的刺激做出不同的反应,这个过程称为分化。分化在教育教学中具有重要意义,如教师可以引导学生在知识学习的过程中注意区分相似但不同的知识点,在生活中注意区别勇敢与鲁莽、谦让与退缩的区别。

经典条件作用能较有效地解释有机体是如何学会在两个刺激之间建立联系,从而使一个刺激取代另一个刺激并与条件反应建立起联结的。但是经典条件作用无法解释有机体为了得到某种结果而主动做出某种随意反应的学习现象。

(三) 斯金纳的操作性条件反射学习理论

斯金纳是著名的行为主义心理学家,他的理论也是建立在动物学习实验的基础之上的。在实验中,斯金纳发现,有机体做出的反应与其随后出现的刺激条件之间的关系对行为起着控制作用,它能影响以后反应发生的概率。基于此,他认为学习实质上是一种反应概率上的变化,而强化是增强反应概率的手段。

1. 应答性行为与操作性行为

斯金纳将人和动物的行为分为两类:应答性行为和操作性行为。应答性行为是由特定刺激所引起的,是不随意的反射性反应,是经典条件作用的研究对象;而操作条件反应不与特定刺激相联系,是有机体自发做出的随意反应,是操作性条件作用的研究对象。人的行为大部分都是操作性行为。

2. 强化与消退

使反应发生的概率增加或维持某种反应水平的任何刺激叫作强化物。利用强化物诱使某一操作反应的概率增加的过程就是强化。首先,强化是针对反应而非有机体,我们可以说食丸强化了白鼠按压杠杆的行为,而不能说食丸对白鼠进行了强化。其次,强化物并不一定是令人愉快的刺激,强化物的作用只是在于提高有机体某项行为出现的概率。

按照强化的性质,斯金纳将强化分为正强化和负强化两种类型。在有机体做出一个操作反应后,如果呈现某一后继的刺激物,有机体的操作反应概率增加,那么该刺激产生的作用称为正强化,该刺激就是这一反应的正强化物;在有机体做出一个操作反应后,如果撤走某一刺激物,有机体的操作反应概率增加,那么该刺激产生的作用就是负强化,该刺激物就是这一反应的负强化物。例如,当白鼠按压杠杆之后得到一粒食丸,食丸使白鼠再一次按压杠杆的反应概率上升,这一过程就是正强化,食丸就是正强化物;再如,笼子被通电,白鼠始终处于轻微的电击中,当白鼠按压杠杆时,电击消失,这一过程同样会使白鼠的按压杠杆的反应上升,电击在这里就是负强化物,这一过程为负强化。

3. 逃避条件作用与回避条件作用

当厌恶刺激出现时,有机体做出某种反应,从而逃避了厌恶刺激,则该反应在以后的类似情境中发生的概率便增加。这类条件作用称为逃避条件作用,它揭示了有机体是如何学会摆脱痛苦的。例如,听到火车站内噪音过大,而暂时离开车站。

回避条件作用是指当预示厌恶刺激即将出现的刺激信号呈现时,有机体可以自发地做出某种反应,从而避免厌恶刺激的出现,则该反应在以后的类似情境中发生的概率便增加。例如,行人看到红灯停止过马路而避免了车祸。

逃避条件作用和回避条件作用都是负强化的条件作用类型。

4. 惩罚

当有机体做出某种反应以后,呈现一个厌恶刺激,以消除或抑制此类反应的过程,称作惩罚。惩罚与负强化不同,负强化是通过厌恶刺激的排除来增加反应在将来的发生概率,而惩罚是通过厌恶刺激的呈现来降低反应在将来发生的概率。但是惩罚并不能完全消除一个行为,只能暂时抑制一个行为。一个因惩罚而暂时受到抑制的行为在有机体确信不会再有惩罚的环境里还会出现,甚至变本加厉。

惩罚分为正惩罚和负惩罚两种类型。正惩罚是在有机体做出某种反应后直接给予一个厌恶刺激,使将来再次发生此反应的概率降低。负惩罚是在有机体做出某种反应后撤销一个奖赏刺激,使将来再次发生此反应的概率降低。

在教育教学中,教师应该多用强化策略,少用惩罚策略。在不得不使用惩罚策略时应优先考虑负惩罚的方式,并且应慎重对待。最好能够在运用惩罚策略抑制不良行为的同时,相对应地采取强化策略培养一种良好的行为。例如,父母在利用惩罚策略降低孩子沉迷网络游戏的同时,应采取强化策略对认真学习的行为予以强化。

第四章　小学生的学习心理

扩展阅读

课堂中强化的应用

对课堂实践而言,最有用的行为主义原理也许是最简单的:强化你希望反复看到的行为。这个原理看上去浅显易懂,但实际做起来却并非易事。例如,一些教师认为强化是不必要的,理由是"我为什么要强化他们?他们只是做了该做的事!"

课堂中使用强化来增强所期望看到的行为时,可遵循以下几条主要的原则:

1. 确定你想要学生做出的行为,当这些行为出现时予以强化。例如,表扬或奖励学生的出色工作。如果学生没有竭尽全力,则不给予表扬或奖励。当学生开始一项新的学习任务时,他们的每一点进步都应该受到强化。对于那些逐步接近最终目标的行为应给予积极的反馈。将新的行为(或课堂作业)分解为比较小的部分,并对其不断的进步给予充分的奖励。

2. 告诉学生你所期望的行为表现,当他们表现出来时,给予强化并告知原因。给学生呈现你所使用的评价其活动的各项标准,以及每项标准的分值列表,这样一来,学生将能够从你的反馈中来认识自己的优势和不足。

3. 在恰当的行为出现之后,尽快地给予强化。延迟强化的效果比及时强化差。评定完作业后,应尽快给学生反馈。让学生了解自己在课业中的表现是非常重要的,不要拖延对作业的评定。布置作业时,应该经常考虑使用什么样的评价方式,需要多长时间才能给学生提供反馈。(罗伯特·斯莱文著,姚梅林等译,教育心理学理论与实践,人民邮电出版社,2004年7月第1版)

(四)班杜拉的观察学习理论

班杜拉是新行为主义者,他以观察学习解释人类的学习,跳出了传统行为主义只强调外部因素,忽视人的内部认知因素的窠臼。他采用实验的方法研究了人类的社会学习现象,取得了巨大的成就。

班杜拉做过的一个经典实验是这样的:他让三组儿童分别观看三个影片,其中第一组观看的影片的内容是一个男人击打橡皮人,之后一个年轻女性出面给这个男人糖果奖赏,并表扬这个男人能干(强化);第二组观看影片的内容也是同样的男人击打橡皮人,之后同一个年轻女性出面指责该男性破坏物品(惩罚);第三组只看到男人击打橡皮人,没有年轻女人出现,也没有奖赏或惩罚。然后实验者让观看影片的三组儿童分别进入三个游戏室,三个游戏室里除了各种玩具外都有电影里出现过的橡皮人。第一组儿童看到橡皮人很兴奋,多数儿童都击打了橡皮人。第二组儿童在15分钟的实验时间里没有人去碰橡皮人。第三组儿童有一部分儿童击打了橡皮人,有的没有打。进一步的实验中,实验者改变了实验情境,对观看过影片的三组儿童说,谁击打橡皮人就可以得到糖果作为奖励,结果三组儿童都击打了橡皮人。关键是三组儿童中大部分都会表现出影片里那个男人击打橡皮人的一个特殊动作。

从实验可见,儿童通过观察他人的行为及其后果,学会了新的行为。班杜拉把这种学习方式称为观察学习。所谓观察学习是指个体只以旁观者的身份,观察他人的行为表现(自己不必实际参与活动),学会他人行为方式的一种学习方式。最初的实验中,看到影片中男人击打橡皮人而得到奖赏的那一组儿童,在游戏室里实际接触橡皮人时更多地表现出击打橡皮人的行为,这是因为他们看到那个男人的行为得到了奖赏,形成了一种自己若表现出相同行为也可能获得奖赏的一种预期。相反,看到击打橡皮人得到惩罚组的儿童不去击打橡皮人,是因为他们形成了若击打橡皮人也可能受到惩罚的预期。班杜拉用替代强化的概念来解释这种现象。所谓替代强化是指观察者因看到他人(榜样)的行为受到强化,因而形成对自己若表现出相似行为也可能受到强化的预期,导致观察者表现出与他人相同行为的反应概率上升的现象,即因看到榜样受到强化而受到强化。在进一步的实验中,由于实验者宣布凡是击打橡皮人者都有奖励,改变了三组儿童的行为动机,于是三组儿童都表现出了与榜样相似的击打行为。这说明,观看影片的三组儿童,实际上都学会了击打橡皮人的行为(榜样的行为),之前之所以有些儿童没有击打,是因为他们没有击打的动机。

在详细分析的基础上,班杜拉提出观察学习包含四个子过程:

1. 注意过程

注意过程决定了个体在众多榜样作用影响时有选择地观察哪些方面。观察者首先必须注意到榜样行为的明显特征,否则就不可能习得这一行为。

2. 保持过程

经过注意阶段,观察者通常以符号的形式把榜样表现出的行为保持在长时记忆中。保持过程主要依存于两个系统,一个是表象系统,另一个是言语编码系统。有些行为是以表象方式保持的,有些则是以言语编码形式保存的。

3. 动作再现过程

动作再现过程是指把符号的表象转换成适当的行为。一般而言,学习者是通过按照榜样行为方式组织自己的反应而达到行为再现的。动作再现过程可以只在头脑中进行,如在头脑中对表象进行反复操作,而不一定要表现为外部行为。

4. 动机过程

班杜拉对行为的习得和表现做了区分。习得的行为不一定都表现出来,学习者是否会表现出已习得的行为,受强化的影响。如果学习者认为表现出已习得的行为会受到强化,则更多地会选择表现行为。

班杜拉的观察学习理论看到了人的认知因素在学习中的重要作用,能更好地解释人类的高级学习,特别是社会行为的学习。但是班杜拉的理论并没有很好地解释人的内部认知过程。

三、认知学派的学习理论

(一)格式塔的完形学习理论

格式塔心理学派以韦特海默、科勒和考夫卡等为代表,他们以黑猩猩为研究对象进行了一系列经典实验,提出了自己的学习理论。

1. 学习是通过顿悟实现的

格式塔学派认为顿悟常常出现在若干尝试与错误的学习之后。动物在做出外显反应之前,在头脑中进行的类似于"验证假说"的思索是学习的难点。动物解决问题的过程似乎是在提出一些"假说",然后检验一些"假说",并抛弃一些错误的"假说",最后找到正确解决问题的方法。动物只有在清楚地认识到整个问题情境中各种成分之间的关系时,顿悟才会出现。

2. 学习的实质是在主体内部构造格式塔

格式塔学派认为学习过程中的问题解决,都是由于对情境中事物关系的理解而构成一种格式塔来实现的。格式塔,也称完形,是一种心理结构,是对事物关系的认知。

完形学习理论作为最早的一个认知性学习理论,肯定了主体的能动作用,强调心理的组织功能,把学习视为个体主动构造完形的过程,强调观察、顿悟和理解等认知功能在学习中的重要作用,这对反对当时行为主义学习论的机械性和片面性具有重要意义。但是格式塔的完形理论与桑代克的尝试—错误学习理论并非截然对立。事实上,尝试—错误往往是顿悟的前奏,顿悟则是尝试练习进行到一定程度的结果。人们对要解决的问题已有一定的经验时,往往不需要进行反复的尝试—错误的过程,但对于复杂的缺乏经验的问题,大多需要经过尝试—错误的过程才能产生顿悟。

(二)托尔曼的符号学习理论

托尔曼是美国著名的心理学家,新行为主义的代表人物。为了考察有机体学习结果的实质,托尔曼以小白鼠为对象进行了一系列实验。

经过对实验结果的详细分析,托尔曼得出结论:白鼠学会的不是简单的、机械的反应动作,而是学习达到目的的符号及其所代表的意义,建立一个完整的"符号—格式塔"模式,即"认知地图"。

托尔曼认为,作为学习结果的"认知地图",是对局部环境的综合表象,不仅包括事件的简单顺序,而且包括方向、距离甚至时间关系的信息,是情境整体的领悟在头脑中产生的某些类似于一张现场地图的模型,它使有机体在环境中的活动不受一系列身体运动的约束。

学习的过程即认知地图的形成过程。托尔曼认为,有机体在达到目的的过程中,根据预期进行尝试,不断对周围环境进行认知,学习"达到目的的符号"及其所代表的意义,在各个选择点建立了"符号—格式塔"模式,并与预期联系起来,形成"目标—对象—手段"三者联系在一起的认知结构,即形成了整体的认知地图。

托尔曼还提出了三种定律来说明学习的条件：第一，能力律，涉及学习者的特性、能力倾向和性格特点，这些决定着学习者能够成功掌握的任务与情境的类型；第二，刺激律，涉及材料本身所固有的条件，其各个部分的属性及其对领悟解决的帮助；第三，涉及材料呈现方式的定律，如呈现的频率、练习的分布、奖赏的运用等。

托尔曼的符号学习理论对现代认知心理学的诞生起到了先行的作用。然而，托尔曼对学习的内部信息加工过程的探讨还不够深入和精确，因此他的学说并不是一种完整的学习理论体系。

扩展阅读

梅沁鲍姆的自我调节学习模式

梅沁鲍姆(Meichenbaum)在1977年曾提出一种策略，该策略训练学生通过自我陈述、自我指导来调节自己的行为。梅沁鲍姆的指导策略包括以下步骤：

(1) 一个成人榜样在从事某项活动时大声地自我陈述(认知示范)。
(2) 儿童在成人榜样的指导下从事相同的活动(外显的外部指导)。
(3) 儿童从事活动时大声地进行自我指导(外显的自我指导)。
(4) 儿童在完成任务的过程中小声地自我指导(渐隐的外显的自我指导)。
(5) 儿童通过内部言语来指导自己完成活动(内隐的自我指导)。

(三) 布鲁纳的认知—发现学习理论

布鲁纳反对以 S-R 联结和对动物学习进行研究所得的结果来解释人类的学习活动，他把研究的重点放在学生获得知识的内部认知过程和教师如何组织课堂教学以促进学生"发现"知识的问题上，他的学习理论被称为认知—发现学习理论。

布鲁纳主要研究了学生的学习，他认为学生的学习主要是形成认知结构。所谓认知结构就是指由个体过去对外界事物进行感知、概括(即归类)的一般方式或经验所组成的观念结构，它可以给经验中的规律以意义和组织，并形成一个模式，其主要成分是一套感知的类别。

1. 布鲁纳的学习观

(1) 学习过程是类目化过程

布鲁纳认为一切知识都是按编码系统排列和组织起来的，学习的实质是学习者主动地进行加工活动形成认知结构，即类别编码系统。因此，学习过程主要是类目化的过程。学习者通过类目化活动将新知识与原有的类目编码系统联系起来，不断形成或发展新的类目编码系统。

(2) 发现学习是学习知识的最佳方式

发现学习是指学生利用教材或教师提供的条件独立思考,自行发现知识,掌握原理和规律的学习方式。布鲁纳认为,尽管学生学习的知识都是人类积累下来的被广泛证明了的知识,但对于学生而言,如果经过自己的独立思考和探索去发现这些原理、规律,这仍然是一种发现。学生的这种发现在本质上与科学家的发现过程是一致的。他认为发现学习有很多优点:首先,发现学习能提高学生的智慧潜能,培养学生的直觉思维;其次,发现学习有助于培养学生的内在学习动机;再次,发现学习有利于培养学生发现的技巧;最后,发现学习有利于知识的记忆、保持和提取。

(3) 学习包括获得、转化和评价三个过程

新知识的获得是指个体运用已有的认知经验,使新输入的信息与原有的认知结构发生联系,理解新知识所描绘的事物或现象的意义,使之与已有的知识建立各种联系。知识的转化是指对新知识进一步分析和概括,用获得的新知识对原有的认知结构进行重构,运用外推、内推或转换的方法,获得超越给定信息的更多信息,以适应新的任务。对知识的评价是指对新知识的转化过程和结果的检验和验证。通过评价可以核对我们处理知识的方法是否适合新的任务,或者运用得是否正确。因此,评价通常包含对知识的合理性进行判断。知识的获得、转化和评价这三个过程在实际学习活动中几乎是同时发生的。

(4) 适当的呈现方式和学习的内在动机是高效学习的必要条件

布鲁纳认为,人类有三种成功理解知识的方式:动作再现表象、图像再现表象和符号再现表象。动作再现表象是指以动作作为思维的工具;图像再现表象是指以表象作为思维的工具;符号再现表象指以符号(通常是语言)作为思维的工具。这三种再现表象系统也是人们借以认识和表征外部世界的三种信息加工系统。布鲁纳认为,对于不同年龄、知识背景和不同学科的知识而言,以何种形式呈现知识会直接影响学生获得知识的难易程度和正确性。同一原理可以用不同的再现表象形式呈现。对于不同年龄不同水平的学生,可以选取适合他们的再现表象形式,即"任何知识都可以以合适的方式教给任何年龄的孩子"。

布鲁纳认为学习是一个积极主动的过程,学习者在学习过程中的主动性体现在他必须主动地让新知识与已有的经验和认知结构发生联系,对新现象进行归类和推理。而最好的学习动机莫过于对所学习的知识本身具有内在的兴趣,有新发现的自豪感和自信心,这是知识学习成功的关键。

2. 布鲁纳的教学观

(1) 结构教学观

布鲁纳强调学习的结果是形成认知结构,因此他强调在学科知识的教学过程中,促使学生掌握学科基本结构的重要性。学科基本结构,包括基本概念、基本原理及其内部规律。他认为理解学科的基本结构有助于学生理解学科的基本内容,有助于学习内容的记忆,有助于学习内容的迁移,有助于激发学生的学习兴趣和动机,有助于学生智力的发展。

(2) 发现教学模式

发现教学模式的基本思想是教师要为学生提供一定的材料,创设问题情境,引导学生独立地发现解决问题的方法,从中发现事物之间的联系和规律,获得相应的知识,形成或改造认知结构的过程。发现教学模式通常是围绕一个问题情境展开,而不是围绕某一个知识项目展开;教学中以学生的"发现"为主,而不是教师讲授为主;发现教学模式没有固定的组织形式,其最大的优点是能最大限度地发挥学生在学习中的主体性和创造性。

发现教学模式的基本教学步骤是:第一,提出和明确使学生感兴趣的问题;第二,让学生对问题体验到某种程度的不确定性,以激发探究;第三,提供解决问题的各种材料和线索;第四,协助学生分析材料和证据,提出可能的假设,帮助学生对材料、线索进行分析审查,搜集和组织可用于做出判断的资料;第五,协助、引导学生审查假设得出的结论。

布鲁纳把学生的学习作为直接的研究对象,克服了以往学习理论以动物为研究对象的缺陷,其理论具有极强的现实指导意义和实践价值。他强调学生学习的主动性,强调学习的认知过程,重视认知结构的形成,注重学习者的知识结构、内在动机、独立性和积极性在学习中的作用,对学习理论的发展做出了突出的贡献。但是,布鲁纳的学习理论也并非尽善尽美,他以发现法教学来完全替代传统的讲授法,夸大了学生的学习能力,忽视了知识学习活动的特殊性,忽视了知识的学习与知识的生产过程的差异,不太适合需要在短时间内向学生传授一定数量的知识和技能的集体教学活动,因而也遭到了人们的质疑。

(四)奥苏伯尔的接受—同化学习理论

奥苏伯尔主要致力于在课堂教学中,对学生学习语言材料的研究,并在此基础上提出了接受—同化学习理论。

1. 关于学习的基本观点

奥苏伯尔区分了机械学习与意义学习、接受学习与发现学习之间的关系。他认为,意义学习是指在学习知识过程中,符号所代表的新知识与学习者认知结构中已有的适当观念建立实质性和非人为性的联系的过程。所谓实质性联系,是指新符号或符号所代表的新知识观念与学习者认知结构中已有的表象、有意义的符号、概念或命题建立内在联系,而不仅仅是字面上的联系。非人为性的联系是指符号所代表的新知识与认知结构中的有关观念表象建立的符合人们所理解的逻辑关系上的联系,而不是一种任意附加上去的联系。任何机械学习都不具备实质性和非人为性这两条标准。

接受学习与发现学习的区别在于,发现学习比接受学习多了一个"发现的阶段",但并不意味着发现学习就一定是意义学习,接受学习就一定是机械学习。这主要是看学习者能否在新学习的材料和原有材料间建立起实质性的非人为性的联系。奥苏伯尔指出,发现学习不应该成为主要的学习方式,因为:① 发现学习可能浪费太多的时间。② 不是所有的知识都需要通过发现学习来获得。③ 不是所有的学生都需要通过发现学习来获得知识。

奥苏伯尔认为,学生的学习主要应采取有意义的接受学习。他认为同化是有意义接受学习的基本心理机制。同化的实质是新知识通过与已有认知结构中的起固定作用的知识或观念,建立起实质性的非人为的联系,进而被同化到已有认知结构中来,其结果一方面使新知识被学习者理解,获得心理意义,另一方面使已有的认知结构发生改变,增加了新的内容,建立了更广泛的联系。同化的具体过程是:① 学生从已有的认知结构中找到对新学习的知识起固定作用的观念;② 根据新知识与同化它的原有观念之间的关系是何种关系(上位关系、下位关系或并列关系),将新知识置入认知结构的合适位置上去,与原有观念建立相应的联系;③ 对新知识与原有知识进行精细的分化。

奥苏伯尔不仅用同化来解释新知识的意义的获得,也用同化来解释知识的保持和遗忘。在他看来,新知识获得意义之后,新旧知识的相互作用并未停止,而是继续进行,这就是对新知识的保持和遗忘的过程,保持和遗忘是同时进行的。在保持初期,新知识既与同化它的原有观点互相联系,又有着自己清晰的意义,与原有知识间具有较好的可分离性,因此可以被顺利地提取和运用。但是,如果长时间不复习,新知识就会自动向同化它的比较稳定的清晰的观念还原,逐渐丧失与原有知识的可分离性,就发生了遗忘性同化。提高新知识的清晰度、稳定性、概括性及新旧知识间的可辨别性并及时复习可以有效防止遗忘的发生。

奥苏伯尔认为,有意义学习是有条件的,这些基本条件是:

(1) 学习材料本身必须具备逻辑意义。材料的逻辑意义是指学习材料本身与人类学习能力范围内的有关观念可以建立非人为性的和实质性的联系。如果学习材料本身是没有意义的(比如无意义音节),那么人们不可能通过意义学习来掌握。

(2) 学习者必须具有意义学习的心向。所谓意义学习的心向,是指学习者能积极主动地在新知识与已有适当观念之间建立联系的倾向性。

(3) 学习者的认知结构中必须有同化新知识的适当观念。学习材料本身具有意义并不保证意义学习的发生,学习者必须积极主动地利用自己已有的知识来积极主动地理解意义的学习材料,将材料本身的"潜在意义"转化成学习者的"心理意义",才意味着有意义学习的真正发生。原有的适当观念对理解新的意义起着固定作用,原有知识的稳定性、可利用性及新旧知识间的可辨别性都影响着意义学习的质量和进度。

2. 关于教学的基本观点

奥苏伯尔提出,为了使学生有效地进行有意义的学习,教学过程中应该遵循逐渐分化和整合协调的教学原则。

逐渐分化的原则是指学生应该学习包摄性最广、概括水平最高、最一般的观念,然后逐渐学习概括水平较低、较具体的知识,对它加以分化。这种顺序是与人类认知结构中知识的组织和储存方式相吻合的。

整合协调原则是指对认知结构的已有知识重新加以组合,通过类推、分析、比较、综合,明确新旧知识间的区别和联系,消除可能产生的混淆,从不同角度以不同的关键特征为根据在各项新旧知识点之间建立精细的联系,使所学知识能综合贯通,构成清晰、稳定、整合的知识体系。

这两个原则并不矛盾,而是相互补充、相互协调的,逐渐分化原则是由一般到个别的过程,而整合协调是从个别到一般的过程。教学中遵循这两个原则,可以帮助学生形成结构清晰又融会贯通的知识结构。

奥苏伯尔对教学理论的另一个巨大贡献是其提出了"先行组织者"的教学策略。教师在讲授新知识之前,先给学生提供一些包摄性较广的、概括水平较高的学习材料,用学习者能够理解的言语和方式来表述,以便给学习者在学习新知识时提供一个较好的固定点,将它与原有知识结构联系起来,这种预先提供的起组织作用的学习材料就叫"先行组织者"。

先行组织者在三个方面有助于促进学习和保持信息:第一,如果设计得恰当,它们可以使学生注意到自己认知结构中已有的那些起固定作用的概念,并把新知识建立在其之上;第二,它们通过把有关方面的知识包括进来,并说明统括各种知识的基本原理,从而为新知识提供一个框架;第三,这种稳定的和清晰的组织,使学生不必采用机械学习的方式。

奥苏伯尔的认知—接受学习理论注重有意义的接受学习,突出了学生的认知结构和有意义学习在知识获得中的重要作用,对有意义接受学习的实质、类型、条件、机制等做了详细的分析,澄清了长期以来对传统讲授教学和接受学习的偏见,以及对发现学习和接受学习与意义学习和机械学习之间的关系的混淆。他提出的"先行组织者"策略对课堂教学设计、提高教学效果具有重要价值。但是,奥苏伯尔的理论也有不足之处:① 他偏重对知识的掌握,对学生能力的培养尤其是创造能力的培养重视不够;② 他的理论比较符合陈述性知识的掌握,不太适合程序性知识的掌握;③ 过度强调接受学习与讲授方法,没有给予发现学习应有的重视。实际上两者是可以互为补充,互相促进的。

四、人本主义学习理论

人本主义深信,学习是人固有能量的自我实现过程,强调人的尊严和价值,强调无条件积极关注在个体成长过程中的作用,认为教育与教学过程就是要促进学生个性的发展,发挥学生的潜能,培养学生学习的积极性和主动性。

(一) 学习与教育的目标

人本主义心理学家认为,学习的结果是使学生成为一个完善的人,一个充分发挥潜能的人,也就是使学生的人格得到充分的发展。因此,人本主义认为教育的目标是以学习者为中心,以促进学生个性的发展和潜能的发挥,使他们能够愉快地、创造性地学习和工作为目的。

(二) 学习的类型与过程

根据学习对学习者的个人意义,人本主义将学习分为无意义学习与有意义学习两大类。所谓无意义学习,是指学习没有个人意义的材料,所学内容不涉及情感和个人意义,仅仅涉及经验积累与知识的增长,与具有情感和理智的完整的人无关。相反,意义学习,是指一种涉及学习者成为完整的人,使个体的行为、态度、个性及在未来选择行动方针时发生重大变化的学习,是一种与学习者各种经验融合在一起的、使个体全身心投入其中的学习。

意义学习具有四个特征:① 学习与个人密切相关,学习者整个人包括情感与认知都投入学习活动。② 学习是自我发起的,即使推动力或刺激来自外界,但是要求发现、获得、掌握和领会的感觉是来自内部的。③ 学习是由学生自我评价的,因为学生清楚这种学习是否满足自己的需要,是否有助于弄清自己想要知道的东西。

人本主义认为,学习的过程就是学生在一定的条件下,自我挖掘其潜能,自我实现的过程,而这一过程又必然地与"自我"的形成与发展息息相关。学习以学生经验的生长为中心,以学生的自发性与主动性为动力。

扩展阅读

有效表扬

表扬是课堂教学中的一种有效的激励因素,对学生进行表扬时注意以下方面可以使之更加行之有效。

(1) 针对具体的良好行为给予表扬。

(2) 对要达到的目标进行具体的说明。

(3) 具有自然、多样及其他一些可信的特征,对学生完成的活动给予明确的关注。

(4) 对达到某些具体标准(应该包括"努力"这一标准)的行为进行奖励。

(5) 给学生提供有关自身的能力及完成任务的意义信息。

(6) 引导学生更好地认识自己那些与任务有关的行为,引导学生对问题解决进行思考。

(7) 以学生过去的成绩为参照,来评价学生当前的成绩。

(8) 认可学生付出的艰苦努力或在困难(对该学生而言是困难的)任务上取得的成功。

(9) 将成功归因为努力和能力,这意味着将来还会获得类似的成功。

(10) 将学生的注意力集中到与任务有关的行为上。

(11) 任务完成后,对与任务有关的行为表示赞赏,并鼓励学生进行合理的归因。

(三) 人本主义的教学模式

1. 以问题为中心的课堂讨论模式

以问题为中心的教学模式主要是围绕一个问题进行群体讨论,让师生之间、学生之间相互作用,相互促进。此模式中,教师要善于提出促进讨论的问题,善于运用各种方式促进课堂讨论,平等真诚地尊重学生,善于倾听学生,包括相反的意见。

2. 自由学习的教学模式

在这种教学模式中,教师应最大限度地给予学生选择与追求最有意义的学习目标。主要做法是:① 学生参与决定学习的内容与授课方式;② 学生选择信息源;③ 师生共同制定契约;④ 课堂结构安排的多样性与变通性;⑤ 由学生进行学习的评定。

3. 开放课堂的教学模式

这是一种适应年龄较小儿童的教学模式。开放课堂的典型特点就是无拘无束,不拘形式。在实施开放课堂的学校里,学生并不需要把自己限制在某个课堂或中心区域,走进学校以后可以做他想做的事,学他想学的任何科目。在开放的课堂内,学生自由地从事能激发他们兴趣的活动。教师的作用是鼓励和引导学生的活动。在教育过程中,教师并不要求某个儿童从事某种具体的活动,但会对活动提出建议,促进儿童与学习材料发生接触,给儿童以鼓励与支持,在临近下课时,要求儿童终止活动。

人本主义强调学习的目的是促进人的整体发展,是使学习者成为一个具有适应变化能力和具有内在自由特性的人,改变了传统理论注重学科知识学习轻视人的发展的学习和教学观点,具有重要的理论价值和现实意义。但是,人本主义学习理论也存在一定的缺陷和不足,如片面强调学生的潜能,忽视环境和社会文化对学习者发展的影响,过分强调学生的中心地位,忽视了教学内容的系统逻辑性,降低了教育教学的效能,影响教育与教学的质量。

案 例

校长有什么魔力?

美国一所乡村小学地处偏远贫困地区,这所小学州考通过率不足百分之十,只有当地最贫困的家庭才把孩子送到这所小学。这所小学里充斥着缺勤、暴力和污言秽语。幸运的是这所小学来了一位新校长,这位校长和蔼可亲。她采取了一系列的措施,包括每天站在校门口面带微笑地欢迎学生,拥抱每一位学生,并要求老师也每天给孩子一百个拥抱,学校不设课程,让学生通过学习种植、养小动物、分享故事等来学习语文、数学和科学。渐渐的这个学校变成了一个大家庭。老师、学生都很开心。学生每天都盼望着上学,在学校里的每一天都是快乐的。仅用了两年的时间,这所学校的学生百分之百通过州考,成了远近闻名的好学校。很多富裕家庭为了能让自己的孩子进这所学校,甚至在学校周边买了房子。很多教育界、心理学界的学者都很好奇,这个校长到底有什么魔力,可以使一个学校从最差的学校,变成最好的学校,甚至已经有学者专门研究这所学校,并希望将这所学校的经验在全美推行。那么这位校长为什么会成功呢?

[分析] 尽管有很多特质和措施在这位校长的成功中起作用,但是这个校长成功的关键是她抓住了人与人之间最重要的东西——关系。她把自己的爱倾注给自己的同事和学生,在老师和学生中建立了非常亲密的情感联系,使得这个学校成为一个大家庭。她所采取的措施都是从学生出发,以学生为中心,关注孩子的成长。可以说,这位校长很好地贯彻了人本主义理论家的教育理念,这是其成功的关键所在。

第三节 小学生学习困难及解决策略

有一类小学生看起来挺聪明,除了学习不好,其他各个方面都还不错,甚至在生活中还表现得聪明伶俐。家长和老师总是倾向于认为这些孩子就是调皮,学习不专心,不努力,因此这些孩子经常受到来自父母和教师的责备,甚至惩罚。可实际上,他们真的是不擅长学习,他们的认知过程异于常人,他们需要的是帮助而不是责备。他们是学习困难的学生。

一、什么是学习困难

(一)学习困难的定义

学习困难(Learning Disabilities),国内也翻译为学习障碍、学习失能、学习无能等,是指"一个异质群体在听、说、读、写、推理和数学能力的获得和运用上有明显的困难或障碍。这些个体内在的障碍可能是由中枢神经系统功能障碍造成的,并且可能会贯穿一生。自我调节行为、社会知觉和社会交往方面的问题可能与学习不良共存,但其本身不构成学习不良。尽管学习不良可能伴随有其他障碍(如感觉损伤、智力落后、严重情绪紊乱)或外在影响(如文化差异、不充足或不合适的教育),但学习不良不是由这些因素造成的"[①]。这是美国学习困难全国联合委员会给出的一个描述性定义。其他机构

[①] Ariel, A. (1992). Education of children and adolescents with learning disabilities. New York: Macmillan, 12. 转引自林崇德. 发展心理学[M]. 人民教育出版社,2009:260.

给出的定义也大致如此,如美国公法94—142的定义:"学习困难是指与理解、运用语言有关的一种或几种基本心理过程上的异常,导致儿童在听、说、读、写、思考或数学运算方面显示出能力不足的现象。这些异常包括知觉障碍、脑伤、轻微脑功能失调、阅读障碍和发育性失语症等情形。但学习困难一词不包括因视觉、听觉、动作障碍、智能不足或环境、文化、经济等不利因素所造成的学习问题。"学界甚至是一贯严格的美国法律界只能给学习困难一个描述性定义实在是无奈之举。因为迄今为止,关于学习困难的发病原因、病理机制还不是很清楚,其本身的症状表现又多种多样,实在难以用一句话准确界定。

学习困难最早是由美国教育心理学家柯克(S. Kirk)在1963年的一次特殊教育年会上提出来的。他发现,有一些孩子学习成绩不好,不是因为他们不努力或受教育的条件差,而是因为他们对信息的加工过程异于常人。比如有的孩子会把"b"看成"d",把"3"写成"ε"。此后,这方面的研究比较活跃,积累了大量的研究资料和文献。

长期以来,我国教育工作者是在"差生"、"双差生"、"后进生"、"学业不良"等名义下进行学习困难的相关研究的,很少探讨学习困难的含义,研究也多从经验总结和理论演绎的角度展开,实证研究较少。20世纪80年代以后,受到美国等西方国家研究的影响,我国逐渐开始关注学习困难概念的界定和实证研究。到目前为止,我国学界对于学习困难还没有一个统一的认识。但在心理学界,对学习困难的以下几个方面逐渐形成共识:

(1) 学习困难儿童的总体智商(IQ)基本在正常范围内,也有的偏低或偏高。

(2) 在听、说、读、写、计算、思考等学习能力的某一方面或某几方面表现为显著困难。

(3) 大多数学习困难儿童伴有社会交往和自我行为调节方面的障碍。

(4) 学习困难的根本原因是个体内在的大脑中枢神经系统功能不全所致。

(5) 需要排除由于弱智、视觉障碍、听觉障碍、情绪障碍等或由于受经济、文化水平的影响,未能接受正规教育而产生的学习方面的障碍。

(二) 学习困难的特征

(1) 差异性:即学生的实际学习成绩与其智力水平对应的期望之间存在明显的差异。一般把学习成绩与智力水平之差超过两个标准差的学生看作学习困难的条件之一。

(2) 缺陷性:学习困难学生的缺陷只存在于某一方面或某几个方面,其他方面发展正常。他们常常可以在很多方面学得很好,但却难以完成对其他学生而言轻而易举的学业任务。

(3) 集中性:学习困难儿童的缺陷往往集中在包括了语言或算术的基本心理过程中,因此,他们常常在学习、思考、说话、阅读、写作、拼写或算术方面出现困难。

(4) 排除性:问题不是由听力、视力或普通的心理发育迟缓问题引起的,也不是由情绪问题或缺乏学习机会引起的。

(5) 可逆性:学习困难是可逆的,依靠合适的教育训练可以改变,这与因为智力落后或感官损伤造成的学习问题根本不同。

(6) 贯穿性:学习困难可以贯穿于毕生发展的全过程中,青春期后虽在某些方面有所改善,但存在学习困难的学生到成人期仍会保留学习困难的一些特征。

(三) 学习困难的类型

了解学习困难的类型,有助于我们将学生划分成若干同质的亚群体,分别实施有针对性的教育。对学习困难分类并不容易,依据不同的理论和标准可以将学习困难划分为不同的类型。

美国联邦教育署特殊教育处根据学习困难者在不同方面的表现将学习困难分为:语言接受和表达方面的学习障碍;阅读和书写方面的障碍;算术方面的学习障碍。

威廉和斯特沃斯根据学生认知与社会性发展上的不同特点,将学习困难学生分成五类:即假性学习困难、行为缺陷、言语组织缺陷、非言语组织缺陷和综合缺陷。①

假性学习困难,这类学生的认知与社会性具有学业成就低,但智力正常,有挫折感、马虎等特点,一般占25%～38%。

行为缺陷,这类学生的认知与社会性具有认知策略水平低,注意力缺损或多动等特点,一般占22%～30%。

言语组织缺陷,这类学生的认知与社会性具有语言运用与理解能力差,攻击性或行为出格等特点,一般占14%～17%。

非言语组织缺陷,这类学生的认知与社会性具有视觉—空间—运动协调能力差,社会知觉差或退缩等特点,一般占11%～15%。

综合性缺陷,这类学生的认知与社会性具有认知加工中多重缺陷、社会技能缺陷等特点,一般占8%～10%。

吴增强等人运用Q聚类分析对上海市1 480名小学六年级学生的学习能力和个性特征进行分类研究发现,学习障碍学生可分为四个主要类型:暂时性困难、能力型困难、动力型困难和整体型困难。②

暂时性困难,这类学生的能力与个性特征具有能力没有偏常,观察力中上水平,个性特征指标均在中上水平等特点,一般占18.4%。

能力型困难,这类学生的能力与个性特征具有思维、言语、数理、空间能力低,个性特征指标为中等水平,坚持性较强,自我意识水平较高等特点,一般占5.7%。

动力型困难,这类学生的能力与个性特征具有能力基本没有偏常,个性特征指标水平偏低(包括动机、意志、自我认识等),焦虑水平偏高等特点,一般占57.8%。

整体型困难,这类学生的能力与个性特征具有思维、言语、数理能力低,动机、意志等水平低等特点,一般占12.2%。

---

① 吴增强.学习困难学生类型研究的新进展[J].教育研究,1995(8):34-37.
② 吴增强等.学业不良学生类型与特点的聚类分析[J].心理学报,1994,26(1):92-100.

二、学习困难的表现

学习困难是一个非常复杂的问题,不仅表现为学习成绩不好,学习动机不强,在生活、学习的其他方面都有不同程度的问题表现。

(一) 学业问题

总体学习成绩差或某一科学习成绩差,其学习成绩往往与其在日常生活中表现出来的智力水平不相称。在教师或家长眼里这些学生往往不是"笨学生",相反,一部分还会被视为比较聪明,但是学习成绩不理想;他们往往缺乏学习兴趣和好奇心,或学习兴趣狭窄、兴趣不能稳定持久,易于"见异思迁",易受情绪影响;注意力不集中,容易走神,难以踏实负责地完成学习任务;缺乏学习动机,或学习动机多停留在短暂、浮浅的消极水平上,具有游移摇摆的特点,缺乏强大而稳固的动机支持;学习态度不良,缺乏学习热情和自觉性。

(二) 注意力问题

多数学习困难学生的注意力存在一定的问题,他们经常表现出上课不能专心,完成学习任务时磨磨蹭蹭,没有时间观念。国外的研究发现,大约有一半的学习困难学生同时也被诊断为注意缺陷与多动障碍。我国学者的调查结果与国外基本一致,小学学习困难学生同时伴有注意缺陷与多动障碍的占所有学习困难学生的62.5%。[①]

(三) 社会交往问题

学习困难学生在社会交往方面也存在更多的问题。有研究表明,小学中高年级学习困难学生在同伴交往过程中普遍不受欢迎,更多地被拒绝和忽视。[②] 一方面是因为学习困难学生在人际交往技能方面比较欠缺,具体表现在语言表达能力欠佳、情绪识别和理解等方面存在一定的问题,比普通学生具有更高的攻击性,等等。另一方面是因为学习成绩是小学教师评价学生的重要标准,对小学生在班级中的地位有重要影响。学习困难学生往往因为学习成绩不理想而不受同学欢迎。

(四) 身心健康问题

学习困难学生的身体发育较为迟缓,用X光片比较学习困难儿童与正常儿童的骨龄发现,60%的学习困难儿童的骨龄较小。学习困难学生比普通学生面对更多的压力和挫折。他们在情绪方面表现出更多的烦躁、压抑和焦虑。我国一项较早的研究发现,学习困难儿童有精神卫生问题者占87.8%。[③]

---

① 刘雪楠. 儿童学习困难门诊咨询236例分析[J]. 中国校医,1995,9(6):458-459.
② 杜向阳. 小学学习困难儿童同伴关系的调查研究[J]. 中国特殊教育,2004(12):66-70.
③ 忻仁娥,唐慧琴等. 儿童学习困难与社会心理因素[J]. 中国心理卫生杂志,1989,3(4):156-192.

三、影响小学生学习困难的因素

(一) 生理因素

一是儿童在胎儿期、出生时或出生后由于某种病伤而造成轻度脑损伤或轻度脑功能障碍。

二是有些学习障碍具有遗传性,如儿童的父亲、爷爷或其他亲属可见到类似情况;同卵双生一个出现阅读困难,另一个也出现阅读困难的概率约为三分之一。

三是身心发展落后于同龄儿童的发展水平,如,乳牙脱得慢、走路说话迟、个子特别矮小等。

四是体弱多病,经常缺课,使得所学的功课连续性间断,学习的内容联系不起来,自然会导致学习困难。

(二) 环境因素

一是不良的家庭环境,如父母长期在外工作或家庭成员关系紧张等原因,导致儿童缺少关爱。

二是儿童在幼年时未得到良好教养,在早年生长发育的关键期,没有得到丰富的环境刺激和教育。

三是不适当的学习内容和教育方法使儿童产生厌学情绪。

(三) 营养与代谢因素

近来研究证实,儿童学习困难与营养代谢相关,某些微量元素不足或膳食不合理,营养不平衡可影响智力发育。有研究表明学习困难儿童头发中微量元素锌、铜的含量显著低于正常儿童,铁也是影响学习困难的重要因素。

(四) 心理因素

学习困难儿童普遍存在一定程度的心理问题,这些问题包括:学习动机水平低,学习动力不足,学习兴趣差,情绪易波动,意志力弱,认知障碍,自我意识水平低等。

四、小学生学习困难的解决策略

(一) 学习困难的预防

防患于未然是最好的解决问题的办法。要预防学习困难就要尽可能杜绝导致学习困难的原因。首先,在孕前和孕期要注意避免各种不良影响,如调整好身体状态,不吸烟不喝酒,避免环境中的污染、辐射等不利因素,尽量避免服用药物,必须服药时遵从医嘱,等等。其次,孩子生产过程中和出生后要避免各种可能对脑功能造成损伤的刺激因素。生产过程中如情况允许,尽量选择顺产,避免刨宫产;孩子出生后至幼儿阶段要特别注意做好医疗保健工作,避免脑膜炎等严重影响脑功能的疾病。再次,在孩子成长的过程中应提供均衡健康的营养摄入和良好的教育环境。营养方面要注意各种微量元素的适量摄入。教育环境方面要特别注意家庭氛围的和谐稳定。最后,在孩子成长过程中,要注意培养孩子良好的心理素质,如好奇心、自信心、注意力和意志力。孩子入学后,要更多地关注孩子的学习兴趣和学习习惯,不要过度强调学习成绩。

总之,预防是一个全方位立体化的工作,需要家长具有相应的知识能力和不懈的努力。这些预防措施不仅可以预防学习困难,还可以预防很多其他的生理、心理问题。当然,一切工作都做好也不一定能够完全避免儿童的学习困难,但毕竟可以大大降低儿童的罹患风险,值得为之努力。

(二) 学习困难的干预

美国《特殊教育法案》(IDEA)推荐了一个适合鉴别包括学习困难儿童在内的特殊儿童的评估干预模式——"干预—反应模式"。这是识别早期儿童学习困难、提供干预和预防未来学业困难的重要方式。该模式由三个层次组成,第一个层次是面向全体儿童的教学和筛查;第二个层次是为那些在第一个层次中落后的儿童提供额外干预,约有15%的儿童需要该层次的干预;第三个层次是最密集的干预,大约有5%的儿童接受该层次的干预。如图4-1。[①]

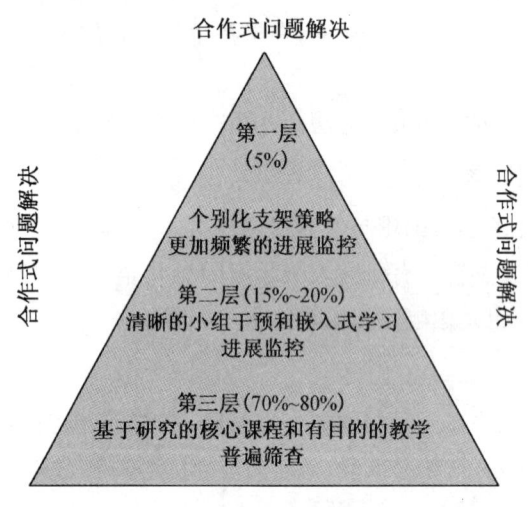

图4-1 干预—反应模型

学习困难的具体干预策略基本都是在第二、第三个层次开展的。另外,学习困难是一种综合性障碍,各种亚型差异较大,其干预方法也有较大差异。下面主要介绍阅读困难和数学学习困难两种主要亚型的干预策略。

1. 阅读困难的干预策略

阅读困难干预策略主要包括语音意识缺陷干预、阅读流畅性缺陷干预和语言认知

[①] 何立航,张丽敏.干预反应模式:美国早期融合教育新模式[J].苏州大学学报教育科学版,2014(4):111-118.

缺陷综合干预三大类。

语音意识是指个体对言语的声音片段进行分析和操作的能力，一般包括音节意识、首音—韵脚意识和音位意识三个方面。语音意识缺陷被认为是英语阅读困难儿童的核心缺陷。语音意识缺陷干预又分单纯的语音意识干预、语音意识和字母知识相结合的干预、形音对应的语音干预训练、语音干预训练与书写文字的结合、利用反馈信息促进儿童提高语音意识五种类型①：① 语音意识干预：主要对包括音节、首因—韵脚和音位进行分辨、综合、分割、删除与替换训练。② 语音意识和字母知识相结合的干预：主要是把辅音音素与元音音素组合，对音节和音素出现的不同位置进行辨别。③ 形音对应的语音干预训练：主要通过建立形音对应关系，培养音素分析和操作能力，促进儿童的编码技能，进而达到阅读流畅性的目的。④ 语音干预训练与书写文字结合：通过训练，将口语活动同书写活动结合起来。⑤ 利用反馈信息促使儿童提高语音意识：主要是利用眼睛、耳朵和嘴部等的感觉反馈来识别与分类，以便加深对语音的知觉。

阅读流畅性缺陷干预主要包括重复阅读策略和班级同伴指导策略两种。重复阅读策略是给学生提供大家都接触过的且比较短小的篇章和段落，要求学生读几遍，直到达到预先设定的流畅水平和阅读速度，然后再开始新的段落或篇章的阅读。班级同伴指导策略是让学生之间互相提供指导和帮助的策略。一般有两种形式，一种是阅读熟练的儿童对阅读困难儿童提供指导和帮助，另一种是阅读困难儿童对阅读困难儿童提供指导和帮助。

语言认知缺陷综合干预主要以语音意识缺陷和快速命名缺陷为假设，目的是训练阅读困难儿童的语音意识、快速命名能力和正字法（正规的文字拼写）意识，强调阅读的流畅性和自动化水平。流畅性主要包括假词拼读、词汇识别和理解的流畅性，自动化水平主要是指在语音、正字法、语义和词汇提取技能等方面的自动化水平。自动化干预和流畅性干预分别由不同的训练程序和训练活动组成。

扩展阅读

教授有学习困难的学生

一般而言，适用于正常学生的有效策略，同样适用于学习困难学生。只不过需要教师更为娴熟，更有效地使用这些策略。对学习困难学生而言，有效教学应该做到以下几点：

其一，预防为主。通过预防，许多学习方面的缺陷就不会发展为学习困难。例

---

① 王文静. 阅读困难儿童语言认知缺陷的干预研究及发展趋势[J]. 教育学报，2010,6(1)：77-81.

如,高质量的早期教育方案和低年级教学方案能够显著地减少学习困难的人数。对阅读困难的一年级学生进行一对一的辅导,能极其有效地预防阅读困难。

其二,教授学会学习的技能。许多学习困难学生缺乏有效的学习策略、应试策略等。而这些策略是可以教授的。许多研究表明,直接教授学习困难学生各种学习策略和其他认知策略,他们的学业成绩有非常显著的改善。

其三,运用教学策略,促使学生主动参与课程学习。如果教师讲解时间过长,学习困难学生会感到比较吃力。只有当他们主动参与时,才能学得最好。教师应大量地使用轮流、合作或其他主动参与的学习方法,并且这些活动应该是结构良好,有明确目的和目标的。

其四,运用有效的课堂管理方法。许多学习困难学生由于在信息加工和语言方面存在困难,所以在学校中遭遇了相当多的挫折,也会表现出或轻或重的不良行为。有效的课堂管理方法,尤其是那些以预防为主的方法,可以最大限度地减少不良行为的发生。

其五,将额外辅助与课堂教学协调起来。许多学习困难学生需要某些形式的额外扶助,如小组辅导、资源教师、一对一的辅导或计算机辅助教学。无论给予何种形式的扶助,它们都应与常规的课堂教学保持一致。

2. 数学学习困难的干预策略[①]

数学学习困难的干预越早,效果越好。在实践中,教师需要及早发现儿童是否存在数学学习困难,做到早发现,早干预。在此我们介绍三种被国内外广泛证实有效的干预策略。

第一,游戏化教学策略。游戏是数学学习困难干预的常用方式,也是被广泛证明有效的方式。充满趣味的游戏既可以提高儿童基本数学知识和技能,也可以提高儿童学习数学的动机。游戏作为数学学习困难的干预策略具有潜在的优势,因为这个过程是在一个有意义的社会情境中发生,因而对儿童具有较强的吸引力,能调动儿童的参与动机。

第二,明确的教学与策略教学策略。明确的教学是指教师详细的解释问题解决的计划或者策略,儿童学习并运用这些计划或者策略来解决问题。明确的教学包括以下成分:练习与探索;重复反馈;快节奏教学;个性化教学;把任务分解成一系列步骤;运用直观图;小组教学;教师直接提问。策略教学是指教师通过一系列的教学手段和过程使儿童学会重要的学习策略,从而提高其学习效率和成绩的方法。策略教学包括:系统的直接解释或描述完成任务的过程;教师讲解认知过程和步骤;系统提示和线索的使用过程、策略和程序;运用"出声思考"的方式完成任务和解决问题。

---

① 主要参考:康丹. 对5~6岁数学学习困难儿童教育干预的研究[D]. 华东师范大学,2014:11.

第三,具体—表征—抽象教学策略。数学学习困难儿童在表征或抽象概念的理解和推理方面存在困难,他们需要一些具体的物体操作活动或者图像的表征来帮助他们理解数概念。运用具体—表征—抽象教学法对数学学习困难儿童进行数学教育可以有助于儿童进行更为精确和熟练的心理表征,更能激发儿童的学习动机和专注于当前的学习任务,提高儿童对数概念的理解,并且能更好地将学习到的数概念与具体的生活情境联系起来。该方法强调学习困难儿童在运用表征进行运算之前,必须经历实物操作这一阶段。

案 例

好写错字的玲玲

玲玲8岁,上小学2年级,学习成绩不太理想。最近老师向玲玲妈妈反映说玲玲写字有问题。她经常把字左右写反,如写"旧"字,她会把那一竖写到日字的右边。经老师这一说,玲玲妈妈想起幼儿园的时候玲玲就有这个毛病,把"3"左右颠倒,学习掌握汉语拼音b、d、p、q可是费了老大劲,她总是搞不清楚那个小圈圈该放到哪个位置。后来,玲玲妈带着玲玲去看了心理专家,心理专家说孩子的知觉跟一般人不一样,这是学习困难的一种表现。心理专家安排玲玲接受"感觉统合训练",并教给玲玲妈妈一个方法,即帮玲玲分析每个字的写法,用编故事的方法帮助玲玲掌握汉字。如要写"扯"这个字,就说:"有一个人要走,你不让他走,你就需要去扯住他,那么就是用手拉着他让他停止,所以扯是一个提手旁加一个止字。"经过一段时间的训练,玲玲写字的能力果然有了提高,综合成绩也有所提升。

[**分析**] 知觉过程不正常是很多学习困难儿童存在的问题。这些儿童在日常生活中表现正常甚至少数给人感觉聪明伶俐,但是学习成绩常常一塌糊涂,所以经常被家长、老师误解,认为是其学习不专心、不努力的结果。有的家长还会为此惩罚孩子。其实,心理学研究认为,这些孩子的大脑可能存在着某种轻微的损伤,导致他们对信息的加工跟一般人不同。"感觉统合训练"的基本理论假设是,经过外部动作和行为的训练,可以反过来作用于人脑,促使大脑各个感觉通道的信息加工统合起来。在对学习困难儿童进行干预时,英语国家强调对学习困难儿童,特别是阅读困难儿童进行语音意识训练,并且发现这种语音意识的提高可以促使儿童阅读能力的提高。或许是因为英语是一种语音文字,所以这种训练才有效果。而国内学习困难的研究基本不支持这一结论。相反,有研究表明,对汉字结构进行分析,可以提高书写和阅读困难儿童的成绩。

复习与思考

1. 什么是学习？
2. 行为主义的学习理论有哪些？
3. 认知学派的学习理论有哪些？
4. 什么是学习困难？
5. 学习困难的特点有哪些？

第五章
小学生的学习动机

本章重点

- 学习动机的定义和作用
- 学习动机的分类
- 学习动机的影响因素
- 学习动机的理论
- 小学生学习动机存在的问题与激发

学习动机是影响学习的重要因素。本章主要阐述学习动机的相关概念、学习动机的理论、学习动机的培养和激发，目的是帮助学生理解学习动机的基本内容，掌握培养和激发小学生学习动机的方法。

第一节 学习动机概述

动机是人的行为活动的动力因素，它具有激发、定向、维持和强化的功能。学习动机对学习有着重要的作用。实践表明，有无学习动机，学习效果大不一样。通过了解学生的学习动机，有助于调动学生学习的积极性。

一、什么是学习动机

学习动机是激发、引导学生进行学习以达到某种学习目的的心理动因，是推动学习的直接原因和主观动力。

学习动机由内驱力和诱因两个基本因素构成，两者相互制约，共同作用，形成学习动机系统。

（一）内驱力

内驱力是指在个体内部的某种缺乏或不平衡状态基础上产生的一种内部推动力。

例如，当个体处于饥饿状态时，内驱力会驱动个体的进食行为以满足这种生理需要。奥苏伯尔认为，学校学习的成就动机由三个方面的内驱力组成：认知的内驱力、自我提高的内驱力和附属的内驱力。① 认知的内驱力是一种理解与掌握知识、发现与解决问题的需要，以知识的获得为最终目标。这种内驱力大多是由好奇心引起的，在小学阶段表现较为明显。② 自我提高的内驱力是指个体通过自己的努力学习而赢得地位与自尊的需要。这是一种外部动机，因为自我提高的内驱力并不以获得知识和完成学习任务为根本目的，而是把它作为满足地位与自尊需要的途径。③ 附属的内驱力是指个体为了获得长者的赞许与接纳而表现出来的刻苦学习、积极表现的一种需要。这种需要是由学生对长者的情感依赖性决定的。附属的内驱力在儿童期和少年期表现最为突出。

（二）诱因

诱因是指驱使有机体产生某种定向行为以满足某种需要的外部因素。诱因按其刺激性质不同可以分为两类：正诱因和负诱因。个体因趋向或接近它而获得满足的诱因称为正诱因，如奖学金、奖品等；个体因逃离或躲避它而获得满足的诱因称为负诱因，如电击、苦药等。

内驱力与诱因紧密联系，学习动机往往是由内驱力和诱因的相互作用决定的。内驱力是学习动机结构中的主导成分，诱因是形成学习动机的必要条件。

二、学习动机的作用

学习动机一旦产生，就会发挥作用。但是，对于学习动机在学习中的作用一直存在争议。巴甫洛夫认为，动物的学习产生于条件刺激与无条件刺激的暂时联系，这些学习不需要依靠动机的力量。一些没有经过组织的短期学习通常是偶尔获得的，并不存在学习意向，例如对一个字的认知，可能只是在交流中无意学习到的。但是大部分心理学家则认为，学习动机在长期的学习中是绝对必要的，强烈的学习动机是保证学习效果的前提。

一般来说，学习动机对学习效果的影响表现为促进作用。学习动机水平越高，其学习效果越佳。但是学习动机与学习效果的关系并不一定成正比，影响学习效果的因素不仅与动机强弱有关，还受制于智力水平、知识基础、学习方法和情绪状态等因素。因而，学习动机作用的强弱不能仅仅通过成绩高低来判断。对于学生的培养，要注意学习动机、学习技能和心理素质并重。

学习动机和学习的关系是辩证的。学习动机与学习效果之间并不是一种单向关系，二者相互依存、互为因果。一方面，作为一种非认知因素，学习动机通过学习者的学习行为间接地对学习起促进作用。虽然智力因素直接影响着学习效果，但是意志和情感品质等非智力因素也是成功学习所必不可少的。动机对学习的促进作用正是通过增强这些重要品质而完成的。另一方面，学生所学的知识又可以反过来进一步增加学习动机。成功学习的结果可以满足人的社会需要，如称赞、自尊等。为了获得更高程度的满足，学生会进行进一步的学习，这就引起了更加强烈的学习动机，形成了学习—动机—学习的良性循环。学习动机与学习效果之间的恶性循环会造成学生长期成绩不良。因此,对于一些年龄较小、暂无学习动机的学生,教师应该把重点放在学习的认知方面,集中精力实施教学,使学生获得成功的体验,尝到学习的甜头,此时他们就有可能产生学习动机。

然而,学习动机对学习效果的影响并非那么简单,有时学习效果可能会随着学习动机的提高而下降。例如,有些学生想在考试中得到第一名的动机过强,结果在考试过程中过于紧张,导致注意力不集中、思维受限,给学习结果带来消极影响。然而,如果一个人并不重视学习,缺乏学习动机,那么他也肯定无法获得好的学习结果。由此可见,只有最佳的动机水平才能产生最好的学习效果。学习动机的最佳水平随着任务性质的不同而不同。耶基斯和多德森的研究表明(见图5-1),达到最高作业水平的动机强度为动机的最佳水平。在动机强度低于最佳水平时,随着其强度的增加,作业的水平不断提高;而动机强度超过最佳水平时,随着其强度的增加,作业的水平不断下降。这一研究结果被称为"耶基斯—多德森定律"。

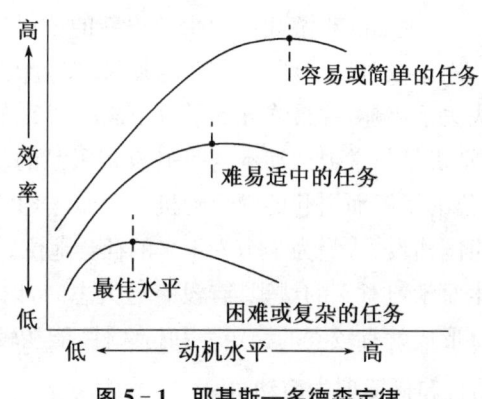

图5-1 耶基斯—多德森定律

但需要注意的是,这一结论是动物实验的结果,它忽略了学习者能力水平的作用。因此,对此结论应持谨慎态度。在对待同等困难的任务时,低能力水平者的最佳动机水平是在中等偏低处,但高能力水平者的最佳动机水平可能在中等偏高处。但是,耶基斯—多德森定律关于不同难度任务的最佳动机水平的发现仍旧对学校教育具有较大的启发意义,在教育中应注意的重要问题是如何使学生学习动机的水平适当,确保不给学生提出过高的目标,给学生施加太大的压力。高目标、高压力不仅对学生学习没有帮助,反而会引起他们的焦虑,使儿童产生严重的心理障碍。

三、学习动机的分类

根据不同的标准,可以把学习动机划分为不同的种类。教师可以通过掌握学生学习动机的类型和特点进行更有效的教学。

(一)正确的或高尚的学习动机和错误的或低下的学习动机

根据学习动机的社会意义,可以把学习动机划分为正确的或高尚的学习动机和错误的或低下的学习动机。

判断学习动机正误或高尚与低下的标准是看它是否具有利他性。正确的、高尚的学习动机会把学习同社会与集体利益联系在一起。例如,学生刻苦学习是为了对社会多做贡献。错误的、低下的学习动机的核心是利己主义,把学习看成是获得个人名利的手段。例如,有的学生努力学习只是为了在考试中取得好名次。但是对于这种划分须持谨慎态度,因为它过于简单化。例如,很多低年级学生并不能理解什么是高尚的动机,他们仅仅是为取得好分数或为获得长者奖赏而学习。

(二) 直接的近景性学习动机和间接的远景性学习动机

根据学习动机起作用时间的长短,可以把学习动机分为直接的近景性学习动机和间接的远景性学习动机。

直接的近景性学习动机是与学习活动直接联系的动机,是由学习的直接结果引起的学习动机。这类动机往往容易受具体环境和一些偶然因素的影响。例如,小学五年级的英语老师总是通过一些生动的小游戏使学生获得新的英语知识,因此学生的英语学习成绩非常好。但是,六年级时换了新老师,新老师采取的教学方法是枯燥的背诵和做题,学生对英语学习失去了兴趣,并最终导致了学习成绩的下降。

间接的远景性学习动机是与学习活动本身没有直接联系的动机,是由于对学习活动的社会意义和社会价值的了解而引起的学习动机。例如,学生学习是为了班级荣誉、父母的期望,为了参加祖国建设,或是为了个人未来的社会地位。这类动机既具有一定的社会性色彩,又与学生对学习意义的认识、有没有远大志向,以及他们的世界观相联系。因此,这类动机一旦形成就有较大的稳定性和持久性,能在较长时间里起作用。

(三) 普遍型学习动机和偏重型学习动机

根据学习动机的范围,可以把学习动机划分为普遍型学习动机和偏重型学习动机。

具有普遍型学习动机的学生,在许多学习活动中都表现出稳定的、持久的掌握知识经验的动机,他们在知识性学科、技能性学科和课外活动中从不懈怠。学生的普遍型学习动机与任课老师的能力和素质无太大关系,而与其自身的价值观和性格特征紧密相连。因此,即使遇到教学能力差、不认真负责的老师,他们仍能认真学习。

偏重型学习动机是在某一具体活动中表现出来的动机,具有这种学习动机的学生常常只对某一门或某几门学科感兴趣而忽视其他学习内容。这主要是受学业成败或师生关系的影响。例如,多门功课学习成绩都不理想而只有一门功课成绩较好,由这种动机支配的学生就可能只保留对成功科目的学习动机。在师生关系中,学生只感受到某一位教师的关爱与赞许,这种学生很可能只对这个教师教授的科目有学习动机。

(四) 内部学习动机和外部学习动机

根据动机产生的诱因来源,可以把学习动机分为内部学习动机和外部学习动机。

内部学习动机的诱因来自于个体内在的需要。学习活动本身能使其得到满足,无须外力的作用,不必施加外部的奖赏而使他产生某种荣誉感。内部学习动机是由已有知识与希望掌握但尚未掌握的知识之间存在的距离所引发的,是主体的好奇动机。例如,孩子们在观察蚂蚁活动时,会发现蚂蚁身体很小却能搬运比自身体积大很多倍的食物,这个疑问会推动他们去探寻蚂蚁的奥秘,这就是内部动机。

外部学习动机的诱因来自于学习活动以外的、由外部的诱因而激发出来的动机。例如学生为了获得教师的夸赞、父母的奖励而努力学习,得到奖赏是学习活动之外的诱因动机,学生努力不一定是对学习本身感兴趣。由外部动机支配的学生学习是诱发性的、被动的,他们对学习内容本身的兴趣较低。

一般来说,内部动机持续时间长,学生能在学习中获得较大的满足感和充实感,因此学生学习的主动性、独立性更强;外部动机总是具有一定的强制性,起作用的时间比较短,学习者的学习更为被动,学生一旦达到目的,学习动机便会下降。内部学习动机与外部学习动机是相互交替、相互转化的。例如,当学生的学习成果得到老师和家长的积极反馈时,会产生强烈的学习兴趣,这就推动了学生的进一步学习,外部学习动机由此转化为内部学习动机。当学生是由于浓烈的兴趣进行学习并因此获得赞赏和奖励时,又会进一步增强他们的学习动力,这样内部学习动机又引发外部学习动机。因此,教师在教育过程中可以把外部动机作为一种引发和巩固内部动机的手段,从而形成内部动机为主,外部动机为辅的双高动机组合。

四、影响学习动机的因素

(一) 内在因素群

内在因素群是指学生作为学习活动的主体,其自身特征对学习动机的影响作用。影响学生学习动机的内在因素群包括以下几个方面:

1. 不同年龄阶段的影响

随着机体的成熟,阅历的丰富,处于不同年龄阶段的同一个人对不同事物的看法不同,对同一事物的看法也会发生变化。学生处于不同的年龄阶段,学习动机也在不断地发生变化。学前及学龄初期的孩子,注意力发展不完善,喜欢丰富直观的东西,他们的学习兴趣往往集中在有趣的教学内容上。到了少年期,他们的知识逐步丰富,自我意识增强,关注外界的评价,把获得长辈的认可、取得荣誉作为学习的动力。步入青年期,他们的社会责任感产生,确立了自己的人生目标,追求自我价值成了强大的学习动力。

2. 不同的个性、气质特征的影响

每个人的个性特点都是不同的。不同气质、性格的人处理事情的思维方式及方法也就不同。学习动机激发程度也受个体个性特征的影响。个性开朗、活跃、富有好奇心的学生大多兴趣广泛,学习热情较高,但他们的学习持久性较不容易保持,易受外界新奇事物的吸引。个性内向、拘谨的学生学习较呆板,兴趣较稳定。学生意志力的强弱程度对其学习动机的维持也有重要影响。意志力强的学生学习上不怕困难,反之意志力弱的学生则对学习缺乏信心,畏缩不前。

3. 不同的智力水平及兴趣爱好对学生的学习动机也存在影响

智力水平较高的学生能相对容易地吸收理解所学的内容,那么他们取得好成绩的可能性就比智力水平相对低的学生大。如果引导得好,这类学生的自我效能感就很容易形成,这就保持了他们的内在学习动机。反之,智力水平较低的学生学习较困难,如果不加倍努力就不易取得好成绩。引导不当还会使他们灰心丧气,学习动机自然无法形成,甚至会产生厌学情绪。

(二) 外在因素群

影响学生学习动机的外在因素群,是指学习活动是在外界环境中进行的,作为学习主体的学生不可避免地要受环境因素的影响。这里的环境并非单纯指外界客观存在的物质条件,还包括意识形态中人的观点、言论、看法等。外在因素群包括社会、学校、家庭三个具有重大影响力的子系统。

1. 社会子系统

社会是影响学生学习动机的大环境。一个国家科学文化的发展趋向应该是社会需求的体现。而社会需求对学生学习动机有着重要的影响,这就说明社会需求将不可避免地影响学生的学习活动,决定着学生的学习方向。为了适应变化,学生的学习动机也会向适应社会需求的方向靠近。

社会上流行的观念、思潮在学生学习动机的形成过程中起着潜移默化的作用。社会观念、意识形态往往就是社会成员群体性思想的集中体现,代表一种大众化的趋向。学生是社会群体中的组成部分,学习动机是意识形态层面的东西,也受社会观念的影响,某一时期社会上"读书无用"的论调就曾大大动摇了学生的学习信念。

社会是影响学生学习动机形成的大环境,为学生学习创造良好的学习环境,提供正确的意识指向是全社会的一项系统工程。

2. 学校子系统

学校是学生学习的最直接、最主要的场所,也是影响学生学习动机的外在因素群中最重要的子系统。学校的教育举措时刻牵动学生的行为与意识,学校的教师、教材、学习氛围等种种因素对于学生学习动机均产生深刻的影响。

首先,教师的个人素质、工作态度对学生学习动机的影响。专业素质强、知识丰富、热爱工作、关心爱护学生的教师在组织教学的过程中必然会充满热情与智慧,充分地尊重学生,理解学生,信任学生,从而营造出和谐的课堂气氛,这就必然会引发学生学习的主动性和积极性。反之,教师如果专业不精、情绪低落,在课堂上的表现一定是呆板、单调、死气沉沉的,只会使学生对学习丧失兴趣,学习动机的激发更无从谈起。

其次,教师的授课方式与课堂组织技巧也是影响学生学习动机的重要因素。只有灵活多变的教学方法和新颖独特的教学组织方式才能给学生以新颖的感受,才能激发他们的求知欲望。

教师采用奖罚评价激励的手段要掌握好分寸,力求恰如其分。如果单单重奖励,往往使学生以得到奖励为学习动力,失去自我效能感,同时又容易助长骄傲自满的情绪。

反之，仅仅重惩罚，又会使学生破罐破摔，厌恶学习。只有奖惩两者相结合，在表扬的同时鼓励他们再接再厉，指明努力的方向，在批评时又要肯定其取得的进步，才能真正起到正面引导的作用。

学校采用的教材如果跟不上知识的更新，陈旧落后，也会挫伤学生的学习动机。当代学生见多识广，知识面宽，对新事物理解接受快。陈旧的教学内容根本吸引不了他们，更不用说引发他们的兴趣了。因此，教材内容应当随着知识的发展不断地充实更新内容，以满足学生不断变化的学习兴趣。此外，学校的学习氛围直接影响学生的学习行为。学生是生活学习在学生群体中的，学生群体的行为必然对学生个体产生深刻的影响。一个由积极向上、努力勤奋的群体营造出的良好的学习氛围可以在潜移默化中提高学生的学习动机，使学生之间产生相互激励的作用。

3. 家庭子系统

家庭对学生各方面的影响是极其深远的。社会要求在许多情况下是通过家庭体现的，不同家庭及其在社会中的地位对学生学习动机形成直接的影响。学生的学习动机很大程度上体现父母的期望、态度、志向，所以家庭应当正确对待孩子，尽量为孩子创设民主、自由、宽松、和谐的生活和学习环境。父母是孩子的第一任老师，父母对孩子学习的尊重、支持与帮助会大大增强学生正确的学习动机。

总之，社会、学校、家庭作为外在因素群的三个子系统对学生的学习动机起决定性作用。加强三者的配合、协调，才能有效地激发学生的学习动机。同时社会、学校、家庭还要注意在教育教学方式上考虑学生的个体差异，因材施教，切不可一刀切。这样才能使内外因素群有效协调，有机结合，使学生健康正确的学习动机得以激发与提高。

第二节　学习动机的理论

由于学习动机本身的复杂性，不同的理论家们从各自研究的角度出发，提出了各种动机理论，下面就行为主义、认知主义和人本主义的几种主要动机理论进行简要分析。

一、行为主义的学习动机理论

行为主义的学习动机理论就是强化论，强调对学习的外部控制，认为外部强化是激发学生学习的必要条件。

动机中的强化理论起源于桑代克提出的效果律。赫尔通过对效果律的改造（用习惯代替了刺激—反应的联结，将内驱力降低作为动机增强的决定因素）提出了内驱力理论。他认为，一个反应由于一个基本需要或内驱力倾向得到满足而增强；斯金纳通过系统的实验操作检验了行为之后给予的积极强化对后继行为的增强作用。斯金纳将积极强化规律应用于教育实践,提出了各种强化程序及行为塑造技术,为教师激发学生的学习动机提供了有价值的建议。

然而,随着各种奖惩方案的实施,一些新的挑战性问题相继出现。第一,传统的奖赏运用在课堂中不是普遍有效的。例如,对那些并不看重等级的学生来讲,等级奖赏或惩罚都是无效的;对于有些学生来说,他们总也达不到奖励标准所要求的表现,他们几乎没有在课堂上获奖的机会。第二,很多学习行为很难实施强化,如注意或积极的解决问题过程,它们作为行为的过程很难引起关注并作为评价的指标,因为教师更多的是强化行为的结果,而不是行为的过程,导致那些付出了很大努力却没有达到成功标准的学生得不到奖励。第三,外在奖赏的效果不能持久。第四,在有些情况下,外在奖赏会削弱学生的内在动机。

有关奖赏对内部动机影响的争论始于20世纪70年代早期,当时有几项研究证实了外部奖励能削弱内部动机的论点,随后的大量研究表明使用外部奖励来激励人往往会事与愿违,尤其是奖励对成绩的质量和创造性都会产生消极影响,而且人一旦获得了奖励,就会对随后的行为动机产生副作用。然而,也有研究发现,奖励对内部动机的削弱作用并不绝对,奖励对内部动机的消极影响、积极影响或没有影响的情况可能交织在一起。研究者在元分析和实验研究的基础上提出,奖励的任何一个消极结果在现实世界中出现的概率都极少,外部动机对于激发大多数行为还是十分有益的。在现实世界中,上述冲突也同样存在,这说明奖励的动机作用至今还存在着争议,值得进一步探讨。

二、认知主义的学习动机理论

成就动机理论、归因理论、自我效能感理论及成就目标理论都被看作认知主义的学习动机理论。

(一)成就动机理论

20世纪60年代至70年代初,研究者开始关注对人类行为的研究,成就追求成为动机理论和实验研究的核心。到70年代,成就动机研究几乎成了动机研究的同义语。阿特金森提出接近成就目标的趋势是由三个因素决定的,这三个因素是:成就需要或渴望成功的动机(M_s),成功地完成任务的可能性(P_s)和成功的诱因值(I_s),这些成分是一种相乘的关系:

$$T_s = M_s \times P_s \times I_s。$$

在这个公式中,M_s代表成就动机,它是一种相对稳定的倾向或者说是一种追求成功的持久倾向(气质),是在个体发展早期通过特殊的教养活动形成的。P_s代表成功的可能性,指的是一种认知期待,为操纵方便,这种期待变量通常根据一个任务的标准难度来确定。I_s代表成功的诱因值。阿特金森预测I_s与P_s恰好相反,即$I_s = 1 - P_s$,这是因为成功的诱因值是"成功自豪感"产生的一种效应。由此推论,在一项困难的任务(P_s低)中成功之后所体验到的自豪感要大于在一项容易任务(P_s高)成功后体验到的自豪感。

由此可以得出以下具有深远意义的推论。首先,在任务难度为中等时($Ps=0.50$),动机作用达到最大值。同时,如果一个人的成功欲望越大(Ms值越高),中等难度的任务对这个人越具吸引力。相反,一个人越不在乎成功(Ms值越低),这个人越有可能选择很容易或很难的任务。这些衍生出来的观点使阿特金森的理论被视为一种与成就有关的冒险理论。另外,由于成就动机代表的是一种相对稳定的倾向或者说是一种追求成功的持久倾向(气质),所以预测动机类型、考察成就需要的个体差异就成为 70 年代初成就动机研究的一个热门话题。研究表明,成就需要高的人最有可能选择那些他们预计自己成功的可能性为 50% 的任务,这会给他们提供最大的现实挑战。如果他们认为完全不可能成功,或者胜券在握,他们的动机会下降。反之,成就需要低的人往往选择更容易的任务以避免失败,或者选择极其困难的任务,这样即使失败了,也可以为自己找到合适的借口。

阿特金森提出的这些基本的动机原理经常以某种变通的形式出现在激发课堂学习动机的教学模式中。埃姆斯提出使学生形成掌握目标的课堂任务应该有适当的难度水平;班杜拉等提出教学中应该将长期的、遥远的目标分成较小的单位或近期目标,当作校准任务难度的一种策略。因为当学生的工作指向一种长期的目标时,他们会产生畏难感觉,将长期目标划分成近期目标,可以降低任务难度并使学生不断接收反馈,从而产生一种胜券在握的感觉。李燕平和郭德俊提出,现实的、具体的、短期的学习目标可以增强学生完成任务的信心和为完成任务付出努力的意愿。

(二) 归因理论

归因理论最初是由海德提出的一个社会心理学框架,后来韦纳将归因理论用于解释成就动机从而发展成为动机的归因理论。归因理论家认为每一个人都会像科学家一样不断地寻求对其周围世界的理解。在成就领域内,归因理论认为在确定成功与失败的原因时,人们会进行因果寻求。

归因的动机作用与三个原因维度有关,它们是:控制点、稳定性和可控性。控制点指原因是由行为者内部控制还是外部控制;稳定性指一个原因不随时间而变动的特性;可控性指原因随主观意志而变化的程度。

原因的控制点维度决定着一个人的自豪感和自尊是否会随着成功或失败发生改变。成功之后的内归因会提高自尊,失败之后的内归因会降低自尊,而成功与失败之后的外归因却不会如此。已有文献证实,自豪感和自尊会促进对成就的追求,因此内归因是实现目标的积极动力。

原因的稳定性维度影响人对成功的主观期待。如果将成功归因于一个稳定的原因,如天赋,那么人们就会对未来的成功抱以期待。按照相似的方式,若将失败归因于稳定的原因,人们就会推断将来也不可能成功。因此,面对失败,若归因于努力不够和运气不好等不稳定的因素,人的坚持性就会提高。

原因的可控性维度与许多具有动机意义的情感有关,这些情感包括愤怒、内疚、怜悯和羞耻感。特别是,如果一个人的成功受阻于其他人控制的因素(如噪音、偏见),他

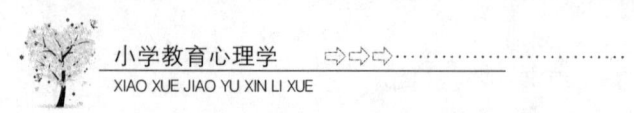

就会产生愤怒；当一个人由于内在的可控制的原因而失败或违背契约时就会产生内疚感，这些内在的可控制的原因包括不够努力或疏忽大意。怜悯和同情是向那些因为无法控制的原因，包括能力缺乏或身体残疾而未能实现目的的人所表达的情感。羞耻感是人因为无法控制的内在原因，如能力低而失败时所产生的主导反应。

在归因理论的指导下，已经开发出一些改变学习成绩的方案，这些方案试图引导个体将失败归因于努力不够（一个不稳定的因素），而不是归因于能力低（一种稳定的因素）。有许多成功的方案报告，经过反复训练被试会更多地将失败归因于缺乏努力并表现出成就追求增长的态势。

20世纪90年代，韦纳对归因的个体内动机理论和人际间动机理论进行了区分，并致力于人际间的动机理论研究。个体内动机理论建立在"把人比作科学家"的思想基础上，而人际间的动机理论则是建立在"把人比作审判官"的思想基础上。按照人际间的动机理论，教师对学生成功与失败的解释影响着教师与学生间的互动，教师与学生互动的核心是教师归因中的可控性维度。一般来讲如果教师把学习的结果看作学生不可控的原因造成的，教师就有可能去帮助这个学生，同情这个学生并与这个学生进行积极的互动。但教师如果把学生的低成绩归因于学生不努力，教师就会向学生发火，就会惩罚学生，拒绝给予帮助。教师的情感反应会成为学生进行个体内归因的重要线索，这些情感反应也能提供归因线索。例如，如果一个学生失败后，教师向他表达了怜悯和同情，那么这个学生就倾向于将自己的失败归因于能力低。因此，怜悯会损害个体的能力信念。相反，(别人的)愤怒会提高个体的能力信念，因为透过愤怒的情绪个体接收到的是他的努力还不够的信息。所以，人际间的动机归因理论可以帮助教师分析他们与学生的互动情况，使教师发展起有利于提高学生学习愿望的师生互动方式。

（三）自我效能感理论

自我效能感是班杜拉提出的一个动机概念，指个体关于自己胜任能力的信念。当一个人遇到挑战性的任务时，如果他问自己："我能做吗？"或者是问："我有足够的技能胜任这项任务吗？"那这个人就是在谋求一种效能信念。班杜拉强调了自我效能的动机作用，他指出：人们的自我效能信念决定了他们的动机水平，表现在人们付出努力的多少和面对困难坚持时间的久暂上。他们的能力信念越强，他们付出的努力就越大，坚持的时间就越长。班杜拉的看法得到大量实验材料的支持，这些实验证实效能信念不仅影响成就行为，而且影响到与健康有关的方面，如应付和应激、焦虑、疼痛的忍耐、恐惧的管理等。

申克对自我效能感与成就追求之间的关系进行总结后指出，无论使用哪种评价程序，在下列几种情况下儿童的自我效能和成绩都较高：① 当儿童采取短时目标而不是长时目标时；② 当教儿童使用特定的学习策略时，例如做轮廓图和进行归纳等都会提高儿童对任务的注意；③ 取得好成绩后得到未曾预料的奖励，或者只要在完成任务过程中付出了努力就给以奖励时。所有这些教学措施都意味着要提高"我能做"的信念，这种信念会促进学生的努力，提高学生的成绩。

由于自我效能感对于预测学习成绩非常敏感,因而引发了大量的研究。到目前为止,自我效能一直是大批研究者追逐的动机变量,其中一个重要的研究焦点是如何提高学生的自我效能感。研究发现,奖励特点、归因特点、评价标准和任务的设置都与自我效能感的提高或降低有关。

根据大量的研究结果,研究者提出了一系列提高学生自我效能感的教学策略。比如在奖励的运用上:仅当必要时使用奖励;强调奖励的信息功能而不是控制功能。在评价方面:对于成功者淡化外在因素的评价,特别是对挑战性的任务;提供基于掌握而不是社会比较的评价。在任务设置上:给予难度适中的任务;变换任务的样式和性质;给予有个人意义的任务;允许在任务中选择。通过以上策略的使用,可以提高学生自我确定的知觉和掌握与胜任的感觉,从而可以提高学生学习的内在动机。

(四)成就目标理论

近年来,越来越多的研究者按照学生的目标或从事任务的目的来描述成就追求。到 20 世纪 90 年代,成就目标定向理论被广泛引入教育实践研究中。

在目标理论中,成就目标表示个体为了获得或达到有价值的结果或目的而参与成就活动的原因。埃姆斯认为成就目标是学生对于学业成就、成功意义或目的的知觉。德威克等则将成就目标定义为对认知过程的计划,它具有认知的、情感的和行为的结果。

德威克认为,在成就情景中,儿童主要追寻的成就目标可分为学习目标与成绩目标。追寻学习目标的个体认为能力是可以培养、可以发展的,因而力求掌握新的知识和提高自己的能力;追寻成绩目标的个体则认为能力是天生的、固定不变的,因而力求搜集与能力有关的证据以获得对自己能力的有利评价,避免消极评价。成就目标理论提出后,在此领域内引发了大量的研究。尼克尔斯提出了任务卷入和自我卷入的区分,德威克还提出了掌握模式和无助模式的区分。根据尼克尔斯的观点,任务卷入状态是指人的目标是为了掌握任务,加深对新任务的理解或掌握,并将此看作终极目的。相反,在自我卷入状态中,主要的目标是为了证明高能力或掩盖其低能力。关注任务的情境,强调个人的成就(完成)和对中等挑战程度任务的偏爱;与之不同,关注自我的情境蕴含着高度的评价情形,在这种情形下强调与他人的比较。尼克尔斯所讲的任务卷入与德威克提出的学习目标和掌握模式基本一致,而自我卷入则与德威克提出的成绩目标基本一致。

德威克认为,具有学习目标的个体关注自身能力的提高与知识的掌握,因而在学习过程中易于形成掌握模式。相对而言,具有成绩目标的个体注意力更多地集中于自己的能力是否充分表现,关注别人对自己能力的评价,这就使得他们在学习过程中,更易于形成无助模式。德威克通过实验检验了两种目标模式在认知、情感和行为方面的特征。结果表明,在认知方面,具有不同动机模式的个体在学习过程中(特别是面对困难)对结果表现出不同的关注。在无助模式中,个体主要关心对自身能力的测量和评价结果,失败意味着个人能力的不足。相反,在掌握模式中,个体关心能力增长,关心学习的过程。所以失败意味着在此项任务中努力和策略还不充分或需要变更,他们会继续努力,并将失败归因于策略;在情感方面,无助模式的个体在面对失败时,其自尊心受到严重威胁。这种威胁可能首先导致焦虑和羞耻感,使个体采取更保守的自我保护策略,而对完成任务表现出厌倦,他们更向往低努力的成功。而对于掌握模式的个体,即使失败也仅仅意味着需要付出更多的努力和进行策略上的调整,所以他们在努力时会产生愉悦感,他们厌恶低努力的成功;在行为方面,具有无助模式的个体倾向于选择容易的、可以保证成功的任务,他们回避挑战。对于掌握模式的个体,理想的任务能够增加知识、发展能力并带来愉快。

在上述理论基础上,很多研究者积极寻求将目标理论应用于课堂教学的实践策略。例如,在教室活动中提供不同的机会展示掌握;针对学生的知识、理解和个人经验改进教学;为探究和实践提供机会;用个人的进步定义成功;强调努力学习、努力工作重于成就结果;把处理错误和失误作为学习本身的一个正常部分等。埃姆斯曾提出了有利于学生形成掌握目标定向的 TARGET 课堂教学模式:即任务设计、权利分配、认可活动、小组安排、评估活动和时间分配,布卢门菲尔德在埃姆斯的基础上,又增加了"同伴合作"。

三、人本主义的学习动机理论

人本主义心理学强调人们在做出选择,对生活进行控制时的能力和潜能。它不使用对环境刺激的强化反应来解释行为。其代表人物为马斯洛和罗杰斯。

马斯洛提出了著名的层次需要理论,认为人可以将需要分为七层次,包括生理需要,安全需要,归属与爱的需要,尊重的需要,认知需要,审美需要,自我实现需要。前四者被归为缺失需要,即满足自己生存需求的需要;后三者归为成长需要,即人们认识、理解、欣赏美和实现个人发展的需要。

一般来说,只有在较低层次的需求得到满足之后,才会激励个体产生较高层次的需要。一旦某种需要得到满足后,就不再具有激励作用。他在解释动机时强调需要的作用,认为所有的行为都是有意义的,都有其特殊的目标,这种目标来源于我们的需要。不同的人有不同的需要,而且这些需要会随着时间等因素而变化,这就是两个不同的人在相同的情境下会产生不同的行为,同一个人在不同的时间里产生不同行为的原因。需要影响着人们的行为方式和方向。马斯洛的理论强调人的整体性,他认为应从整体上来探讨人的动机,不仅要关注生理需要,还要重视人的更高层次的需要。

第三节 小学生学习动机存在的问题与激发

学习动机的培养是一个十分复杂的问题。我们很难得到一个具有普遍意义而同时又具有可操作性的培养方案。对如何培养学习动机的问题,教育心理学只能综合现有学习动机的理论提出若干原则性的建议,至于它的应用要靠教师在长期的教学实践中不断摸索。

一、小学生存在的学习动机问题

(一)长远的具有社会意义的学习动机还没有形成

研究表明,学生年龄对学生学习动机的形成有一定影响。处于儿童期的小学生,其思维形式还以具体的形象思维为主,他们所想的大多是眼前的或是具体的事物,其世界观还没有形成,学习动机与社会相联系的程度还不大,虽然在问他们为什么学习时他们也说:我好好学习的目的是想将来成为一名科学家和工程师,在教师的指导下,他们也知道学好本领将来为社会建设贡献自己的一份力量。但是,这些回答多数是机械的,他们所说的学习目的及远大理想多是停留在口头上,还不太可能转化为推动小学生进行学习的直接动力,随着小学生年龄的增长,老师和家长的不断教育及世界观的逐步形成,具有重大社会意义的学习动机,才越来越和学习活动挂起钩来。

(二)内部的学习动机还很弱

内部的动机是指"内在的心理因素(如需要、求知欲、兴趣爱好等)转化而来的动机"。学习兴趣、求知欲望与知识的广度和深度有很大的关系,知识面越广,兴趣自然就广泛;知识深度增加,兴趣、求知欲的强度也就要增强。小学教育是教育的起步阶段,其知识的广度和深度都极为有限,受其影响的学习兴趣自然也处于发展阶段,求知的欲望受现有知识程度影响还比较肤浅,学习活动本身还不能给小学生带来更大的精神满足,他们的学习兴趣会被随时遇到的学习困难所打消,或者被随时出现的新鲜事物所吸引,导致学习兴趣的转移。正是因为学习兴趣和求知欲望带有不分化性和不稳定性,从而使内部的学习动机也带有不稳定性和随机性,此时内部学习动机处于比较低级的阶段。小学生内部的学习动机只有随着年龄的增长,知识经验的不断丰富,以及教师、家庭和社会的逐步影响才能逐渐地发展起来。

(三)近景的外部学习动机起主导作用

外部学习动机在小学生学习动机中起主导作用,这也是由此阶段儿童的心理特点决定的。他们常常是在外界环境的刺激下,为了达到某种目的去学习。小学生外部的学习动机归纳起来主要有以下几类:

第一,出于新奇。每当我们问刚入学的小学生为什么要上学时,他们多数总是回答:"有了新书包,有了新课本,或是有好玩的文具"等。学校像一块巨大的磁铁一样,吸引着每一位儿童,他们憧憬学校里的新鲜环境,羡慕学校里的文体设施,向往学校里新奇的活动内容。在小学生的心目中,学校不仅是学习知识的地方,同时还是最好的游戏场所,在学校里可以得到无限的乐趣。所以,学校里的班集体及丰富多彩的课余活动都可以引起小学生的好奇心,从而引起学习动机。

第二,追求高分。绝大多数小学生的虚荣心和好奇心都很强,同学之间有强烈的攀

比心理,喜欢出风头,并渴望得到老师和家长的肯定。学习成绩对于每个学生来讲是最现实的比较标准,他们把分数看得非常神圣,他们会因自己高出别人一分而沾沾自喜,也会因自己低别人一分而悲观失望。小学生为了能得到高分,获得"三好学生",或得到别人的表扬,才去努力地学习,以达到自尊心和虚荣心的满足。

第三,成人的要求。有的小学生学习完全是出于老师和家长的要求,学习处于被动状态,他们做作业是为了完成老师布置的任务,或者是免受老师和家长的斥责。比如,有的小学生做作业草草了事,完成作业就去玩了。这纯粹属于为完成任务而做作业,学习的动力完全来自老师和家长的要求。

总之,小学生复杂的学习动机中是有主次之分的,远景学习动机还没有形成,内部学习动机还处于发展的初级阶段,而外在的学习动机则在复杂的学习动机中居主导地位。

案 例

嗜睡的丁丁

丁丁,小学三年级,成绩中下等水平。父母和老师都很纳闷,他是一个聪明的孩子,在课外活动上总能出类拔萃,但是一提到学习,他就灰头土脸的。

最近情况更为严重,老师反映,他几乎每一节课都趴在桌子上睡觉,下课铃声一响,则飞快地跳起来,和同学去玩;回到家里,父母不厌其烦地提醒他学习,而且只要有空,就陪着他做作业。但是,稍不留意,他就趴在书本上睡着了。父母恼怒极了,斥责他是个不懂事的孩子,讲了一通大道理,甚至开出条件:只要丁丁的学习成绩提高到二十名以内,暑假就带他去游乐园玩。即便这样,也不能改变丁丁对学习的态度。

想到父母的承诺,他兴奋至极,暗下决心努力学习。但是,一回到课堂上和书本里,他的激情全无。最后,丁丁只得坦白,他对学习一点兴趣都没有,觉得课堂上和书本里所讲的内容都很无聊。平时的作业和考试,他只做很容易的题,看到难题就想打瞌睡,不会想去请教老师或父母。按他的说法,他不在乎学习成绩,没有动力去克服学习上的困难。他对学习也没有计划,虽然父母早就寄希望于将他培养成大学生,但他自己却并没有这个追求。

[分析] 从对丁丁的描述中可以看出,他完全没有学习的积极性,在学习上既不认真,也不主动,遇到学习困难时也没有去克服的决心。甚至于父母和老师对他的殷切期望和奖励都不能促进他的学习。从根本上来说,他缺乏学习动机,既缺乏内部动机也缺乏外部动机,这可能是由于以下原因:

(1) 在学业上没有成功的体验。小学生内心单纯,还没有发展足够坚强的意志力,很有可能产生"习得性无助感"。也就是说,一旦挫败,就觉得自己处处不如人,永不可能成功。

(2) 父母的教养方式。越来越多的父母以孩子的学业成绩来衡量自己的价值,于是强迫孩子做功课、参加各种课外学习班,总拿自己的孩子与成绩更优秀的孩子来比较。这样一些做法,不仅会让孩子变得焦躁、不耐烦,还可能在孩子内心产生反抗心理,循环往复,最后放弃进取心。

(3) 过于依赖父母。有些孩子无论是生活上还是学习上,一遇到困难就要求父母帮忙解决。孩子一旦对父母过于依赖,就难以产生积极的态度克服学习困难。而求知的乐趣就在于完成那些有困难的学习任务,从而获得成就感和满足感。

(4) 不恰当的外部奖励歪曲了学生真正的学习动机。当学生为了报酬或奖励而读书,他们对于读书的热情和坚持性就会降低。他们会为了奖励而读书,而一旦得到了想要的东西,就开始懈怠读书这件事。

(5) 学校单一的竞争机制和奖励机制所存在的缺陷打击了大多数孩子的学习热情。学校一贯只奖励学习成绩优秀的学生,而挫败了许多学习后进生的学习积极性。比如,有一部分学生天资一般,但非常勤恳好学,可是在学校只从结果评估学生学习表现的体制中,他可能始终不能得到赞许与认可,长期如此,就会不自觉地放弃努力。

二、小学生学习动机的激发

激发学生的学习动机要针对不同阶段学生的动机特点,综合把握,从以下几方面着手:

(一)思想认识上,提高学生对知识价值的认识

通过对学生思想道德、人生观、价值观教育,培养学生高尚的远景性学习动机和社会责任感学习动机。教育可以先从知识的个人价值入手,逐步引出其社会价值,并以社会价值支配、调节个人价值。要避免两种倾向:既不要无视学生个体的发展,给学生灌输大而空的思想;又不能脱离社会的要求,追求极端的功利主义。

(二)教学目标上,制定具体、明确的目标

学习目标是学习者要达到的结果,有了明确的目标,学习就有了方向。因此,制定具体、明确的目标是促进学生学习动机形成与发展的有效措施。制定目标必须有层次性,既有总的大目标,又有具体到每节课的小目标;还必须与学生当前的身心发展水平相适应。既不能逾越现有水平,也应有一定的深度,能促进学生去思考、去探索。

(三)教学内容上,因材施教,难易适中,尽量照顾到各个方面的学生

教学中可以创设"问题情境",和学生的已有知识经验相联系,使学生有条件有可能

去思索、探究。同时提出新的要求,激发学生运用旧知识探究新问题的积极性;还可以采用新颖的教学方法,尽可能使用现代教育技术手段丰富教学形式,增强内容的趣味性。

(四)教师充分发挥自己的榜样作用

教师应具有热情和爱心,并对学生充满希望和期待。这样不仅可以鼓励学生充满信心去克服学习中的困难,给学生的学习带来动力;而且,还可以满足学生的附属内驱力动机,即教师的适当赞扬,可使学生获得成功的满足感,著名的"皮格马利翁效应"更从实验的角度说明了这一点。另外,教师应富有想象和学习的倾向性。学生在教师的激励下,其行为将会富有建设性。因此,教师能否引起学生理智上的兴奋感和内部的学习动机,对于成功的教学具有重要的影响。

(五)建立正确合理的评估机制,及时反馈学生学习结果

正确的评估是激发学生动机的一个重要的手段,使学生及时了解学习的结果:如看到自己所学知识的应用成效,解答问题时的错与对,以及学习成绩的好与坏等,均可激发起进一步努力的动机。这是因为人对自己的行为效果总会存在一种期待,社会心理学家把这种期待分为"结果期待"和"效能期待"两种。这二者结合起来就构成了个体的"自我效能感",即个体对自己能否成功地进行某一成就行为的主观判断。如果能够及时让学生了解自己的学习情况,使学生在不断强化的过程中增强自己的自我效能感,就会促进学生学习动机的形成。

(六)适当开展竞赛,让学生参照群体的影响,改进自身的形象

竞赛是激发学生学习积极性的一种有效手段。在竞赛的过程中,人们树立威信的动机或自尊与成就的需要极为强烈,学习兴趣和克服困难的毅力大大增强。但是为避免竞赛产生的消极影响,要做到按照学生的学习水平分组竞赛,或者让学生自我竞赛,并加强思想教育,使学生对此有正确的认识。

(七)培养学生的求知欲和探索科学的广泛兴趣

通过教师的巧妙引导和各种活动,使学生认识到知识对社会和对自己的意义而产生学习的需要,同时,在活动的过程中可以产生愉快的情绪体验,激发其对知识的广泛兴趣。

以上是培养和激发学生学习动机的方法,在具体实施时应注意将不同种类学习动机的培养和激发相结合。学习动机是一个复杂的系统,要注意培养和激发系统内各种学习动机,使之相互配合,只有这样才能有效地提高学生学习的积极性。

扩展阅读

教师的期望与评价

教师的评价对学生学习动机的形成有一定的积极影响,如通过表扬和批评对学生的学习成绩和行为进行评价是教师常用的方式。另外,对学生的评语也会激发学生的学习动机。一般来说,含有期望因素的评语能鼓励学生再接再厉、积极向上,对加强学习动机有积极的作用。

美国心理学家佩奇对74个班的学生共2 000多人做了一项大规模的调查与实验。他把每班学生分成三组,给予不同的评价。第一组只给甲、乙、丙、丁一类的等级,而无评语;第二组除标明等级外,还给予评语,即按照学生答案的特点给予适当的评语;第三级则给予特殊的评语,如得甲等的,评以"优秀,保持下去!"凡得乙等的,评以"良好,继续前进!"凡得丙等的,评以"试试看,再提高点吧!",对丁等的,评以"让我们把这个等级改进一步吧!"结果表明,不同的评价对学生后来学习的影响有明显的差异。

进行评价时要注意以下几点:

(1) 要使学生对评价有一个正确的态度。只有对分数持正确的观点,分数才能起到积极的激发学习的作用。

(2) 评价必须客观、公平和及时。如若评价不公正,会使评价产生相反的结果。

(3) 评价必须注意学生的年龄特征与性格特征。如对低年级小学生,教师的评价作用大,对自信心差的学生要多一点鼓励与表扬。

复习与思考

1. 什么是学习动机?
2. 学习动机的种类有哪些?
3. 影响学习动机的因素有哪些?
4. 学习动机的理论有哪些?
5. 小学生的学习动机存在哪些问题?
6. 如何培养小学生的学习动机?

第六章
小学生的知识学习

本章重点

- ➢ 知识的定义、分类与表征
- ➢ 知识学习的内涵
- ➢ 小学生的知识理解及其影响因素
- ➢ 小学生的知识巩固及其影响因素
- ➢ 小学生的知识应用及其影响因素

掌握知识是小学生学习的主要任务,也是学校智育的核心内容之一。知识的学习与教学历来是教育心理学研究的一个中心问题,也是本书的重点内容。本章着重介绍知识的定义、分类及知识的不同表征方式,在此基础上进一步阐述知识学习的标准和信息加工过程。

第一节 知识与知识学习

如何才能提高教学效率,使学生高效率地获取高质量的知识,关键在于教师怎样教学,而教师在进行教学设计时,必然要涉及如何看待知识和对知识进行分类的问题。任何教学都必然要以一定的知识分类理论为基础。随着知识类型的不同,教学设计的形式和方法也不同。因此,有必要对知识进行科学合理的分类。

一、什么是知识

从哲学认识论的角度来看,知识是客观世界的主观反映,是对事物属性与联系的认识。具体到教育心理学的研究领域中,人们对"知识"的定义有狭义和广义之分。广义的知识概念指人类获得的关于自然和社会的认识和经验的总和。狭义的知识是我们传统理解中的知识,是指个体获得的能储存在语言文字符号或言语活动中的主观表征,不包括调控经验,如技能和策略等。本节所讨论的是狭义的知识。

知识是个体适应环境的重要因素,是个体定向和调节自己行为的基础。知识具有三种功能:① 辨别功能,人可以在有关知识的基础上对感受到的事物进行分辨和归类,从而减少对它们的陌生感。② 预期功能,人可以依据已具备的相应知识进行推论,从而对事物形成一定的预期,推知事物会是怎样以及它的发展变化过程。③ 调节功能,个体确定活动的程序总是以自己的知识为基础,并对活动的实施过程进行监控和调节。

二、知识的种类

依据不同的分类标准可以将知识分成很多类型,知识的科学分类是为了阐明不同类型的知识是如何被学习者习得、保持和提取的,能够帮助教师更好地教学,促进学生对知识的理解和掌握。

(一)感性知识与理性知识

根据反映深度的不同,可将知识分为感性知识和理性知识。感性知识是对事物的表面属性的特征与联系的反映,属于低级水平的知识。理性知识反映的是事物的本质属性与内在联系,属于高级水平的知识。

(二)具体知识与抽象知识

根据抽象程度的不同,可将知识分为具体知识和抽象知识。具体知识是指通过直接观察而获得的信息,是对一定时间和地点发生的事实或事件的反映。这类知识可以用具体的事物来表示,如时间、地点等。抽象知识是对已知知识的概括性反映,不能通过直接观察来获得,如价值观、人性等。

(三)陈述性知识与程序性知识

根据表述形式的不同,可将知识分为陈述性知识和程序性知识。陈述性知识也叫描述性知识,主要说明事物是什么、为什么和怎么样,可以用口头或书面语言陈述清楚。例如,三角形的内角和是$180°$,这个观点就是陈述性知识。程序性知识也叫策略性知识,反映了活动的具体过程和操作步骤,主要用来说明做什么和怎么做。如怎样骑自行车就是程序性知识。

(四)具体知识、方式方法知识与普遍原理知识

布鲁姆在认知领域的教育目标分类系统中将知识分为三个大的类别:具体知识、方式方法知识与普遍原理知识,这种分类具有一定的代表性。

具体知识指具体、独立的信息,包括术语知识和具体事实知识,是具体指称物的符号。方式方法知识指的是有关组织、研究、判断和批评的方式方法的知识。这种知识包括五个亚类:惯例的知识,趋势和顺序的知识,分类和类别的知识,准则的知识和方法论的知识。普遍原理知识是指把各种现象和观念组织起来的主要体系和模式的知识,这种知识处于高度抽象和非常复杂的水平上,如牛顿第一定律就是普遍原理知识。

三、知识的表征

由于知识具有不同的类型,它们在人头脑中存在的形式也是不同的。当前的观点普遍认为,陈述性知识以命题和命题网络来进行表征,程序性知识以产生式和产生式系统来进行表征。

(一)陈述性知识的表征

1. 命题

命题是知识的基本单位,它比句子更为抽象,将句子表征为一组符号。一个命题相当于一个观念。如"太阳可以发光发热"就是一个命题,命题之间的相互联系就构成了命题网络,也就是说命题网络是由两个或者多个具有相同成分的命题构成的。

命题表现的是观念本身而不是观念的物质外形,但是命题又通常以句子的外部表现形式来表达。一个句子既能表达一个命题,也能表达好几个命题。例如:"学生在打球",只表达了一个命题。"红色的汽车避开了白色的小狗",就表达了三个命题:汽车是红色的,小狗是白色的,汽车避开了小狗。

命题一般由论题和关系两个成分构成。论题多为名词或代词,如"大象喝水"中的论题是"大象"和"水"。命题中的关系多为动词、形容词、副词或介词,关系限定了各个命题之间的联系。如"小明在擦桌子",这个命题中的"擦"限制了有关"小明"信息的范围。

2. 命题网络

知识之间的相互联系使所有的陈述性知识构成了一个巨大的命题网络。命题网络是由命题之间相互联系而形成的。命题之间由于有相同的论题而相互联系起来,就形成了命题网络。一小段文章是由多个命题而构成的命题网络;一篇文章会构成一个更大的命题网络。因此,一门学科的知识,乃至不同学科的知识通常都是以命题网络的形式贮存于人的长时记忆之中。这种语义网络具有激活扩散的特点。科林斯和奎利恩关于动物知识存储的实验设想支持了知识是以命题网络储存的观点,如图6-1。

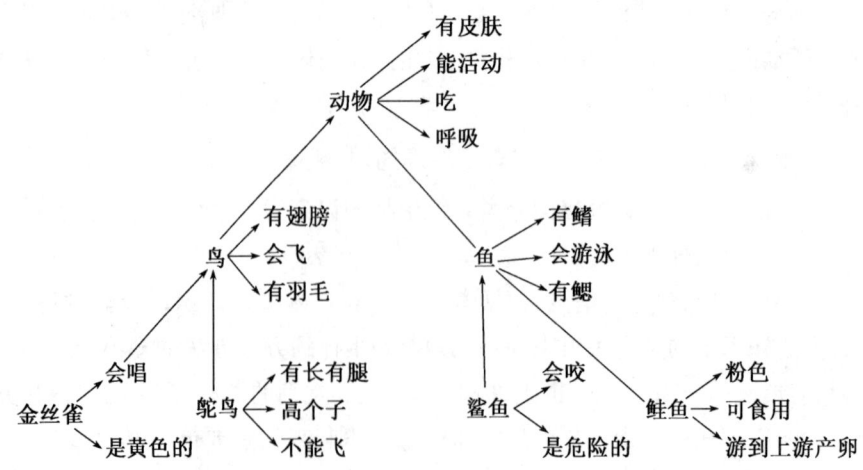

图6-1 命题网络模型

科林斯和奎利恩认为,不同的动物,知识的概括水平不同。在每一概括水平上储存了可以用来区分其他水平的动物的属性。例如,"有皮"是所有动物的属性,所以储存在最高水平。用这一属性可以把动物和矿石等其他事物区分开。又如,有羽毛是所有鸟的属性,储存在比动物低一级的水平上,可以被用来区分鸟与非鸟的动物。科林斯和奎利恩进一步假设,由于储存在知识网络中的事实的距离不同,提取它们的反应时间也将不同。如"鸵鸟腿长吗?""鸵鸟是鸟吗?""鸵鸟是动物吗?"这三个问题,问题的主体与所涉及的属性在网络中的距离是不同的,因此判断其真伪的反应时就不同。他们的实验证实了这一假设。

(二)程序性知识的表征

1. 产生式

程序性知识的产生方式相对特殊,被称为"产生式"。产生式这个术语是由认知心理学家纽威尔和西蒙从数学和计算机科学中引入心理学的。他们认为,人脑和计算机都是"物理符号系统",其功能都是操作符号。产生式是一条关于"如果—那么"的规则,即满足特定条件就产生相应行为。产生式由条件项"如果"和动作项"那么"构成。条件项表征罗列了产生式的前提条件,动作项表征表明符合条件之后所产生的行为。

一个产生式可以包含一个条件和行为,也可以包含多个条件和行为。例如,"如果天气晴朗,那么我将去爬山"就是一个简单的产生式。"如果是正方形,那么它的四条边长相等",这就是一个复杂的产生式。

2. 产生式系统

简单的产生式只能解决生活中一些相对简单的问题,但无法应对一些复杂的问题。有些任务需要完成一系列的活动,人们需要根据不同的情况做出相应的对策,因此只能采用程序性知识的高级表征方式——产生式系统。产生式系统是复杂技能的心理机制,需要许多简单的产生式,是多个产生式的联结。当一个产生式的动作成为另一个产生式的条件时,产生式之间便相互联系起来,构成产生式系统。

四、知识的学习

知识学习是指学习者占有前人和他人的认识成果,变前人的知识经验为自己的精神财富和心理结构,并用以解决生活中的各种问题。学生占有知识意味着将教材中物化形式的知识转化为心理形式的知识并储存于大脑之中,意味着这些知识能够帮助他们解决现实中的问题。

知识的学习是学校教学的主要任务之一,不仅对学生的成长起着重要的作用,而且有助于学生更好地适应现代社会的生活。另外,知识的学习是学生各种技能形成和能力发展的重要基础。同时,知识的学习还是学生的态度和品德形成的因素。由此可见,知识的学习对提高学生各方面的素质具有重要作用。因此,学校教育应该以知识的学习为中心,促使学生全面发展。

课堂中的知识学习主要是言语信息的学习,其实质是一种意义学习,即符号所代表的新观念与学习者认知结构中已有的知识经验建立起实质性的和非人为的联系。知识学习的过程就是新符号所代表的观念,在学习者心理上获得相应意义的过程。追求符号的意义是知识学习区别于其他学习的根本标志。

知识学习的过程可以分为三个阶段:知识的理解、知识的巩固和知识的应用。知识的理解是知识的巩固与应用的前提,知识的巩固促进了知识的理解和应用,而知识的应用又使知识的理解和知识的巩固得到检验和发展。

扩展阅读

奥苏伯尔的一个认知实验

一、实验目的

探究起固定作用的观念的稳固性和清晰性对后继学习与保持的影响。

二、实验过程

奥苏伯尔和他的合作者在1961年研究了原有知识的巩固性对新学习的影响。实验者让被试先学习基督教知识,经过测验将被试的成绩分成中上水平和中下水平。然后将这些被试分成三个组:第一组在学习佛教材料前,先学习一个"比较性组织者"(它指出了佛教与基督教的异同);第二组在学习佛教材料前,先学习一个"陈述性组织者"(它仅介绍了一些佛教观念,其抽象水平与要学习的材料相同);第三组在学习佛教材料前,先学习一个有关佛教历史和传记的材料。在实验后的第三天和第十天进行了保持测验。结果表明,不论在哪一组,凡原先基督教知识掌握得较好的被试,在学习佛教知识后的第三天和第十天的保持成绩均较优(见表6-1)。

表6-1 起固定作用的观念的稳固性和清晰性对后继学习与保持的影响

	原先的基督教 知识掌握水平	第一组 "比较性组织者"	第二组 "陈述性组织者"	第三组 历史材料
第三天的保持分数	中上	23.50	22.50	23.42
	中下	20.50	17.32	16.52
第十天的保持分数	中上	21.79	22.27	20.87
	中下	19.21	17.02	14.40

三、实验结论

原有知识的稳定性有助于知识的学习与保持。

第二节 小学生的知识理解

知识的理解是知识学习的第一个阶段。在这个阶段，新信息进入短时记忆，与来自长时记忆系统的原有知识建立一定的联系，并纳入原有的知识结构，从而获得对新信息意义的理解。

一、什么是知识理解

所谓知识的理解，就是学生利用已有经验，逐步了解事物的各种关系，直至认识其本质和规律的思维活动。知识理解是学生掌握知识的中心环节，是词、概念、规律等抽象的知识和他们所概括的事物的形象经过思维的加工，在头脑中得以结合的过程。如把握课文的中心大意及中心思想、学习一个数学公式等都属于知识理解。要正确领会知识理解这一概念，必须注意以下三点：

（1）知识理解是通过思维实现的。对事物的理解不能单纯通过感知活动来完成，必须通过分析、综合、抽象和概括等思维活动来完成。理解既是思维的过程，也是思维的结果。

（2）理解是依据已有的知识经验对事物进行思考并获得新的知识经验的过程。例如，学生能够根据九九乘法表这一知识明确乘法与几个相同加数的和的关系与倍数关系。

（3）理解存在着不同的水平。理解可以分为三种水平：

一是初级水平的理解。这种水平的理解只是直觉的理解，也叫直观的理解，是学习者对外界知识形成映像后，对映像特征进行分析、综合、辨别的过程。如对书面文字和口头语言的理解。

二是中级水平的理解。以初级水平的理解为基础，进一步把握客观事物的本质及其内在联系，如对概念、原理的理解就达到了中级水平的理解。

三是高级水平的理解。高级水平的理解是把知识类化、具体化和系统化，使相关事物进入到长时记忆的概念中去，并能够运用这些知识解释相关现象，扩充和调整原有的认知结构。高级水平的理解是一种概括的理解。

学生对知识的理解要经过两个阶段：对学习内容的直观和对学习内容的概括。对学习内容的直观是指学生获得感性知识的活动，主要使学生形成对知识的形象化的理解和表征。对学习内容的概括是指对学习内容的直观获得的感性知识进行分析、综合、概括、推理等加工，最后能够获得对事物的本质特征及内在联系的认识，是获得理性知识的活动。

二、小学生的知识理解

根据小学生知识学习的任务和性质，知识的理解可以分为以下几种：

（一）对言语的理解

对言语的理解指对口头言语或书面文字所表述的意义的理解。如语文学习中对字词和句子的理解。小学生理解知识的前提条件就是对言语的理解。

（二）对事物内部结构的理解

对事物内部结构的理解指能够对事物的内部组成要素及相互关系有所了解。如弄清人体的组成部分，弄清所学图形的结构等。

（三）对事物类属的理解

对事物类属的理解指能够梳理事物各类属之间的关系。如生物、动物、哺乳动物之间的关系。

（四）对因果关系的理解

对因果关系的理解指能够分清事物的因和果。在发现某一现象或结果后，能够根据结果探讨成因，这叫由果及因。如对下雪、结冰等现象的原因的理解；根据已出现的现象或条件，对已有条件进行分析推导可能产生的结果，这叫由因到果。

（五）对逻辑关系的理解

对逻辑关系的理解指弄清事物之间的逻辑关系。如事件的因果关系，写文章的顺序及论点与论据的关系等。

（六）对事物意义的理解

对事物意义的理解指对同一事物能够从不同角度分析它的作用和影响，从而认识事物的意义。如对小学开设各门课程的理解等。

在知识的理解阶段，小学生通过学习目标的指引，有选择地接收新的知识信息，并与处于激活状态的已有知识相互作用，新旧知识互相联系，新知识进入原有的命题网络，小学生从而获得描述性知识。

对小学生知识理解程度的检测，可以通过从低到高三个不同层次的标准来衡量。第一个层次是转换，指将学习材料从一种形式向另一种形式的转化。如看图说话就是将图画转化为文字描述。第二个层次是解释，指对学习材料的内涵、原因、理由等加以说明。如对沸腾现象的原因分析，对语文字词的解析等。第三个层次是推论，指能够超越文字信息本身的限制对其结果做出推论。如根据寓言故事推断出它的寓意、解读出诗歌所表达的人生哲理、领会语句所蕴含的言外之意、弦外之音，根据数据推断出事物的发展趋势等。

三、影响小学生知识理解的因素

知识的理解是一个复杂的过程，受到许多因素的影响，小学生的知识理解受到客观因素和主观因素的影响。

(一) 客观因素

1. 学习材料的意义

有意义的学习材料能够有逻辑性地、清晰地表达某种观念的意义,可以激活学习者相关的知识经验;无意义的理解材料难以导致理解活动。

2. 学习材料内容的具体程度

具体的学习材料包含了更多具体、形象且与生活经验更为贴近的信息,这些信息更容易与学生已有的知识经验产生共鸣,从而形成丰富的联系。相反,抽象的学习材料只保留了具体内容的关键信息,是对事物一般特征或规律的概括,远离了学生的知识经验,如"H_2O"这样的学习材料需要学生用更多的知识去思考和分析。

3. 学习材料表达形式的直观性

同样的内容既可以用直观的方式呈现,也可以用抽象的方式来呈现。采用实物、模型等直观的呈现方式可以为抽象的内容提供具体感性知识的支持,有助于学生理解新知识。

4. 新旧知识的联系

小学生对新信息的理解会受到原有知识经验背景的制约,这种知识经验背景包括学校学习的正规知识、直觉经验、与新知识相一致或相冲突的经验,以及一些潜在的观念。小学生可以以这些旧知识为基础,去认识和理解新事物。新旧知识的有机联系可以促进小学生对新知识的理解。

5. 概念形成过程中的变式和比较

对同类事物的比较有利于小学生发现各种变式中同类事物的共同的、本质的特点。不同事物的比较有利于学生区别不同事物之间本质的差异。

(二) 主观因素

1. 小学生主动理解的意识倾向

理解需要学习者主动去生成知识之间的联系,这样他们才能形成对知识更深、更好的理解。积极主动是理解知识的重要前提,对知识的理解起着重要的作用。

2. 学习者的相关经验

学习者的经验越丰富,经验与知识的联系越强,学生对知识的理解也就越容易。

案 例

一堂数学课

师:老师的朋友过生日,老师准备送他几本书,带 100 元去书店。看到的书如下:(出示四本书)

《钢铁是怎样炼成的》	每本 24 元
《爱的教育》	每本 32 元
《呐喊》	每本 18.6 元
《战争与和平》	每本 26.58 元

师:如果我要选两本书送给朋友,有几种选法?

生:6 种。

师:哪 6 种?

生回答后教师电脑出示下列算式:

24＋32　　　　32＋18.6
24＋18.6　　　32＋26.28
24＋26.58　　　18.6＋26.58

师:哪些你已经会算了?

生齐答:24＋32＝56(元)。

师:观察其他的几个算式,与这一题有何不一样?

生 1:有小数点。(有小数)

师:这就是我们今天要学习的内容。(板书课题:小数加法)

师:如果要检验计算是否正确,应该怎么做?

生 1:末尾检验法。

师:这样可以吗?

生 2:万一前面错了,还是错的。

生 3:用和减去一个加数。

师:这就是小数的减法。(补充完整板书)

[分析]　这位老师很好地利用了新旧知识的联系来促进学生的知识理解。著名教育家苏霍姆林斯基说过:"教给学生能够借助已有的知识去理解新知识,这是最高的教学技巧之所在。"复习导入有利于学生从旧知识过渡到新知识,既巩固了旧知识,又为新知识做了铺垫,使学生感到新知识并不陌生,从而完成以旧引新的任务。

但在以旧引新导入时,应注意:

其一,复习旧知识,促进迁移。要善于分析、挖掘新的认知的生长点,让新知识在旧知识中延伸和发展,让学生借助已有的知识、已有的能力获取新的知识,同时,激活学生头脑中贮存的经验,引导学生从原有的认知结构中寻找并建立起与新知识有关的联想,化未知为已知。

其二,沟通知识的内在联系,以旧识新。为使学生在原有的认知结构中添入新的成分,扩大完善原有的认知结构,建立起新的认知结构,教师应致力于相关内容的前后沟通,把知识的内在联系在教学中艺术地揭示出来,让学生心领神会,使之学习新知,发展旧知。

其三，创设条件，促进转换。教师首先要组织好复习与新知识相关的旧知识，课前铺垫训练要层层深入，注意步步提高对旧知识的综合概括。这些复习内容不仅是旧知识，更重要的是旧中有新，要达到让学生自己以旧探新的目的。

第三节 小学生的知识巩固

在人们利用头脑中已有的知识同化了新知识，使其得到理解，并在知识结构的适当位置固定下来之后，接下来就是如何使这些获得的知识在记忆系统中得以巩固的问题。

一、什么是知识巩固

知识的巩固是指在知识学习过程中对所学材料的持久记忆，它通过人类的记忆系统实现。记忆是经历过的事物在人脑中的反映，这是一个非常复杂的心理过程。解读知识巩固，我们首先应该对人类记忆系统有一明确认识。记忆是通过识记、保持、再认或回忆三个基本环节在人脑中积累和保存个体过去经验的心理过程。信息加工认知心理学把记忆定义为信息的编码、储存和提取三个过程，这三个过程也称记忆的三个阶段。

为了研究人类复杂的记忆现象，心理学家对记忆进行了分类。

(一)形象记忆、情景记忆、语义记忆、情绪记忆和运动记忆

1. 形象记忆

形象记忆的记忆内容是感知过的事物的具体形象。通过视觉、听觉、味觉、嗅觉和触觉等不同感觉通道获得的储存信息，也属于形象记忆。形象记忆具有显著的鲜明性和直观性，是最基本的记忆形式，人的记忆始于形象记忆。一般人的视觉记忆和听觉记忆处于优势地位，而盲、聋儿童由于视觉和听觉的丧失，只能通过其他感觉能力来补偿，大大降低了他们的学习效率。

2. 情景记忆

情景记忆是对发生在一定时空关系中的某个亲身经历过的事件的记忆。如想起自己旅游去过的地方，当时的情境历历在目，这就是情景记忆。由于时间和空间对情景记忆的限制，信息的储存易受各种因素的干扰。因此，情景记忆既不稳固，也不确切。

3. 语义记忆

语义记忆又称语词记忆或逻辑记忆。语义记忆的内容是词汇所概括的逻辑思维结果，是语言中的词汇和语法规则。如对鲁班发明锯子这个事实的记忆就是语义记忆。它建立在理解基础上，小学生的学习应该更多地利用语义记忆。语义记忆不受时间和空间的限制，因而比较稳定且容易提取。

4. 情绪记忆

情绪记忆以体验过的情绪和情感为内容。它是个体产生某种心境的原因之一。如我们对取得好成绩时的快乐心情的记忆，就是情绪记忆。回忆快乐的事件会引起兴奋情绪；回忆难过的事件会引起伤心情绪。情绪记忆的表现往往更为持久，甚至终身不忘。

5. 运动记忆

运动记忆亦称动作记忆，是以过去的运动和动作信息为内容的记忆。如对打篮球、骑自行车等动作的记忆，就是运动记忆。它是各种熟练技巧形成的基础，一经记住，则比较容易保持、恢复而不易遗忘。

（二）瞬时记忆、短时记忆和长时记忆

根据信息的输入到提取所经过的不同时间，以及编码方式的差异，记忆被分类为瞬时记忆、短时记忆和长时记忆。

1. 瞬时记忆

进入感觉器官的各种客观刺激停止作用后，感觉信息并不立即消灭，而是在一个极短的时间内保存下来，这种记忆叫瞬时记忆。瞬时记忆的特点是：储存时间大约为 $0.25\,s \sim 2\,s$，时间短暂；保存的信息是形象的且保持量大。受到特别注意的感觉信息会进入短时记忆，反之，则会很快消失。

2. 短时记忆

短时记忆是瞬时记忆和长时记忆的中间阶段，保持时间大约在1分钟之内。短时记忆的容量有限，大约是 7 ± 2 个组块，它以听觉编码为主，也存在视觉编码。短时记忆容易受分心的干扰，但是通过积极的复述，短时记忆可以进入长时记忆而被长久保存。

3. 长时记忆

长时记忆是信息多次复习和应用且进行深度加工后，在头脑中长时间保留下来。长时记忆的保存时间长，在1分钟以上，它有巨大的容量且容量没有上限。长时记忆所储存的信息都经过意义编码，能使人迅速有效地从头脑中提取相关信息来解决当前的问题。

知识巩固的实质就是记忆，它起始于瞬时记忆、经过短时记忆而到达长时记忆。记忆体现在"记"和"忆"两个方面，"记"是通过"识记"和"保持"体现的，"忆"通过"再认"和"回忆"体现的。识记是主体获得知识和经验的过程；保持是通过识记获得的知识经验存储于头脑中并得到巩固的过程；再认或回忆是提取和恢复储存于脑中的知识经验的过程。其中，识记和保持是再认或回忆的前提，再认或回忆是识记和保持的结果。由此可见，识记和保持在记忆活动中占主导地位，知识巩固主要是通过识记和保持这两个记忆环节来实现的。

二、小学生的知识巩固

从小学教学活动来看，知识巩固由知识识记和知识复习两个阶段构成。其中，识记是知识巩固的基础。与学前儿童相比，小学生的记忆力发生了重要的变化。其总趋势是：由无意记忆发展到有意记忆，由机械记忆发展到意义记忆。具体特征如下：

（一）随意识记逐步占主导地位

小学低年级学生不随意识记在记忆中占主导地位，中、高年级阶段的学生也经常利用不随意识记去吸纳知识。教师在教学中应注意使教学手段更加形象化，这样有利于促使小学生对于读、写、算等本领的掌握。另一方面，小学生已经具有一定的学习动机，能慢慢地适应教师教学的要求，随意识记的能力发展迅速，且随着年级的增高，随意识记能力发展的水平愈高。

（二）意义识记能力迅速发展

小学低年级学生意义识记的能力较弱，随着知识的增长，他们的意义识记能力开始取代机械识记的主导地位。例如，小学生在复述课文时，低年级学生几乎是逐字逐句地回忆课文中的内容，而不是复述课文要点；高年级学生则能以较高的水平概括课文内容。心理学实验表明，随年级的进升，意义识记数量愈来愈多。

（三）形象记忆与逻辑记忆的发展

小学生擅长使用形象记忆，但是很难记住抽象的词的联系，他们对概念的掌握必须通过从具体的材料中引申出来，才能理解。总的说来，小学生的形象记忆仍占优势，但逻辑记忆能力发展得很快。

三、影响小学生知识巩固的因素

（一）影响知识识记的因素

1. 材料的数量与性质

知识识记是材料的识记，因此，识记的效果必然受到材料的数量和性质等属性的影响。识记材料的数量对识记效果影响很大。识记材料的数量会影响识记材料的时间。因此，在识记数量较多的教材内容时，可以通过分组块或分期的方式进行，欲速则不达。

识记效果还受识记材料的性质的直接影响。一般来说，有意义材料、有意义联系的材料、系统性和连贯性较强的材料、直观形象的实物或图像材料的识记效果更好。无意义材料、无意义联系的材料、系统性和连贯性较差的材料、抽象概括的言语材料的识记效果较差。在教学过程中，老师应该注意这些材料的差别，更好地利用材料来促进学生的识记。

2. 识记的目的性与主动性

识记的效果不仅受识记材料特点的影响，而且与识记时的目的性与主动性有关。想要提高识记效果，就要充分利用有意识记。有意识记与无意识记相对应。无意识记是自然而然发生的识记，并非刻意的识记。学生的很多知识都是通过无意识记积累起来的，这就是所谓的"潜移默化"。无意识记具有很大的选择性，能引起学生浓厚兴趣的识记内容往往符合学生的内在需要，他们能不知不觉地记住这些能激发他们强烈情感的内容。由此可见，教学的情绪感染性能够引起学生的学习兴趣。因此，教师在教学过程中应该充分利用无意识记的特点,发挥它的积极作用。

3. 对材料意义的理解度

根据对识记材料意义的理解程度,可以把识记分为意义识记和机械识记。意义识记是指学习者了解材料的意义,并能够依据事物的内在联系,运用有关的知识经验进行识记。相反,机械识记则指的是学习者没有理解事物的意义,仅能通过事物的外部联系进行识记。实验证明,对材料意义的理解程度对识记效果起着关键作用。所谓材料的意义就是指材料代表的客观事物与学习者的某些经验有一定的联系。学生理解了识记材料的意义,就领会了识记材料所代表的客观事物,并能够判断出它在经验系统中的地位。

4. 对所学材料进行合理组织

要长久保持所学知识材料,就要对信息进行合理组织。组织策略是赋予分散的、孤立的知识以一定的关系,并将之集合成一个整体的方法。它有多种表现形式:描述策略、表象策略、归类策略、组块策略等。描述策略是将几个孤立的单词组成一个句子,这个句子具有一定的描述性。如把"蛋糕"、"小朋友"组织成"小朋友吃蛋糕"这样的句子,便于记忆;表象策略即将书面语或口语信息转化成生动的图画形式或视觉形式。如在配对学习"猴子—吃桃"时,可以在头脑中想象或实际画出"猴子在吃桃子"的画面,比较容易记忆。归类策略即将离散的学习内容按语义类别进行梳理和比较分析,以此减少记忆内容的数量。所谓组块就是将零散的信息进行组织或者再编码,能够提高信息的加工效率。描述策略、表象策略、归类策略主要适合简单知识的学习。

5. 尽可能地运用多重编码

实验研究证明,多重编码是提高识记成效的重要条件。例如,在对植物的学习中,可以通过看、画和种植来掌握知识。在语文字词教学中,可以采用读、写、听等相结合的方式,以此来提高识记的成效。

6. 觉醒状态

觉醒状态会直接影响到识记的效果。艾宾浩斯的实验显示:学习效率最高的时间段是上午11时至12时,效率最低的时间段是下午6时至8时。这可能与大脑皮层的兴奋水平有关。布莱克把一天分为 08:00、10:30、13:00、15:30、21:00 五个时间,对30名被试的数字广度的测试结果进行分析。结果发现,记忆广度的高峰在 10:30 左右,从下午开始,记忆广度持续下降,晚上达到最低。

(二)影响知识保持的因素

复习是知识保持的关键因素,掌握复习的策略可以避免知识的遗忘并加强知识储存。知识的保持主要受复习时机、复习方法及复习次数的影响。

1. 复习的时机

遗忘开始的标志是识记的精确性下降,材料的相似性会对再认和回忆造成干扰,导致只能再认而不能回忆,这些都是遗忘开始的迹象。因此,在教学上,我们一方面要遵守"及时复习"的原则,在遗忘前及时复习。另一方面还应该遵守"间隔复习"的原则,因为遗忘的趋势是先快后慢。对于新学的知识要反复多次的复习,应花较长的时间复习,但复习间隔的时间要短些;随着知识巩固程度的提高,可以逐渐缩短每次的复习时间,延长复习间隔的时间。

2. 复习的方法

复习的方法灵活多样,对于不同的学习材料会有不同的方法,每个学生都有自己所偏好的复习方法。但是合理的复习方法总是存在一定的共性。复习方法大大影响了知识巩固的效率。

首先,要将阅读和背诵相结合。有学生倾向于一遍又一遍地单纯反复阅读和记忆,也有学生将阅读思考结合尝试背诵。研究表明,后者的复习效果更好。因为前者具有一定的盲目性,不利于看清薄弱点。其次,要恰当使用"整体复习"、"部分复习"和"综合复习"。一般来说,综合复习效果最好,但是还要根据学习材料的特征进行选择。

3. 复习的次数

相关研究表明,知识的保持与复习次数紧密相关。一般来说,复习次数越多,识记和保持的效果越好。可见,"过度学习"是必要的。过度学习是指在全面理解的基础上达到牢固熟记的程度,即"滚瓜烂熟"。但是,这并不代表复习次数越多越好。研究表明,学习的熟练程度达150%时,记忆效果最好;超过150%时,学习效果并不会进一步增长,反而会引起疲劳、倦怠等消极情绪。

第四节 小学生的知识应用

学生学习知识,目的在于应用。应用知识解决问题既是检验学生对知识的理解或保持的一种手段,也是使学生加深理解和巩固知识的重要方式。

一、什么是知识应用

知识应用有广义和狭义之分。广义的知识应用是指根据已有的知识经验去解决有关的问题。狭义的知识应用与知识的掌握有关,指学生理解教材后,能够根据所得的知识去解决同类问题的过程。这里我们探讨的是狭义的知识应用。知识应用具有不同于知识理解与巩固的一些特点:

(一) 应用范围一般局限于同类事物

知识的应用是将抽象知识具体化的过程。所谓具体化的过程就是把从一类事物中抽象与概括出来的知识,再推广到其他同类事物的具体对象中去的过程。例如,在语文学习中,通过对范文的理解,掌握了相应的语法结构和写作技巧,就可以利用范文的知识去分析其他文章。在外语的学习过程中,学生可以依据所理解的语法法则去完成习题或解决有关的问题。

（二）应用不同于理解

知识的理解与知识的应用是知识掌握的两个基本过程，二者既有联系，又有区别。理解是应用的基础，应用是对理解的检验与发展。在知识的掌握过程中，理解在进程上先于应用，这种顺序性不能任意违反。知识的应用与理解最主要的区别是知识的理解是将具体的知识抽象化，而知识的应用是将抽象的知识具体化。苏联教育心理学家梅钦思卡亚认为，前者是"第一级的抽象"，后者是"第二级的抽象"。

（三）应用不同于解决实际问题

知识应用解决的各种问题多是以课业问题的形式提出的。这与解决实际问题是有一定的区别的。课业问题可以表现为口头或书面解答课题，如回答课堂提问，解答习题等，也可以表现为实际操作，如数学测量，生物种植等，这种形式比较简单易行。而解决实际问题如生活或生产中的实际问题却需要综合应用多种知识，难度较大。

二、知识应用的过程

由于课题性质、知识理解水平与解题技能掌握的不同，学生展开思维的类型就不同。但就其智力活动而言，知识的应用可以分为四个相互联系的基本环节。

（一）审题

所谓审题，就是要了解题意，明确课题的目标要求，并试图找出解题思路。这是知识应用的首要环节。例如，在写命题作文时，首先要审题，了解题意，弄清题目的意思及题目的要求，才能应用已有的知识写出符合题意的文章来，否则便会造成文不对题。又如，在解决数学习题时，只有通过理解题意，区分已知条件、目标并找出达到目标缺少的未知条件，才能解决问题。

（二）联想

联想是由一种心理过程引起另一种与之相联系的心理过程的现象。在审题的基础上，学生以课题任务为线索，将课题内容与认知结构中已有的知识联系起来，从长时记忆存储中提取与解答课题有关的知识。由于不同的课题性质及学生对知识的不同理解和巩固水平，学生对有关知识的联想有扩展与压缩、直接与间接、意识到的知识重现与意识不到的知识重现之分。而知识应用的联想形式通常是展开的、间接的、能意识到的。

（三）课题类化并做出解题判断

课题类化是在知识重现的基础上将所要解答的课题纳入有关知识系统中去，以此分辨课题的类型并找到解答课题的途径及方法。做出解题判断是学生判断和确定解答问题的具体方法和步骤的智力活动。只有通过正确的解题判断的指引，学生才可能正确地解答问题。学生在进行解题判断时一定要谨慎细致，不可粗心大意、乱下判断。

（四）验证解题答案与巩固知识技能

验证解题答案是指在解题之后，再对答案的准确性加以检验的智力活动。学生做完题后可以使用验算法、变更课题法和验读法检验自己的解答过程和解答结果是否正确。验算法指对课题答案进行复核计算；变更课题法是把原有的课题改造成新的课题进行解答；验读法是对课题答案进行反复阅读。发现错误后要立即纠正，通过自我反馈来保证解题的正确性。

三、影响小学生知识应用的因素

（一）知识的理解与巩固程度

知识能否顺利地应用，关键在于知识的理解水平及巩固程度。知识记忆的牢固性和准确性能够提高提取的效率和质量，有助于问题的成功解决。学生难以应用知识的原因之一就是知识的遗忘，或是知识提取不准确。如果对知识的理解能达到融会贯通的程度，应用起来就会得心应手。如果对知识的理解十分肤浅模糊，对知识异同的理解混乱不清，那么在解答课题时就会产生错误。深刻理解的知识既能够巩固记忆，也能促进应用的有效性。此外，知识的理解及巩固程度与知识的应用是交互影响的，知识的理解与巩固有助于知识的成功应用，而知识的应用又促进了知识的理解与巩固。

（二）课题的性质

个体应用知识解决有关问题时，常常受课题性质的影响，包括问题的类型、难度等特征。问题的不同形式会影响应用知识解决问题的难易程度。越复杂的问题需要的心理资源的投入也就越大，知识应用的过程也就越难以展开。一般来说，在解决比较抽象的课题时，知识的应用比较容易，而解决带有具体情境的问题较困难；解决单一的计算题比综合应用题更容易；解决不需要实际操作的"文字题"比解决需要实际操作的"实际题"更容易。另外，知识的应用还受课题的陈述方式及所给图示的影响。多余信息对必要条件的掩蔽会增加问题解决的难度，这就需要学生能够撇开表面现象，揭示问题的本质特征。

（三）智力活动水平

学生智力活动水平的差异主要表现在审题、联想、类化、验证等具体技能的熟练程度上。如果不善于审题，就无法抓住问题的结构与表征；如果无法合理应用联想，就无法区分多余条件和必要条件；如果类化能力低，就无法区分特征、确定特征是否存在；如果缺乏验证能力，就会影响问题解决答案的准确性，这最终会导致知识应用发生障碍。因此，智力活动水平低的学生，不善于分析课题，缺乏明确的思考步骤，不能随机应变地灵活应用知识，难以选择合适的解决方案。在教学过程中，教师不仅要教授知识，还要激发学生的智力活动。

（四）解题时的心理状态

在知识应用的过程中，学生的动机、情绪及注意力都会妨碍知识的应用。缺乏动机或过于强烈的动机会导致审题不清、记忆提取困难；情绪过分紧张或满不在乎会造成思维狭窄，马虎大意；注意力不集中同样也会影响问题解决的正确性。因此，在应用知识解题时,学生要调整好心理状态,以最适当的状态进行知识的应用。

四、小学生知识应用能力的培养

(一)学好每门课程,建立宽阔的知识基础

小学生处于学习和发展的初级阶段,应当学好每一门功课,不能厚此薄彼,偏重于某一两个学科,忽视其他学科。这是因为学校教学计划中规定的每门课程都是根据社会发展需要和学生身心发展的年龄特征确定的,都是学生身心发展必须掌握的基础知识,教师应当指导学生学好每一门功课。宽阔的知识基础是知识应用的前提。

(二)及时复习所学知识,牢固掌握基础知识

温故而知新,这是因为掌握知识要经过理解、巩固和应用的多次反复才能完成。尤其是小学生,每天在课堂上要接受大量的新知识,如果不及时进行知识的巩固,所学知识就会很快遗忘,导致无法掌握知识。因此,教师要关心学生掌握知识的情况,通过口头提问、检查作业等方式了解学生知识的掌握情况,要求学生深刻理解、牢固掌握。

(三)利用知识解决实际问题,促使知识向能力转化

知识的应用是掌握知识的最终检验标准。合理的知识结构,以及对知识的理解是知识应用的基础,体现在运用知识解决问题的过程中;而知识的应用又能够进一步促进知识的理解和巩固。只有通过理解—巩固—应用的循环反复才能真正使知识向能力转化。

复习与思考

1. 什么是知识?知识分为哪些类别?知识的表征方式是什么?
2. 知识学习的定义及知识学习的过程是什么?
3. 知识理解的定义,以及小学生知识理解的特征是什么?影响小学生知识理解的因素有哪些?
4. 知识巩固的定义,以及小学生知识巩固的特征是什么?影响小学生知识巩固的因素有哪些?
5. 知识应用的定义及其过程是什么?
6. 小学生知识应用的影响因素有哪些?
7. 如何培养小学生知识应用的能力?

第七章
小学生的技能学习

本章重点

- 技能的分类
- 小学生动作技能的形成阶段
- 影响小学生智力技能形成的因素

技能学习是小学生学习的重要组成部分。小学生技能水平的高低,对其掌握科学知识起着重要作用。什么是技能?它有哪些分类?技能是怎么形成的?培养小学生动作技能和智力技能的策略有哪些?这些都是本章将要探讨的主要内容。

第一节 技能的概述

在学校生活中,学生不仅要学习科学文化知识,还要形成一系列技能。技能的掌握对提高小学生独立学习、问题解决的能力,都具有非常重要的意义。本节将讨论技能的定义、技能的分类、技能与知识的关系、技能的应用等问题。

一、什么是技能

技能是指在特定目标指引下,运用一定的知识和经验,经过练习而获得的一种合法则的活动方式。如书写、阅读、绘画、解题等都是复杂程度不同的技能。技能的形成以知识的掌握为前提、以掌握合法则的动作方式为标志。

技能是合法则的活动方式,活动的动作构成要素及其次序符合活动的内在规律,体现活动本身的客观法则要求,是在日常生活和学习中经过练习、通过动作经验的不断内化形成的。通过练习,技能的自动化程度不断提高。技能水平有高低之分,初级水平的技能是指刚刚学会的动作方式,通过一定的练习即可获得。高级水平的技能,其动作方式已达到自动化的程度,需要具有较丰富的知识经验和长期的实践锻炼才能形成。由于动作的自动化,在学习活动中可以减少精力和时间消耗,有效地完成学习任务、达到学习目标。

技能的获得对于学生来说具有重要的意义。首先,学生掌握阅读、书写、运算等技能是进行学习活动、完成学习任务所必备的基本条件。其次,学生在运用相关知识获得某些技能的过程中能促进他们对这些知识的理解和掌握。最后,学生技能的形成也有利于他们能力的发展。有研究表明,能力的发展是以有关的技能为前提的。培养和造就某种人才,除了需要促使他们掌握有关的知识之外,还必须训练他们掌握有关的技能。

二、技能的分类

通常,技能按其本身的性质和表现形式可分为动作技能和智力技能两种。

(一) 动作技能

1. 动作技能的定义

动作技能也称操作技能、运动技能,是指以肌肉骨骼运动实现的程序化、自动化和完善化的外显动作方式。

2. 动作技能的构成成分

动作技能一般包括三个成分:

(1) 动作或动作组。动作或动作组是运动技能中易于被观察到的成分。动作技能中有动作的成分,动作有三种类型,从易到难分别是:反射动作、基本—基础动作、技巧动作。反射动作,如吮吸、眨眼等,主要受遗传的影响,是随个体成熟发展起来的;基本—基础动作,如跑、跳等,是由一系列的反射动作组成的,每一个基本—基础动作都是一组反射动作的组合,即反射动作组,主要是随个体成熟发展起来的,但训练能增强其精确性和熟练程度;技巧动作主要是习得的,如打网球与打乒乓球,是由一系列基本—基础动作组合而成的,即若干基本—基础动作组。

(2) 体能。体能主要包括力量、耐力、韧性、敏捷性等。每一动作任务的完成都需要相应体能的支持,体能是动作技能的重要组成成分。缺乏相应的体能,动作任务就不可能圆满完成,动作技能也会大打折扣。

(3) 认知能力。动作技能的形成,必须有认知过程的参与。知觉、记忆、想象、思维等认知能力对动作技能的形成非常重要,是动作技能的重要构成成分。

3. 动作技能的特点

(1) 动作对象的物质性。就动作的对象来说,动作活动的对象是物质性客体或肌肉,是关于物质的加工、改造活动,具有物质性。

(2) 动作进行的外显性。就动作的进行而言,动作活动由外部显现的肌体运动来实现,具有外显性。

(3) 动作结构的展开性。就动作的结构而言,动作活动的每个动作必须切实执行,不能合并、省略,在结构上具有展开性。

4. 动作技能的分类

动作技能可以从不同的角度进行分类：

（1）根据动作的精细程度与肌肉运动强度不同，可以分为细微型动作技能与粗放型动作技能。细微型动作技能是依靠小肌肉群的运动来实现，如打字、弹琴；粗放型动作技能是依靠大肌肉群的运动来实现，如举重。

（2）根据动作的连贯与否可以分为连续型动作技能与断续型动作技能。连续型动作技能往往对动作的连贯性、敏捷性要求较高，如舞蹈、球类运动、体操等；断续型动作技能往往对动作的准确性要求较高，如手枪慢射等，可以计数。

（3）根据动作对环境的依赖程度不同，可以分为闭合型动作技能与开放型动作技能。开放型动作技能多受外部情境的制约，须根据外部情境中的信息，不断调整操作者与外部环境之间的关系，如开汽车等。开放型技能的完成对人的环境信息识别能力、判断和适应能力、调节能力要求更高。

（4）根据是否需要操纵一定的工具又可以分为徒手型动作技能与器械型动作技能等。

（5）从反馈条件的维度，还可以将动作技能分为内循环技能和外循环技能。内循环技能是一种自我调节的动作技能，对动作任务完成情况的反馈往往来自个体内部。而外循环技能常会受到来自外部环境反馈的影响。

（二）智力技能

1. 智力技能的定义

智力技能也称心智技能、认知技能，是指借助于内部言语在头脑中完成的智力活动方式，是通过学习而形成的合乎法则的心智活动方式。阅读技能、运算技能、记忆技能等都是常见的智力技能。

2. 智力技能的特点

（1）对象具有观念性。智力技能的对象是客观事物在人脑中的主观映象，是知识、信息。

（2）执行具有内隐性。智力活动是借助于内部言语在头脑内部默默地进行的，从外部很难觉察到，一般是通过其作用对象的变化而判断其存在的。

（3）结构具有简缩性。智力技能的结构是片断的、高度省略和简化的，不需要将每一个动作实际做出，使人难以觉察活动的全部过程。

3. 智力技能的分类

根据内容和概括化程度，智力技能可分为特殊智力技能和一般智力技能两类。特殊智力技能是在某种专门领域的智力活动中逐步形成、发展和体现出来的，适用于专门领域。一般智力技能是在各种广泛的学习和认知活动中逐步形成的，是在多种专门智力技能的基础上经过概括化而发展起来的，具有概括化、一般性的特点，可以应用于许多领域。

（三）动作技能和智力技能的关系

动作技能和智力技能是构成技能的两个子系统，既有区别又有联系。区别在于：动作技能具有物质性、外显性和展开性等特点；智力技能具有观念性、内隐性和简缩性等特点。二者又是紧密联系的：动作技能是智力技能形成的最初依据和外部体现的标志；智力技能是动作技能的调节者和支配者。在完成比较复杂的活动中，不仅需要智力技能，而且也需要动作技能，常常是这两种技能的有机统一。

三、技能与知识的关系

知识的领会与技能的形成是相辅相成、互相促进的。领会某种知识需要有某些已形成的基本技能，如领会教材中的知识需要有相应的阅读技能；而已领会的知识又成为形成与它相应的新技能的基础，技能的形成以知识的掌握为基础。已经学习和掌握的知识，应该转化为相应的技能，这样才能充分发挥知识在完成任务中应有的作用。

四、技能的应用

技能是合法则的活动方式，正是由于"合法则"这一特性，技能能够对活动进行调节与控制，从而使个体的活动表现出稳定性和灵活性的特点，以便适应变化多端的环境。

技能是人们实践经验的总结，是人类在长期的社会生活及实践过程中积累起来的，是社会经验的重要组成部分之一，它是人类变革现实不可缺少的心理因素。人们借助技能一方面更好地适应社会，另一方面更好地改造社会。

技能是解决问题的前提条件，解决问题的过程也包含着一系列的智力活动和动作活动，从形成问题表征、确定问题的性质与类型、探索解决问题的可能方法到实施解决问题的方案，都是通过各种智力活动和动作活动实现的，而合法则的智力技能与动作技能保证了问题的顺利解决，也达到了变革现实的目的。

第二节　小学生动作技能的形成与培养

动作技能的形成要经历习得、保持和迁移等复杂的过程，为了提高动作技能学习的效率，必须了解小学生动作技能形成的阶段，以及影响小学生动作技能形成的因素，掌握培养小学生动作技能的策略。

一、小学生动作技能的形成

小学生动作技能的形成是通过练习逐步掌握某种动作方式的过程，这个过程通常经历三个基本阶段：

(一) 认知阶段

认知阶段也称知觉阶段,它是指在动作技能学习的初期,学习与动作技能有关的知识,对动作技能所要达到的目标进行认识,了解完成动作技能的基本要求,在头脑中形成关于技能的最一般、最粗略的动作意象。由于经验少,小学生首先是通过观察老师的动作示范,从每一个动作的外部线索,理解任务及其要求,认识到"做什么";其次是,认真听老师对动作方式进行讲解,了解动作技能的各个组成部分,掌握完成各个局部动作的方法和原理,学会"怎样做",这一阶段的主要任务是领会技能的一般要求,掌握技能的局部动作。

(二) 联系形成阶段

在对有关动作进行感知的基础上,这一阶段的重点是使一些局部动作形成联系。使局部动作之间形成联系是较为复杂的,必须排除过去经验和习惯的干扰,以及局部动作之间的干扰。例如在学习游泳时要改变常规的呼吸方式。通过一定的练习,使局部动作综合成大的组合,最终形成一个连续的技能整体,是这个阶段的关键。

(三) 自动化阶段

这一阶段主要是通过练习使已掌握的动作系统达到熟练和自动化水平。这时,不再需要考虑一步步的局部动作,而是将整个动作熟练地完成。当动作达到熟练阶段时,动作表现为敏捷、正确、稳定和灵活,动作之间协调一致,动作系统高度简化与压缩。

总之,小学生动作技能的学习要经过以上三个阶段,并且遵循由对动作技能的最初认识、掌握局部动作到局部动作之间联系形成,以及最后达到高度自动化水平的发展路线。

二、影响小学生动作技能形成的因素

(一) 有效的指导与示范

任何动作技能的学习,都必须经历认知阶段。整个小学阶段,儿童的无意注意、机械识记和形象思维仍占优势,教师在指导小学生学习动作技能时,应进行有效的指导与示范,帮助他们认识和理解所学习的动作技能。

1. 正确理解学习情景和任务性质

动作技能通常是以完成一定的任务为目标的,并在一定学习情景中进行。因此,动作技能的学习首先必须正确理解学习情景和任务性质。为此,教师首先要指导学生理解学习任务。指导学生理解学习任务,既涉及对学习任务本身的界定,对学习任务的性质进行说明或演示,也涉及指导学生积极利用以往相关的经验,让现时的学习与以往的经验相联系。其次,教师还应明确作业所应达到的目标,使学生对自己的作业有一个明确的期望和目标。在指导中要注意目标的可行性和期望的现实性,目标和期望的提出既要考虑到任务的难易,也应熟悉学生的实际情况。一般说来,有明确的期望和目标的学习较无明确期望、目标模糊的学习有效。

2. 对完成任务的策略进行指导

对小学生而言,在尝试完成一个动作任务时,会有意无意地表现出自己采用的策略。例如,如何从自己的"动作库"中选择并组织基本动作,形成一套连贯的、有效的动作型式,这被称为自发性策略。许多研究发现,自发性策略并非是有效的策略。教师可以通过演示、解说等方法对他们进行策略方面的指导,这被称为外加的策略。外加的策略通常是教师在成功完成任务的基础上总结出来的,一般比较有效。一旦小学生利用这些外加的策略有效地完成任务后,这些策略便会成为他们的经验,并有可能自发地在后继学习中进行使用。对小学生进行策略性指导对他们完成动作技能的学习是有益的。

3. 着重进行详细的技术指导

早在1945年,心理学家戴维斯(Davies)曾做过比较,研究在复杂动作技能学习中进行技术指导和学习者自己发现的不同效果。在实验中,被试分两组,学习射箭。甲组受到详细的技术指导:如何站立,如何握弓,如何放箭;乙组自行尝试,未进行指导。经18次练习,甲组射中率为65%,乙组射中率为45%。分析原因,甲组更多地注意了技术,而乙组更多地注意目标,经过练习甲组的技术大大得到提高,而乙组仍停留着最初比较笨拙的技术。因此,提供详细的技术指导有益于复杂动作技能的学习。

4. 避免信息负担过量

许多研究表明,在动作技能学习的认知阶段,为使示范有效,要求示范动作必须慢速进行。这是因为初学者在刚刚接触一个新的动作时,往往顾了手,顾不了脚,他们很容易因新的信息量过多而超载。当超载发生时,学习便终止了。小学生天性好动,有意注意持续时间短暂,当示范提供的信息超过他们的接受能力时,放弃就会随之而来。

(二) 有效地练习与反馈

1. 借助练习曲线进行有效练习

练习曲线是描述动作技能随练习时间或次数的变化而变化的图形。借助练习曲线,可以考察个体动作技能随练习量的增加而改进的一般趋势。(练习曲线见图7-1)。

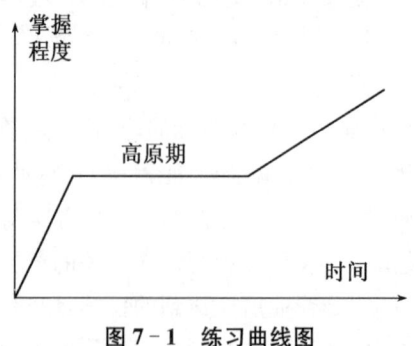

图 7-1 练习曲线图

不同个体的练习曲线会有显著差异,但也有一些共同特点:第一,开始进步快。这是因为开始阶段,是一个由不会到会的质变过程,而且还由于新鲜感和好奇心等强烈的动机驱使,因此表现出进步很快。第二,中间有一个明显的、或长或短的停顿期(即高原期),原因可能是兴趣降低或疲劳出现。第三,后期进步慢。在高原期后,仍会出现进步,但速度显著变得缓慢。第四,总的趋势是进步,但有时还会有暂时的退步。

2. 心理练习与身体练习有机结合

身体实际进行活动的练习,称身体练习。同身体练习相对,仅在头脑内反复思考动作技能的进行过程的练习形式,称心理练习。心理练习不受时间、地点、器械的限制,对于任务中认知因素发挥重要的作用。在熟悉练习任务的情况下,将心理练习与身体练习相结合,练习效果最佳。

从未进行过身体练习的动作,不可能进行心理练习,若练习也只能是错误的练习。心理练习若要取得最好效果,应专心致志于相像的动作。另外,心理练习的时间不能太长,否则容易产生厌烦情绪,使练习效果下降。

小学生,尤其是低年级的小学生,他们在学习上依赖教师和家长。教师和家长可以结合不同的练习任务,指导他们将心理练习与身体练习相结合,达到练习的最佳效果,快速、有效地完成相关动作技能的学习。

3. 正确安排练习中的整体与局部

通常,一套完整的动作技能可以分解成同时或按先后次序出现的局部技能。在某种程度上将已经掌握了的局部技能综合起来,是技能学习的一个重要方面。小学生在技能练习时,是一开始就整体练习,还是先局部练习、再整体练习?由于小学生认知水平比较低、习惯于形象思维,教师应帮助其分析动作技能的性质和难度。对于比较复杂的动作技能,明显是由若干局部技能所构成,宜采用先局部练习、后整体练习的方法;对于各个动作之间联系非常密切的动作技能,应采用整体练习的方法。因此,应根据不同性质的动作技能做出不同的安排,教会小学生正确安排练习中的整体与局部。

4. 合理安排练习的分配与集中

技能练习往往需要较长的时间,应考虑时间安排上分配与集中的问题。集中练习是指连续地练习一项任务,直到掌握为止,中间没有休息。分配练习是指把练习分为若干阶段,在各阶段之间插入一定的休息时间。一般地说,分配练习(例如需要 10 小时练习的任务分配在 20 天内进行,每天练习半小时)的效果优于集中练习(连续练习 10 小时),不易疲劳。教师应循序渐进地指导小学生根据所学动作技能的复杂程度、自身的身体状况,合理安排练习中的分配与集中。

5. 获取适当的反馈信息

动作技能的学习贵在练习,在练习过程中,提供小学生适当的反馈信息对提高练习效果极为有效。反馈有外部的即行为结果的反馈和内部的肌肉运动的刺激所提供的信息反馈。

在动作技能学习的初期,主要依靠自己容易察觉的行为结果的反馈,来改进自己的技能。对于自己不易察觉的运动过程或姿势,往往需要教师或其他旁观者,提供较多的反馈信息。这些反馈信息不仅能纠正错误动作,而且可以克服过高估计自己的倾向。

在动作技能学习的后期,基本动作或技术要领已经掌握,这时反馈信息主要来自内部,教师应提醒小学生主动体会,巩固或改进正在练习的动作技能。

三、小学生动作技能的培养

练习是小学生动作技能形成的基本途径。对于小学生,要掌握某种动作技能,必须进行练习,而且是要进行有效的练习。为了提高练习的效果,迅速而准确地掌握动作技能,在组织练习时,教师应注意以下几个方面:

(一)帮助学生明确练习的目的和要求

在练习动作技能的过程中,明确了练习的目的和要求,就能提高完成练习的自觉性和积极性,从而主动练习,这是进行有效练习的内部动因。所谓主动练习就是在练习时,不仅运用感官和动作,而且展开思考,依靠理性的指导。所谓被动练习,则指练习时仅仅依靠示范者的举动,亦步亦趋地重复动作。

练习是一种有目的、有计划、有组织的学习过程,在教师的指导下,不断改进某些动作方式,这不同于单纯的重复。如果缺乏明确的练习目的和具体要求,练习就变成了机械地重复动作方式,就不可能使动作方式得到改进而形成技能。

(二)帮助学生对所学的动作技能形成正确的动作表象

人们的各种动作都是在动作表象的定向调节支配下做出来的。因此,在小学生对所学的动作技能进行练习之前或练习过程中,教师应通过自己的动作示范帮助他们在头脑中形成正确的动作表象。为此,教师的示范要做到:① 动作示范与言语解释相结合。② 整体示范与局部示范相结合。③ 示范动作要重复,动作速度要放慢。④ 指导学生认真观察。做好上述四方面的工作,就可以促进学生在头脑中形成正确的动作表象,提高动作技能学习的效果。

(三)坚持以实现视觉控制向动觉控制转化为中心的练习

在练习中,实现对动作的动觉控制替代视觉控制是动作技能形成的重要标志之一。因此,教师要做到:① 指导学生将动作的视觉形象与动觉表象结合起来。② 指导学生认真体会动作的动觉刺激,以加速视、听分析器与运动分析器之间,以及运动分析器中的动觉细胞与运动细胞之间联系的建立。③ 在练习后期,应指导学生运用视觉控制与动觉控制交替练习的方法,促进动觉控制向视觉控制的转化。

(四)根据动作技能练习的实际情况及时提供反馈信息让学生知道练习的结果

小学生在动作技能的练习过程中,让他们及时地了解自己的练习结果,有利于练习效率的提高。因为,练习时若能及时掌握练习的情况,即知道自己的成绩和错误、优点和不足,就可以把符合要求的、符合目的的动作保留下来,把不符合要求的动作抛弃掉,这样才能有助于迅速地提高练习质量。可见,在练习中提供反馈信息是提高练习效果的有效措施。提供反馈信息时,教师应做到:① 在练习初期,应积极向学生提供关于他们练习时身体运动过程和动作姿势方面的信息。因为这些信息是学生用来改进自己的动作技能的主要线索,而这些信息又是学生本人很难获得的。② 在练习后期,应指导学生细心体会自己的练习行为并力求发现自己的经验。因为这时的练习是以动作技能的连贯、协调和自动化为目的的,要实现这一目标只能依靠学生自己在练习中细心地去体验才能做到。

（五）指导学生合理安排练习时间,力求集中练习和分配练习相结合

从整体上来说,分配练习优于集中练习。由于集中练习容易产生反应性抑制的累积作用,因而有碍于练习成绩的提高;但在合理安排练习时间上,小学生需要教师从技能的性质、学生的学习能力及如何消除疲劳、克服遗忘等方面来考虑,指导他们合理安排练习时间,力求集中练习和分配练习相结合。

扩展阅读

如何运用心理学中"动作技能"的理论来指导舞蹈教学

随着社会的发展和科学的进步,舞蹈教学也在进行着一场由感性经验式教学向理性科学式教学的蜕变。在这个过程中,如果能够运用心理学中的科学理论来指导舞蹈教学,势必会使我们在舞蹈教学中更加准确地来把握教学规律,从而更有效地开发学生的潜能,提高教学的质量和效率。

舞蹈的学习,是一个掌握人体动作技能的过程。所谓技能,是通过练习而巩固的、自动化的动作或智力的活动方式。了解技能的概念、形成的阶段,以及影响技能的因素,正是使舞蹈教学更具有系统性、科学性的必要途径。

一项技能的掌握,必须经过一个反复练习的过程。通过反复的练习,使之巩固,从而形成"自动化的动作或智力的活动方式"。"自动化"并非"运动不受意识支配",是指不需要意识过多地对技能进行调节和控制而能够自动实现。比如,一名学习舞蹈的学生要练习"点步翻身"这一舞蹈技能动作时,老师会要求学生先进行点步翻身的1/4动作的分解练习,再逐步过渡到1/2,完整的一个以及连续多个的练习。在练习的过程中教师会运用摆、耗等多种练习手段。经过这样的练习后,学生对"点步翻身"这个动作的要领逐渐巩固和掌握,只要想到"点步翻身",学生就能不需要多加思索,不用再逐一考虑方法和要领就准确地做出。通过教学使学生对舞蹈技能产生"自动化",是我们教学的最终目的,因为它使意识摆脱了对技能的注意和控制,从而可以集中面对动作的目的和条件,提高动作的质量。例如,当学生对某一舞蹈动作熟练并形成"自动化"的技能之后,他便可以将注意力集中到处理动作的节奏,体会舞蹈所表现的情感等方面上,从而提高技能表现的水平,完善技能的结构。由此可

见,技能的自动化是技能形成的主要标志。动作技能是由一系列实际动作以处理、完善的程序构成的操作活动方式。舞蹈——作为运用人体动作传情达意的艺术,它的教育过程也遵循这一操作活动方式。所以我们对动作技能循次而进的阶段,也应该有个全面的把握。动作技能通常是经过这样三个阶段而形成的,即认识和定向阶段—动作的联系阶段—动作的自动化阶段。根据这三个阶段的不同特点,我们可以研究舞蹈教学中如何更好地利用技能形成各阶段的特点。

首先,当学习者进入学习状态之前,要对自己所接触的事物有所了解,了解自己通过学习要达到什么样的结果。如果想在学习过程中,有效地抓住学习要点,明确了自己要"做什么",然后再考虑"怎么做",找到了简明有效的方法后,便能较快地掌握相关动作。如果认知、定向有所偏离,那么今后的学习就会出现一系列的问题和阻碍。由此我们认识到,舞蹈教学中的"开范儿"阶段的规范性和完整性对学习起着重要的决定性作用。在本阶段动作会出现不协调、不稳定的现象,而学习者难以觉察自己动作的全部线路、形态,自己不能及时发现错误,所以此阶段的训练应有严格、单一的分解练习。

第二个阶段即"动作的联系阶段"。其主要特点是:经过反复练习使整个动作联系起来,是一个由分解到完善,由生疏到熟练的过程。所有的动作将在本阶段得到充实和完善,动作的巩固也形成于此阶段。舞蹈教学中,"强化训练"阶段属于此范畴,其特点是:在进入练习时,视觉、听觉与动觉建立起暂时的联系系统,并在反复练习中,交替相互的位置,即视觉、听觉的控制作用逐步减弱,而动觉的控制作用逐步上升。了解了此阶段的主要特点后,就需要考虑什么是有效的"反复练习"。第二阶段是技能提高最快的阶段,有效的"反复练习"是保证技能高质量完成、形成正确动觉控制能力的重要环节。"反复练习"不意味着大量的体力付出,而是讲求有质量的、科学的反复练习,并且是有目的性的、针对性强的练习方法。

技能形成的第三个阶段,便是动作的自动化阶段。所要掌握的技能在这个阶段能够形成一个固定的系统,依照正确的顺序以连锁反应的方式实现,成为"动力定型"。在这个阶段,视觉、听觉的控制能力更进一步地减弱,所以提高"动觉的控制能力"是提高已形成技能质量的主要方法。苏联心理家卡多奇金做过这样的试验:将参加试验的篮球运动员分为两组,一组进行"睁眼投篮"的练习,另一组进行"睁眼投篮"与"闭眼投篮"的交替练习。经过四星期的训练,两组原来实力相当的队伍发生了变化:运用"睁眼投篮"与"闭眼投篮"的交替练习的一组的成绩,比始终"睁眼投篮"一组的要高一等。由此证明,动觉控制的加强更有利于提高动作的准确性。我们经常会在舞蹈练习中发现学生有乱"看镜子"的毛病,这实际上是一种学生不自觉地在用视觉控制力来控制身体动作的表现,如果要进一步加强"动觉的控制能力",不妨试一试改变学生"看镜子"的习惯。当学生在学会了一组动作并已经过了"细致要求"的过程之后,可要求学生背对镜子练习,让学生没有了"看镜子"这一依赖,转而完全靠自己的动觉控制来完成动作，以形成动作技能。

资料来源：韩洛怡.试析如何运用心理学中"动作技能"的理论来指导舞蹈教学[J].大众文艺：学术版，2010(12).

第三节　小学生智力技能的形成与培养

智力技能不同于动作技能，它具有观念性、内隐性和简缩性等特征。关于智力技能的形成问题，苏联心理学家加里培林提出的智力技能形成五阶段理论最具代表性。本节将基于加里培林的理论探讨小学生智力技能的形成过程，在此基础上，进一步分析影响小学生智力技能形成的因素，以及小学生智力技能的培养策略。

一、小学生智力技能的形成

苏联心理学家加里培林从活动的观点出发，对智力活动进行研究，提出了智力活动按阶段形成的假说，经过苏联各中小学的广泛实验研究，这一假说已被确认为是智力技能形成的重要理论之一。依据加里培林的观点，小学生智力技能形成是"外部物质活动向反映方面——向知觉、表象和概念方面转化的结果"。这种转化过程是通过五个阶段来实现的。每个阶段，都产生新的反映和活动的再现，以及它的系统的改造。

（一）活动的定向阶段

这是一个准备阶段，是领会活动任务的阶段，是小学生在从事某种活动之前了解和熟悉活动，知道做什么和怎样做，从而在头脑中形成对活动本身和活动结果的表象，进行活动本身和活动结果的定向。

活动的定向是进行智力活动不可缺少的调节器，相当于信息加工过程中的控制部分。定向水平是决定学生智力活动能否顺利进行的重要因素。通过活动定向阶段不仅了解了活动的目的和所学的对象，还明白了这一智力活动中的操作及其程序。由于小学生经验积累相对较少，认知水平相对较低，这就需要教师不仅要向他们呈现活动的原样（模式），而且要说明活动的目的、客体和方式。这一阶段对智力活动的形成起决定性的影响。

（二）物质或物质化活动阶段

加里培林认为，任何新的智力活动的形成都要从物质或物质化的活动开始。物质活动和物质化活动，都是外现的活动，是直观中的两种基本形式。物质活动是运用实物的教学活动；而物质化活动则是物质活动的一种变形，是指利用实物的模象，如示意图、模型、标本等进行的教学活动。

在该阶段,小学生通过物质或物质化活动促进认知活动,在物质或物质化活动达到最高水平时(即概括的、简化的和掌握得很扎实的水平),活动就要离开它最后的外部依据,开始向第三阶段转化。

(三)出声的外部言语活动阶段

出声的外部言语活动的特点是活动离开了它的物质或物质化的客体,以出声的外部言语形式来完成实在的活动。本阶段在形式上已发生了本质的变化,使智力活动离开实物的直接依据,而以言语为依据。这个阶段,小学生对智力活动进行言语练习,不仅用言语来表达活动,而且在言语中完成认知活动。言语水平的特点就是以抽象的客体替代物质的客体,这既可以保证活动的定型化,又可以保证活动迅速的自动化。因此从本阶段起已转入认知活动的形式。必须指出,这一阶段虽然脱离了实物或模象操作,但这并不是智力活动本身,学生还不能在头脑中默默地完成活动。

(四)无声的外部言语活动阶段

这一阶段是出声的言语活动向内部言语活动转化的开始,到以内部不出声的言语自由叙述而结束,是不出声的外部言语活动。在这个阶段,小学生是以词的声音表象、动觉表象为支柱而进行智力活动的。这种不出声的外部言语同出声的外部言语相比,看来似乎很简单,仅仅是"言语减去声音"。其实不然,这种不出声的言语活动是有声言语活动向言语的声音形象、动作形象转化的途径,需要对言语机制进行很大的改造。但由于这种言语的外在形式和实际内容与出声言语并无质的区别,因此学生在前一阶段所获得的概括、简化等活动的成就便可以直接转移到这一阶段中来。

(五)内部言语活动阶段

这是智力活动完成的最后阶段,凭借简化了的内部言语,似乎不需要多少意识的参与就能"自动化"地进行智力活动,是名副其实的智力技能形成阶段。由于内部言语是指向自己的,不必考虑到外部言语作为交际手段的机能——要完整地表达,因而可以大大压缩和简化,这一阶段的主要特点是简缩和自动化。

二、影响小学生智力技能形成的因素

(一)知识的理解和应用

根据不同的表征和作用,可将知识分为陈述性知识和程序性知识。智力技能实质上是个体习得一套程序性知识并按这套程序去解决问题的能力,智力技能形成的关键是把所学知识与该知识的应用结合起来。任何一种技能的形成,都是以知识的掌握为基础的。因此,在智力技能形成前后,离不开对相关知识的理解和应用。

(二)对实物或模象的灵活使用

智力技能形成"是外部物质活动转化到反映水平——转化到知觉、表象和概念水平的结果"。小学阶段的儿童知觉、表象等思维能力低,在物质或物质化活动阶段,充分地借助实物(石子、小棍、手指等)和模型、图表等模象展开智力活动,是非常重要的。

(三) 思维能力和言语能力

智力技能的心理成分包括感知、记忆、想象和思维,思维是主要的心理成分,掌握正确的思维方式和方法是智力技能的本质特征。在智力活动中,分析什么对象,综合什么材料,这些都是思维能力的体现,思维能力的水平影响着智力技能的形成。

智力技能是一种借助于内部言语在头脑内默默进行的活动方式,言语活动经历了出声的外部言语活动阶段、无声的外部言语活动阶段、内部言语活动阶段三个阶段,不管是出声的还是无声的、内部的还是外部的,这三个阶段的顺利进行,都需要一定的言语能力作为保障。

(四) 信息的反馈作用

同动作技能一样,在智力技能学习、练习过程中,信息的反馈具有引导后继学习的功能。由于智力技能的内隐性和简缩性,以及学生不易觉察活动的全部过程,及时反馈可以让学生在第一时间知道自己错在哪里、对在哪里,从而少走弯路,加速技能的形成。

三、小学生智力技能的培养

小学阶段是智力技能形成和发展的重要时期,学校是小学生受教育的重要场所,教师应重视在教学中培养小学生的智力技能。

(一) 注意激发学生学习的积极性与主动性

任何学习任务的完成均依赖于主体的学习积极性与主动性。学习的积极性和主动性取决于主体对学习任务的自觉需要。由于智力技能本身具有难以认识、主体难以体验其必要性的特点,因而在主体完成这一学习任务时,往往缺乏相应的学习动机及积极性。为此,在教学过程中,教师应采取适当措施,激发主体的学习动机,调动其学习的积极性。

(二) 帮助学生建立完备、独立而具有概括性的定向映象

心智技能的培养,开始于主体所建立起来的原型定向映象。在原型建立阶段,一切教学措施都要考虑到有利于建立完备、独立而具有概括性的定向映象。所谓完备性,指对心智活动的结构(活动的构成要素、执行顺序和字形要求)要有清楚的了解。所谓独立性,指应从学生的已有经验出发,让学生独立地确定或理解活动的结构及其操作方式,而不能是教师给予学生现成的模式。所谓概括性,是指要不断变更操作对象,提高活动原型的概括程度,使之具有广泛的适用性,以扩大其迁移价值。

(三) 努力创造按阶段分步练习的条件

智力技能的形成和发展,同动作技能一样都需要借助于练习,而且是有效的练习。如何进行智力技能的有效练习?智力技能形成五阶段的理论,充分体现了智力技能形

成的一般规律。培养小学生形成和发展智力技能,在练习的过程中,也应遵循这一理论,给他们提供分步练习的条件,按智力活动的规则,将智力活动的程序展现出来,并从展开的形式逐渐概括化,从外部向内部,成为自动化的活动。

(四) 重视思维能力和思维品质的培养

思维是智力技能的核心心理成分。小学阶段,培养学生良好的思维方法和思维品质,对智力技能的形成和发展具有重要的意义。对智力活动及其结果的定向,对活动方式及其全过程的了解,都需要独立思考,这就是思维。因此,教师要重视小学生思维能力和思维品质的培养,重视对他们进行思维训练,培养他们思维的独立性、敏捷性、批判性、敏感性、流畅性、逻辑性等良好品质。

(五) 提供应用智力技能的机会

实践活动是智力技能形成和发展的基础。为促进小学生智力技能的形成和发展,达到熟练掌握和灵活运用智力技能的目的,需要积极引导他们参加实践活动,或者使用"问题教学",创设问题情境,让他们运用智力技能来解决问题,在解决问题的练习中智力技能得到发展与锻炼。

扩展阅读

智力技能学习中的"高原现象"

考试临近,有些学生感觉很紧张,学习效率下降,甚至学过的知识也感觉模糊,继续提高的速度减慢,成绩忽高忽低,沉浮不定;有的人甚至发生停滞不前或倒退的现象,头脑昏昏沉沉,什么事都不想干,看不进书也记不住内容,性情易急躁烦闷。这就是心理学上所说的"高原现象"。这段时期被称作智力技能学习中的"高原期"。这时,学习者倍感焦躁,忧心如焚,却又手足无措。若不及时改善,极易使学习者灰心丧气、注意力分散、身心疲惫,甚至自暴自弃。

造成临近考试学生这种现象的原因是多方面的,那么,怎样克服"高原现象"呢?

第一,改变学习方法。学习方法陈旧、思维习惯僵化是导致成绩难以提高的最主要障碍。培根说过这样一句话:"跛足而不迷路者,能赶过虽健步如飞但误入歧途的人。"改良学习方法成为关键。

第二,树立必胜信心。美国心理学家对成功因素的调查分析表明:智力因素仅占20%,其余为情商(信心、乐观、动机等)、社会背景、健康和运气。可见,乐观的情绪、愉快的心境、良好的意志品质是高考成功的不可或缺的因素。总有考生担心这次失败了怎么办。由于惧怕失败,便整天想避免失败,于是整天都笼罩在失败的阴影里,心理学称之为"求败心理"。实际上,这是一种消极心理暗示。所以,考试之前在心理上要先战胜自己。这就要求我们要打败"求败心理"。

第三,积极期待。所谓积极期待,就是根据自己平时的学习实力和自己心态的情况,实事求是地确定自己的学习目标,并根据自己的成绩、心态变化而及时调整学习的进度。要树立这样的意识:任何目标的实现,是靠一步步积累而成,要想获得成功,只能一分一分地争取,没有捷径,更不可能梦想奇迹的发生。试想,一个竞赛场上的运动员,当发令枪响后,他不是在运动场上一圈圈竞争,而是径直向冠军领奖台跑去,冠军一定就属于他么?一般说来,学生可以根据平时单元考试的考分合理确定期末考试成绩的期待值。

第四,克服身心理疲劳,科学用脑。会学、乐学自然是一种境界,然而,对于临考的同学来说,已没有根据兴趣来选择的余地。父母师长的希望、接踵而至的考试、铺天盖地的练习、"硝烟弥漫"的氛围、焦灼不安的情绪,都转化为无形的身心重压,使身心都疲惫至极。克服身心疲劳,学会科学用脑,保持旺盛斗志,是通达成功的捷径。大脑工作时,神经活动兴奋与抑制过程相互诱导、相互交替带有一定的节律性,长时间兴奋就会转入抑制状态;若不及时平衡,就有可能导致神经衰弱。所以,制定合理的作息时间,一张一弛,劳逸结合,才能保持充沛的精力。大脑皮层的不同区域有着不同的分工,接受不同的刺激。变换学习内容,可以使兴奋点从一个区域转移到另一个区域,推迟抑制的发生。适当参加文体活动,给大脑提供充足的营养,学会做健脑操,经常做有节奏的深呼吸等,也有助于提高大脑的工作效率。

第五,积极的自我暗示,优化情绪。积极的暗示能增强人的信心,消极暗示能降低人的信心。考试前学生受到的消极暗示很多,因此特别要注意消除消极暗示的影响。不要把考试焦虑看得太重。考生在考试前和考试中会出现考试焦虑现象,即:有些紧张,有些不安,有些着急。这对考生来讲是难免的,轻度考试焦虑在某种意义上还会促进考生发挥自己的潜力。可是有些考生把自己存在的轻度考试焦虑看得很重,误认为自己紧张不安的情绪会对考试产生很严重的影响,却不知其他考生也大多存在像他一样程度的考试焦虑。谁过分看重考试焦虑,谁就会受到影响。

每个考生的心态不同,在不同情景下心理的变化也不尽相同,因此,要根据自己的情况运用积极暗示进行心理调整,强化信心,优化情绪。可以把写上积极暗示的字条放在桌子上,如"我有学习能力,我一定能成功!"当情绪过于紧张时可默念"放松、放松、放松";当心情烦躁时可默念"平静、平静、平静";当心灰意冷时可默念"我行、我行、我行"。

复习与思考

1. 简要叙述动作技能的分类。

2. 概述小学生动作技能的特点。
3. 小学生动作技能的形成可以分为哪几个阶段?
4. 影响小学生动作技能形成的因素有哪些?
5. 小学生动作技能的培养策略有哪些?
6. 简要叙述智力技能的分类。
7. 概述小学生智力技能的特点。
8. 小学生智力技能的形成可以分为哪几个阶段?
9. 影响小学生智力技能形成的因素有哪些?
10. 小学生智力技能的培养策略有哪些?

第八章
小学生的习惯

本章重点

- 良好行为习惯的养成策略
- 良好学习习惯的养成策略
- 影响良好生活习惯形成的因素

美国心理学家詹姆士告诉我们:"播下一个行动,收获一种习惯;播下一种习惯,收获一种性格;播下一种性格,收获一种命运。"可见,习惯对人的发展起着至关重要的作用,它在不知不觉中,经年累月地影响着我们的行为,影响着我们的效率,左右着我们的成败。那么,究竟什么是习惯?影响习惯形成的因素有哪些?如何使学生形成良好的行为习惯?这是本章将要探讨的主要内容。

第一节 习惯与行为习惯

教育家叶圣陶先生说:"教育是什么,往简单方面说,只需一句话,就是要养成良好的习惯。"他还指出,"从小学老师到大学教授,他们的任务就是帮助学生养成良好的习惯,帮助学生养成政治方面、文化科学方面的良好习惯"。可见养成良好的行为习惯是学生面临的重要问题。

养成良好习惯越来越受到重视,国家明文规定加强中小学文明礼仪教育,努力构建社会主义和谐社会,提升全民族的文明素质,促进国家的快速健康发展。在教育工作会议中,制定了中小学生培养目标:在培养学生养成文明习惯的基础上,让学生理解学习文明礼仪的意义,培养说文明话、办文明事、做文明人的意识,培养热心参与、友好交往的能力,能够自觉规范自己的行为举止,完善个人素养。

一、什么是习惯

在《现代汉语辞海》中,刘然对"习惯"的解释是这样的:"常常接触某种新的情况而逐渐适应,习惯成自然;在长时间里逐渐养成的、一时不容易改变的行为倾向或社会风尚。"

在《心理学大词典》中,朱智贤把"习惯"解释为:"人在一定情境下自动化地去进行某种动作的需要或特殊倾向。"例如,儿童养成在饭前、便后或游戏后一定要洗手,完成这种动作已成为他们的需要。习惯并非一成不变,人能在一定条件下有意识地养成某种良好的习惯,而改变某种不良的习惯。

在《简明心理学辞典》中,杨治良指出:"习惯指个体通过重复所形成的、自动化的固定行为模式。从社会和道德的角度,可分为良好习惯和不良习惯。"

基于上述分析,我们可以这样理解"习惯",习惯是指与完成某种自动化动作的需要相联系的、并经过练习而获得的动作方式;是一个人长久累计形成的行为或者心理惯性,其在人的成长与发展中具有非常重要的作用;习惯不是一般的行为,而是一种定型性行为,不需要外部的监督,也不需要内部的努力,是自动化的定型性行为,是对一种以特定方式经常发生的既定情境所实际发生的自然而然的习得性反应。

习惯常常和自身的某种需要与倾向相联系,如饭前洗手、饭后漱口。习惯一旦遭到破坏,需要就得不到满足,人就感到不愉快。习惯可以在无意间形成,也可以通过有意的练习而获得。习惯本身可能是有益的,也可能是有害的。

二、什么是行为习惯

(一) 行为习惯的含义

行为习惯是指在日常生活中,人们有着与自己的经历和教育程度相应的固定行为,这种行为有很强的潜意识作用,在生活中会成为他在行动时的当然、首要选择,是一种长期习得的行为方式,是人们在日常生活中经常地、自动地表现出来的全部行为方式的总和。简单地说,行为习惯是一种定型性行为,是在一定情况下自动惊醒的某种自律。

(二) 行为习惯的分类

行为习惯可以分为良好的行为习惯和不良的行为习惯。

良好的行为习惯是指由于重复或练习而巩固下来并对人的学习、工作和生活等起积极作用的、适应了人的正常需要且对人具有正向价值导向的行动方式。它一旦形成,就会自动地体现在人们的行为中,成为人的不可缺少的东西,若不按行为习惯去做,就会产生不愉快、不舒服、苦恼的情绪。因此,它具有后天性、稳固性、自动性、情绪性的特点。

不良行为有广义和狭义两种理解。广义的不良行为泛指一切违反社会规范的行为,包括违反一般生活准则的行为,违反社会生活、学习、劳动纪律等公共道德规范的行为,违反法律规范的行为和犯罪行为。而狭义的不良行为则不包括犯罪行为。不良行为的基本特征是与人们公认并且遵守的社会规范相对立,不受社会规范的约束并试图打破这种约束,具有扰乱行为准则、扰乱是非观念、破坏社会秩序、破坏公共安全的潜在危害性和现实危害性,成为犯罪的先兆和基础。

根据不良行为的理解,不良行为习惯是指一切违反社会规范的行为,比较稳定的不良行为方式。不良习惯是不良行为长期积累的结果,是重复的行为形成的表现。这些不良的行为习惯是在后天的生活环境中习得的,与良好的行为习惯一样,不良的行为习惯越是经过多次重复,越因得到强化而不断地趋于定型稳固。若不良的行为习惯形成,在日常生活中趋于稳定,对于学生未来的发展会产生很大的危害。因此,需要在学生的行为还未成型时期培养其良好的行为习惯,摒弃不良的行为习惯,为学生未来的发展奠定坚固的基础。

三、影响良好行为习惯形成的因素

(一) 个人因素

1. 自制力

自制力是指个体善于根据预定目的或既定要求,自觉地调节和控制自己的心理活动和行为表现的意志品质。当今社会,信息网络发达,小学生心理发展尚未成熟,思想单纯,容易受到网络、媒体信息的干扰;自制力较差,情绪不稳定,虽然能够初步地明辨是非,但容易受到外界因素的影响;自制力差的同学,没有自我管理的能力,不能有效地进行自我管理,从而产生不良的行为习惯。

2. 坚韧性

坚韧性是指在实现预定目的的行动中,坚持不懈并能在行动时保持充沛的精力和毅力的意志品质。坚韧性低的小学生在培养良好的行为习惯的过程中会见异思迁、立志无常,虽然有行动目的,但是虎头蛇尾,遇到困难就动摇妥协而放弃对预定目的的追求。

3. 气质类型

巴甫洛夫根据高级神经活动类型将气质分为四种类型:多血质、胆汁质、黏液质和抑郁质。多血质类型的高级神经活动过程的基本特性是强度强、平衡、灵活,个体的兴奋过程和抑制过程都较强,并且容易相互转化,反应灵敏,能很快适应变化着的环境,这种气质类型的小学生容易形成良好的行为习惯;胆汁质类型的高级神经活动过程的基本特性是强度强、不平衡,个体的兴奋过程强于抑制过程,容易兴奋、不受约束,这种气质类型的小学生神经活动过程不平衡,不容易形成稳定的行为习惯;黏液质类型的高级神经活动过程的基本特性是强度强、平衡、不灵活,个体的兴奋过程和抑制过程都比较强,但不易转化,容易形成条件反射,注意稳定,不易转移,这种气质类型的小学生容易形成稳定的行为习惯;抑郁质类型的高级神经活动过程的基本特性是强度弱,个体的兴奋过程和抑制过程都很弱,条件反射的形成很慢,行动迟缓,这种气质类型的小学生不易形成稳定的行为习惯。气质类型为胆汁质和抑郁质的个体不易形成稳定的行为习惯,多血质和黏液质的个体容易形成稳定的行为习惯。

(二) 环境因素

1. 学校环境

学校片面追求升学率,忽视了学生的行为习惯教育,忽视了对学生不良行为的纠正。许多学校只追求升学率,认为只要升学率提高了,家长和社会就认可学校了,学校的生源就会源源不断,而且生源的质量也会大大提高,这种片面追求升学率的想法使学生的不良行为习惯得不到矫正,难以形成良好的行为习惯。

2. 家庭环境

家庭是社会的细胞,是小学生成长的基本单位。父母是孩子最好的老师,孩子身上许多行为都是从小跟着父母学会的。家长与子女朝夕相处,其言行教诲、品行榜样都对子女产生直接持久的影响。当代家庭,独生子女居多,父母对子女的不规范教育会直接影响其行为习惯的好坏。父母的言行严重影响到孩子的行为表现,不良的家庭教育"放大"了社会负面影响,抵消了对学生正面教育的作用,不利于学生的健康成长。溺爱娇纵的家庭使子女任性自私,傲慢无礼,贪图享受;粗暴专制的家庭教育使子女暴躁冷酷、粗野蛮横、缺乏同情心;修养低下的家庭教育使子女语言粗俗,精神空虚,追求低级趣味;而结构缺陷的家庭也使子女缺乏温暖,形成孤僻冷漠、懦弱乖戾性格。

3. 社会环境

社会环境对人的思想、情感有着潜移默化的影响,小学生行为习惯的形成同样受社会环境的影响,社会环境是小学生不可或缺的教育环境。社会环境的主流从整体上说是好的,应当肯定,但也存在一些不利于小学生健康成长的消极因素。随着社会开放程度的提高和大众传播媒介的日益现代化,学生所接受的社会信息容量越来越大,其中负面影响的绝对量也大幅度增加,这些负面影响抵消了学校和家庭的正面教育效果。例如:社会不正之风对涉世不深的学生心理体验产生冲击;不健康文化信息对道德判断力不强的学生产生腐蚀;商业文化市场对充满好奇的学生产生诱惑;等等。尤其是大众传播中诸如宣传暴力、迷信、色情等书刊音像制品,由于其表现手法形象逼真,学生很容易接触,其危害性最大。

四、良好行为习惯的养成策略

(一) 主体性原则与自我教育法

主体性是人的全面发展的根本特征,是人的全面发展的核心。主体性的主要特征是自主性、主动性、创造性。主体性原则是指教师需要确立学生是主体的意识,同时又要培养学生的主体意识。所谓主体意识,就是对于自身的主体地位、主体能力和主体价值有一种自觉意识,意识到自己是教育的主体,应该自己教育自己,意识到自己有能力教育自己,意识到自己做人的价值,能够改变环境,超越环境,以求自我价值的实现。所以贯彻主体性原则的一个比较可行的方法就是指导学生进行自我教育,就是在教师指导下,学生自己教育自己以形成良好的行为习惯,其实质是自我修养。

指导学生进行自我教育符合小学生的心理要求,可以发挥学生的主观能动性,避免逆反心理的产生,没有强迫性,因而更易于让学生接受。在指导学生进行自我教育时,可让小学生运用下列具体方式:

1. 自我评价

自我评价是学生在教师的指导下运用道德标准对自己的行为进行分析、判断的过程。哈特等通过调查发现儿童至少从五个重要而各自独立的领域来直接评价自己:学业成绩、运动能力、社会接纳性、身体外表及行为表现。教师应引导学生通过对自我行为表现的评价进而养成良好的行为习惯。

2. 自我约束

自我约束、自我控制是自我教育的重要一环,它是学生运用意志力自觉掌握和支配自己行为的活动。有没有自我约束力、自我调控能力是自我教育成败的关键,也是一个学生成熟与否的标志。教师引导、培养学生的自我约束能力,可以避免外界因素的影响,有效地进行自我管理,拒绝不良行为习惯的侵蚀。

3. 自我实践

小学生良好的行为习惯要靠长期的行为实践来实现,学生只有在实践中才能养成良好的行为习惯。自觉参加实践是养成良好行为习惯的重要内容,因此教师要多组织学生参加社会实践,增强自我修养,在实践中主动进行自我教育,养成良好的行为习惯。

(二) 实践性原则与行为训练法

良好行为习惯的养成是一个动态的实践过程。无论是在做人方面还是在做事方面,习惯养成都是在具体的活动中进行的,也就是在实践中进行的,习惯是运用和实践的果实,不是想象中的花朵。学生良好行为习惯的养成,其核心也在于反复尝试、历练和实践。"无论怎样好的行为,如果只表演一回两回,而不能终身以之,那是扮戏",而不是习惯和能力。行为训练是指按照一定要求,有计划、有目的地训练小学生的行为,使之形成符合小学教育目标要求的良好行为习惯。贯彻这一原则可以采取的方法有:

1. 日常生活中的行为实践

如待人接物上的各种礼貌教育,遵守作息制度、卫生值日、完成集体委托的任务、参加公益活动等。在日常生活中培养良好的行为习惯,应从点滴的小事中培养。

2. 行为训练,形成习惯

习惯是一种动力定型,是条件反射长期积累和强化的结果,因此必须经过长期、反复的训练才能形成。严格要求、反复训练,是贯彻实践性原则的基本方法,也是形成良好习惯最基本的方法。例如:下课把凳子放在桌子下面。许多孩子一下课就只顾着玩,尽管教师强调了无数遍,也收效甚微。在这种时候可以改变方法,教师除了平时的强调之外,每逢快要下课时,可以先让同学们起立,把凳子放在桌子下面然后再下课。长此以往,不用教师的提醒,学生也会自觉地在下课后把凳子放到桌子下面。

（三）示范性原则与榜样示范法

示范性原则是指充分发挥先进典型和教育者自身的榜样作用，感染、启发受教育者，以此促进受教育者向榜样学习。榜样示范就是以他人的模范行为，影响受教育者的思想、情感和行为。榜样示范具有形象性、真实性、感染性等特点，能把抽象的理论教育具体人格化，使受教育者看得见、摸得着、学得了，很容易激起学习者思想感情上的共鸣，具有很强的说服力。

班杜拉的社会学习理论强调观察学习及榜样在行为获得中的作用，认为人的多数行为是通过观察别人的行为和行为的结果而学得的，依靠观察学习可以迅速掌握大量的行为模式。人的行为可以通过观察学习过程获得，但是获得什么样的行为，以及行为的表现如何，则有赖于榜样的作用。榜样是否具有魅力、是否拥有奖赏、榜样行为的复杂程度、榜样行为的结果和榜样与观察者的人际关系都将影响观察者的行为表现。对此，我们在教学中贯彻这一原则与方法时必须注意如下问题：

1. 要根据小学生的特点，适当选择榜样

从小学生发展特点来看，小学生在各方面发展上可塑性大，模仿性强，富有理想，有上进心，学生愿意模仿那些在他们看来很有意义、能增强他们自尊心的行为，教师可以将耳熟能详的人物事迹作为榜样对学生进行教育，也可以以自身作为榜样教育学生，在小学阶段，教师的权威性甚至超过了家长。

2. 要善于指导学生学习榜样的过程

教师要帮助学生寻找并发现与其年龄、情趣、志向、条件、境遇等方面具有相似点、接近点与共鸣点的榜样；然后明确学习的目的，可先向学生介绍榜样的先进事迹，使其知道应当学习什么和从什么地方学起，调动起学习榜样的积极主动性，自觉学习榜样；同时引导学生分析榜样，通过分析了解榜样，对照自己，找出差距，明确努力方向，并见诸行动。

3. 要注意教育者的以身作则

教师是教育过程中最直接的有象征意义的人物，是学生可以视为榜样并拿来同自己做比较的人物。"身教重于言传"，教师的身体力行，不仅捍卫了言传的严肃性，而且证明了言传的真实性和可行性，"喊破嗓子，不如做出样子"，这对于正在成长中的少年儿童具有特殊的意义。教师要身体力行，要求学生做到的，教师首先要自己做得到。上课起立时，教师标准的站姿，就是无声的命令；下课后，教师俯身捡纸，就是最好的榜样。对学生好的行为，一个赞许的眼神，一句热情洋溢的话语，一个亲昵的动作，一个微笑，都能对学生起到激励的作用。

（四）渗透性原则与环境熏陶法

对于培养小学生的行为习惯，学校有着不可替代的作用。学校可以通过各种丰富的活动和生动的情景，在潜移默化中影响和培养小学生的言行。因此，在对学生进行渗透教育时，教师可借鉴环境熏陶法。

环境熏陶法,是指教师创造和利用良好的学校环境来教育学生的方法。它是在日常生活中潜移默化地熏陶学生,使学生养成良好的习惯,形成良好的感情,它是一种以隐形教育为主的间接教育法。在使用环境熏陶法时,要注意以下几个方面:要形成积极向上的学校教育氛围;要有和谐的师生关系;要有严格的校规校纪。

第二节 小学生的学习习惯

学生的首要任务是学习,良好的学习习惯是小学生顺利完成学习任务的重要条件。小学阶段是小学生养成良好学习习惯的重要阶段,在这一阶段教师应该注重学生学习习惯的养成教育,培养学生良好的学习习惯,为其未来的学习奠定基础。

一、学习习惯的内涵

我们可以将学习习惯理解为学习的习惯,即学生所形成的关于学习的自动化的行为方式。也就是学生在一定社会活动中(通常是学习活动中)所形成的一贯的稳定的学习行为方式。在这个意义上的学习习惯的养成,有社会的历史因素,也有个人的主观因素,是两者交互作用的结果。也就是说,学习习惯是儿童在学习过程中所养成的稳定的学习行为方式。这种学习行为方式可以有个人学习习惯和社会学习习惯之分。社会学习习惯受到不同文化的思维模式和风俗习惯的影响,个人学习习惯则是在个体成长过程中,特别是早期的学习经历中所形成的带有自身特质的学习行为方式。个体学习习惯实际是由其所处的社会文化历史因素和个体生活背景、生活经验、主观因素共同决定的。

二、学习习惯的类型

良好的学习习惯是学生学习的最佳行为模式,可以使学生在付出同等的努力下,取得更好的效果。那么良好的学习习惯有哪些呢?

(一)学习活动的监控习惯

学习的监控习惯是学习活动的一般性习惯,主要包括以下几方面内容:

1. 学习的计划性习惯

学习的计划性习惯是指学生自觉制定切实可行的完成读写算做等任务的学习计划。

学生在进入学校后,会面临着各种各样的学习任务和课外活动。学习活动的多样性、复杂性及时间的有限性之间必然会导致学生的学习变得无组织、无计划,这就需要学生制定切实可行的学习计划。

2. 学习的坚持性习惯

学习的坚持性习惯是指学生能够长期按照已经制定的学习计划，坚持高质量地完成学习任务的品质。

由于教育的特性，学生的学习任务和学习目标通常要超越儿童现有水平之上，所以学习也就成为一种具有挑战性的活动。现代教育注重学生的主动、探究学习。在学习过程中，学生会面临大量的具有挑战性的学习问题和学习情境。具有挑战性的学习活动可能获得成功，更有可能面临失败。学生只有具有克服困难、挫折的坚韧意志，才可能完成学习活动，争取学习成功。

3. 学习的独立性习惯

学习的独立性习惯指学生在按照学习计划坚持不懈完成学习任务的过程中独立思考与独立解决问题，而杜绝抄袭别人的习惯。

独立思考与解决问题的习惯通常与好奇心、求知欲、创新思维联系在一起。独立思考通常包括：独立地发现和分析问题，独立提出解决问题的思路和方法；学习中善于独立思考，不迷信权威，不期望现成的答案，遇事总要问个为什么；总能运用自己的头脑去观察去思考，创造性地去认识事物，探索解决问题的途径。

（二）领域或科目学习习惯

领域或科目学习习惯主要是针对具体的学习任务和学习活动而言的，所以又可以称为具体的学习习惯。

1. 向老师和他人学习

向老师和他人学习包括走在老师的前面，适应老师的做法，模仿别人学习，倾听他人和敢说敢问等。

学习应该是一个主动探索的过程，绝不能跟在老师后面，老师讲到哪里，自己学到哪里，而应该努力走在老师的前面。不论哪门课程，在老师讲课之前一定要自己先预习。此外，老师不讲的内容也要主动地学习。由于一个学生要同时面对各学科教师，参差不一在所难免，所以学生也要适应老师。模仿老师、同学、朋友或家长、亲戚等的学习好习惯和好技巧，倾听他们的经验或教诲，说出自己的想法、做法，从而获得评价和建议，将受益无穷。

2. 向书本学习

学生的基本任务是"读书"，向书本学习的习惯包括阅读习惯、做笔记与标记习惯，以及写作习惯等。

做笔记，首先要侧重基本的大小标题、基本定义、原理等，力求准确，并随时将自己遇到的问题、自己的感想记录下来，或指摘错误，或补充论证；其次，笔记的版面要力求做到简明扼要、形象生动、一目了然；第三，除了读书笔记以外，在看书学习的时候还要注意养成标记批注的习惯，记录自己的感想和学习收获，勤于动笔写文章，日积月累地有效促进学习。

3. 向自己学习

学生本身就是丰富的学习资源,向自己学习的习惯包括随时随地地学习、从错误教训中学习、即学即用,以及专注当前,大事做不了、小事赶快做等习惯。

4. 认真完成作业

良好的作业习惯包括:态度认真、及时检查验算、书写工整、独立完成、自觉检查、富有创见等。做作业时,审题是必不可少的环节,通过审题训练,可以养成学生认真严谨的习惯,引导学生灵活地选择正确合理的计算方法,提高做题的质量与速度。做题时,学生应先读懂题目要求,正确理解题意。

三、学习习惯的特点

(一) 生成性

学习习惯并不是天生的,而是在后天经验的作用之下逐渐形成的。

(二) 固定化

正是因为学习习惯是在某种情境中简单地重复某种行为方式,所以学习习惯具有固定化的特征。一旦在同样或者相似的情境中,这种固定的学习行为方式被改变或者被中断,就会在心理上产生不愉快的情感体验。

(三) 自动化

从心理机制上说,学习习惯是经过长期的强化和积累,最终建立起来的一种关于学习行为的自动化和定型的条件反射系统。所以自动化是学习习惯的非常重要的特征。

(四) 情感依赖

学习习惯形成后不去进行这种动作往往会使人感到不安。也就是说学习习惯一经形成,通常会促使学生在相同或者相似的情境中做出特定的学习行为方式。倘若不如此,就会产生负面的情绪和情感体验。

四、影响学习习惯的因素

(一) 个人因素

1. 认知因素

个人的认知经验是学习习惯形成的基础。研究表明,个人的元认知水平与认知方式直接影响学习习惯的形成,元认知水平越高,学习习惯也就越容易形成,而认知风格决定学习习惯形成的快慢,使学习习惯具有独特的个人色彩。

美国心理学家 Shor 和 Dovers 的研究发现,元认知的水平与认知风格的有效性和灵活性之间的相互作用是天才的一个重要特点。Swanson 在运用元认知问卷进行研究时也发现,在测验中元认知能力高的学生,其测验成绩比一般的学生要好。Hannafen 和 Carey 也发现,学业成绩优异的学生往往有较强的表达他们学习策略的能力。在这里,元认知能力高的学生对自己的学习过程有较强的自觉监控和引导,有良好的学习过程操作方式(学习习惯)。

认知风格或认知方式是人们对信息和知识经验进行组织加工时所表现出来的一种认识倾向。认知风格主要有冲动型—思考型和场独立型—场依存型之分。

冲动型—思考型主要从个人处理信息的速度来划分,冲动型学生的感知、思维方式是直觉性强、具有强烈的感情色彩。思考型学生的感知、思维方式是以反省为特征,逻辑性强,情绪稳定,能按计划学习。冲动型学生与思考型学生之间的学习差异是由于记忆策略成熟的时间早晚所引起的,冲动型学生记忆力的发展水平较低,较不成熟。所以冲动型学生学习习惯的形成需要一个较长的过程,而思考型的学生就比较容易形成良好的学习习惯,且一旦形成就比较稳定。

场独立型—场依存型是人们进行信息加工的另一种认知方式区别。在倾向上,场独立型的学生具有较高的分析性、系统性,善于运用分析性的知觉方式,其认知倾向以自己的储存信息为参照,在思维上偏于随意、自主、求异创新、喜欢从多方面来寻找问题的答案,因此不易受他人或情境所影响。这种认知倾向,对于形成稳固而个性化的学习习惯具有积极意义。

与场独立型倾向相对应,场依存型的学生在活动中注重环境的要求,容易适应环境,但由于容易受他人暗示、学习努力程度受教师和他人表扬和鼓励的限制,因而学习习惯的形成相对较慢。

2. 个性因素

(1)动机。动机对学习习惯形成的影响,主要是通过动机强度的大小、自我效能感的高低来实现的。

从学习习惯的养成机制看,动机强度不仅影响学习习惯的形成,而且影响其长期发展的历程。动机越强烈,学习习惯的形成就越容易。研究表明,如果个体对学习习惯作用的认识明确,可以很好地帮助良好学习习惯的形成。

自我效能感最早是由美国心理学家班杜拉提出的,指个体对自己从事某一活动的能力及其生成后果的知觉或期待。班杜拉认为,自我效能感影响着个体行为的发生及发展水平,具体表现在四个方面,即自我效能感影响个体对活动的选择、个人表现的品质、决定着个体努力的程度和坚持性、影响着人们在处理问题时的思想方法和情绪反应。自我效能感越强,个体的努力越持久,越有利于学习习惯的形成与发展。自我效能感的提高可以增强学生的主体意识,提高人的认知调控能力和自信心。

通过对学习困难学生的研究发现,他们的学习动机和自我效能感水平都较低,也没有形成良好的学习习惯。在对学习结果进行归因方面,自我效能感强的优秀学生倾向于将学习成败的主要原因归结为能力、努力、兴趣和学习方法等内部原因,而学习困难的学生则将学习成败更多地归因于外部因素,这对形成积极、良好的学习习惯有着消极影响。

(2)性格。性格是影响学习习惯形成的另一个内在个人因素。学习习惯的形成是一个长期的过程,在形成过程中需要克服许多困难,这就要求学生对学习习惯有一个正确态度、具有良好的坚持性和毅力。良好的性格品质是学习习惯形成的重要条件。在整个性格结构中,意志特征的影响尤为明显,如果说动机是学习习惯形成过程中具有情绪色彩的暂时动力,那么良好的性格品质则对学习习惯的形成提供长期保证。

(二) 环境因素

在影响学生学习习惯形成的各外部因素中,教师和家长的引导对学生学习习惯的形成起着十分重要的作用。教师和家长通过指导不仅影响学生学习习惯的内容和性质,而且通过榜样作用,潜移默化地影响学习习惯形成的过程。

1. 家庭环境

在家庭中,父母被作为榜样模仿,并通过潜移默化的方式对学生行为发生引导作用。在观察和模仿过程中,学生可以抽象出榜样的行为特征,形成规则,并通过对这些规则的重新组织,形成全新的行为。

2. 学校环境

教师是系统化影响学生学习习惯形成的首要因素,在学生学习习惯培养方面具有不可替代的作用。不仅教师对学习习惯作用的认识直接制约着学生对这个问题的重视程度,而且教师所提出的要求、监督和评价,对学生学习习惯形成的快慢、性质有着直接的影响。

五、良好学习习惯的培养

(一) 培养学生自学、预习的习惯

小学生的学习除了教师课堂的授课,自学也是获取知识的另一个方式。在学习过程中,教师引导学生进行学习,学生是被引导者,其实也是学习的主体,学习过程中一大部分问题,还是需要通过自身的努力来解决的。提前做好预习有利于领悟所学内容,反复推敲,理解教材,深化知识,完善能力。比如学生每天到校后,首先要让学生了解今日课程安排,养成做好课前准备的习惯。每天到校后教师先把课程表写在黑板上,刚开始孩子不认识字,就标注上拼音,带着拼读,时间长了孩子就能看懂课表了,自觉做好相应的课前准备。

(二) 培养学生认真听课的习惯

在课堂学习中从正面引导学生培养良好的学习习惯,比如集中精力听课、积极思考、主动回答老师提出的问题等;在具体教学的过程中,教师应该注意教学形式的多样化与直观性,使教学直观、形象、生动、有趣,使学生爱上课堂教学,自然而然学生就会把注意力集中在教师所讲的内容上。教师可以通过讲故事、开展活动激发学生的兴趣,如评选优秀作业等。学生有了兴趣,何愁不认真听讲?再加上适时的鼓励和表扬,使学生对学习更有兴趣。

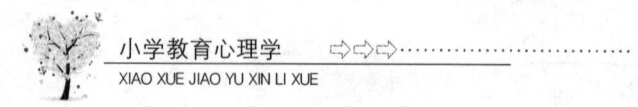

(三）培养学生积极提问的习惯

作为教师,在平时的教学中一定要摒弃"满堂灌"、"一言堂",给学生留一些思考的时间和空间;教学中设置情景,激发兴趣,让学生有时间问,让学生想问。另外,布置作业要精、要活,并要有一定的开放性,让学生有问题可问。

(四）培养学生复习归纳的习惯

复习的过程就是知识得到消化、知识得到理解和记忆得到强化的过程,有效的复习可以起到事半功倍的效果,在学习的过程中也能突出重点,有利于把前后所学知识衔接起来。

(五）培养学生积极应考的习惯

考试从某一方面来说是对小学生学习努力程度的认可,从小学生的角度考虑,考试的结果也是别人认可、评价自己的一个指标,也直接关系到自己自信心的提高。

教师要提出明确要求,首先,对考试要有一个正确的认识,要树立积极平和的心态,不要给自己施加压力,不要过多关注考试结果,要把精力放在如何做题上,而不是担心考试结果上面。其次,要求学生考前,保证有良好的睡眠。面对考试的压力和家长的期待,要学会自己解压,多锻炼、参加集体活动放松心情。另外,保证良好的饮食和身体健康。再次,指导学生在做试题的过程中,要按照答题技巧来答题,先认真审题,再按照试题的难易程度逐个攻破,不会做的放到最后解决。

第三节 小学生的生活习惯

健康的身体是发展的本钱,然而在当前的社会大环境下,人们的健康状况堪忧,尤其是小学生的健康状况。经济的快速发展给社会带来许多变化,科学技术的发展、社会生产力水平的提高、网络技术的发展,以及信息化水平的提高,这些使人们工作更加方便快捷,节省了许多体力劳动,但同时也导致了生活习惯的改变。这些变化也在影响着小学生,潜移默化中改变了小学生的生活习惯。比如,互联网的出现,使许多小学生沉迷网络,小区中孩子追逐玩耍的情景越来越少,他们选择网络作为娱乐活动而不是进行一些体育运动,生活习惯不规律、饮食不健康、体育运动不足等,这些都导致了一些小学生身体健康状况下降,因此,培养小学生良好的生活习惯是当前小学面临的迫切任务。

一、生活习惯的内涵

生活习惯就是在个人生活实践中由于重复或练习而巩固下来的成为需要的自动化的行为方式。小学生的生活习惯可以理解为日常饮食习惯、上下学交通方式习惯、课后生活习惯等。

生活习惯可以分为良好的生活习惯和不良生活习惯。良好的生活习惯主要包括：有规律的生活节奏、合理营养、平衡膳食、良好的体育锻炼习惯、戒烟不酗酒、良好的卫生习惯、和谐的人际关系等。不良生活习惯主要包括：无规律的生活节奏、偏食、暴饮暴食、吸烟酗酒、长时间不参加体育活动、不良的卫生习惯和人际关系紧张等。

二、影响良好生活习惯形成的因素

（一）环境因素

1. 社会环境

随着经济的发展，物质文明得以快速提高，使得人们的生产方式发生了巨大的改变。便利的交通工具、通畅的信息传递、快餐饮食文化潜移默化中改变了人们的生活习惯。现代的生活习惯病随之而来，使得现代人，尤其是处在快速生长发育期的小学生面临着健康威胁。

2. 学校环境

学校对于成绩的片面追求，忽视了对学生不良生活习惯的矫正和体育运动的开展。学校一味追求成绩，大部分学校存在着体育课被主科（语数外）老师用来给学生补课的现象。学生的学业压力大，在放学后已经没有时间进行体育运动，在学校仅有的进行体育运动的时间也被学习占据，这种现象的持续存在也是造成小学生不良生活习惯的原因之一。

3. 家庭环境

在社会大环境的影响下，家长们也有不良的生活习惯，这些不良的生活习惯在潜移默化中也对小学生造成了不好的影响，这些不良的生活习惯会反映在学生的日常生活中，对小学生的健康成长造成影响。

当代家庭中，独生子女居多，家长对孩子的放纵、对不良生活习惯不加以纠正和管教，使这些不良的生活习惯一直存在于孩子的生活中。小学生的辨别能力差，也许还没有意识到这些生活习惯的不良影响，如果家长再不加以管教，形成稳定的行为模式后，会对孩子的未来发展造成很大的影响。

（二）个人因素

小学生缺乏辨别能力，容易受到外界信息的影响，不良生活习惯出现时小学生很难辨别出来，这些习惯一旦形成就很难改变，这是造成小学生不良生活习惯的原因之一。

小学生缺乏养成良好生活习惯的意识，缺乏对良好生活习惯重要性的认识。认识的缺乏导致小学生忽视自己良好生活习惯的养成，对不良生活习惯不加以纠正，长此以往会形成一种固定的行为模式，并且很难改变。

三、生活习惯的重要性

现代生活习惯给人们的健康水平带来了许多负面影响，有资料显示美国1976年死亡原因中有50%与不良生活习惯有关,20%由于环境因素的影响,20%由于生物学因素的影响,只有10%是医疗条件的原因。日本在"二战"结束后一跃成为现代化的工业国家,经济上的成功改变了日本国民的生活环境和生活习惯。随之,他们也逐渐发现人的身体出现了各种不正常现象,并进行了大量综合性的研究。结果表明:生活环境和生活习惯的急速变化,使儿童及学生丧失了许多有利于身体发育所需要的自然环境,为此,日本从环境改善、教育及行为培养等方面提出培养良好生活习惯的对策。世界卫生组织2004年在一份报告中也指出:发达国家70%、发展中国家40%~50%、全球60%的死亡是由于不良生活习惯所造成的。

目前,我国正处在经济飞速发展及社会多变革、强竞争、高信息、快节奏的转型过渡期,由于生活节奏的加快、压力的增大,致使部分家长无暇顾及子女的生活、教育,进而使得一些自我约束意识较差的孩子养成了许多不良的生活习惯,如偏食、爱吃零食、上网时间久、睡眠不规律、缺乏体育锻炼等,这些不良的生活方式严重影响小学生身心的健康发展。

小学时期是学生成长发育的重要时期,是塑造健康体魄的最重要时期,养成良好的生活习惯会使其终身受益。加强我国小学生健康生活习惯的意识,有效地解决中小学生的健康问题,促使其健康成长,已成为全面培养人才的必然要求,同时也是现代教育发展的必然趋势。

四、良好生活习惯的培养

(一)帮助学生形成正确的概念,了解什么是良好的生活习惯

要培养学生良好的生活习惯,首先得让学生形成正确的概念,了解什么是良好的生活习惯。小学生年龄小,对生活习惯的正确与否没有准确的概念和判断。对于学生的不良行为,教育者不能简单地指责、阻止,而应正确地讲解、示范,使学生形成正向概念和正确判断,有一个可效仿的榜样,让学生在看看做做中主动、自觉地学习。

(二)在一日生活的各个环节渗透生活教育,帮助学生养成良好的生活习惯

在学生了解了什么是良好的生活习惯以后,就需要在一日生活的各个环节渗透生活教育,用恰当的方法培养和教育学生,使其养成良好的生活习惯。教育者要善于抓住时机,注重随机教育。良好的生活习惯是在日常生活中随时随地习得的。例如,有一次,三个同学在如厕时因为排队问题发生了争执,教育者就要善于抓住这一时机,要求同学们对排队习惯进行主题讨论,并在讨论的过程中进行积极引导。

(三)严格要求学生,反复强化养成良好生活习惯

小学生良好生活习惯的形成都有一个长期发展的过程,小学生良好生活习惯的形成不是一蹴而就的。作为父母与老师,对于学生日常生活中表现出来的一些不良生活习惯问题,不能听之任之。由于小学生年龄尚小,自觉性不足,对于一些生活习惯,需要成人的反复提醒,反复强化训练,要遵循斯金纳强化学习理论原理,运用赏识、鼓励、表

扬为主的正强化方式鼓励学生。好习惯的养成及坏习惯的改正均是一个复杂而漫长的过程,需要父母防微杜渐,不可松懈。否则孩子不良习惯的矫正就会出现很大的困难,这就要求父母要严格要求幼儿,关注孩子生活中的点滴细节,从小事抓起,让孩子做到"勿以恶小而为之,勿以善小而不为"。

(四) 教育者以身作则,言传身教,形成良好的榜样作用

教育者的一言一行、一举一动,都对学生产生潜移默化的影响,尤其是生活习惯。父母一边吃饭一边看电视,孩子也模仿一边吃饭一边看电视;父母饭前饭后没有洗手、漱口,就很难要求孩子饭前洗手、饭后漱口。因此,在日常生活中,教育者应该注意自己的生活习惯,不要将不好的生活习惯带入到生活中,从自身做起,以身作则,为孩子树立榜样示范;教育者首先要纠正自己的不良生活习惯,然后再帮助孩子改正不良生活习惯,起到好榜样的作用,引导孩子形成良好的生活习惯。

(五) 家校配合,形成教育合力

学生良好生活习惯形成后,还需要不断地巩固、强化。现实中常常遇到这样的情况,很多学生在校园里能够保持良好的生活习惯,但是一回到家里就完全变成了另一副模样。要改变这种状况,就需要家校配合,巩固良好的生活习惯。例如,教师可以帮助家长掌握一些科学的家教方法,提出学生生活习惯的目标要求,以及请家长配合的内容,从而做到家校同步,使学生良好的生活习惯得以巩固。

案 例

培养孩子良好的行为习惯

又是早读课,A老师走进班级,孩子们都在认认真真地进行着早读,忽然,一个女孩子离开座位,走到老师面前,说:"老师,能把你的电话借给我用用吗?我的数学作业忘带了,我想让妈妈给我送来。"望着她那平静的表情,A老师有些生气。这个女孩子经常丢三落四。昨天语文书没带,A老师把他的教科书借给她用了,星期一忘记穿校服,作业更是经常忘带,好多次都是A老师打电话让她妈妈送来的,这次又是,怎么办?不能这样下去了。想到这儿,A老师严肃地望着她,不容置疑地说:"这次,我不能给你妈妈打电话,你最好自己回去拿。"她感到很失望,小声说:"一会儿就上数学课了,数学老师要检查作业的,我现在回家拿就来不及了,数学老师会批评我的。我妈妈在家没事,她能给我送来。"听了她的话,A老师依然无动于衷,下定决心要叫她从亲身经历中获得责任感,学会对自己负责,对自己的行为负责。

可能女孩从老师的眼神中看出没得商量了,只好自己回家去取。因为怕这个孩子路上出什么意外,毕竟只是四年级的孩子,A老师就悄悄地骑着车子在后面跟着。

一路上,她一会走,一会跑,小脸都累得通红,一刻也没耽搁。A老师心里还是很感动的,说明她还是一个好学上进的孩子,只是有点大大咧咧。

回到学校,她气喘吁吁地把作业交给了数学老师,数学老师批评了她几句就让她上座位了,A老师跟在她后面一句话也没帮她解释。放学时,A老师把女孩喊过来,蹲下身子,笑着说:"今天回家拿作业,跑来跑去的,现在还累吗?"A老师又接着说:"你有什么感受?"

女孩欲言又止:"老师,你是不是不喜欢我了?你以前都会让妈妈给我送作业的。"

A老师说:"我现在还是很喜欢你,但是老师这样做是为你好,你知道吗?现在让我们看看你为什么会忘带作业?"

女孩小声地说:"我早上起来晚了,慌慌张张地来上学,就忘了。"

A老师说:"你忘了带作业,感觉不是太好,对吧?那么你从今天的事情中学到了什么?"

女孩:"我想下次我会把作业先放在书包里。"

A老师:"还有别的办法吗?"

女孩:"我可以在闹钟一响时就起床,不至于那么紧张。"

A老师高兴地说:"你真聪明!不仅是作业,其他的事情也应该这样,事先都要做好准备,到时候才不会慌,不会出错。再说了,妈妈也有妈妈的事情,不能事事都依赖妈妈,你说对吗?"

女孩点了点头。

A老师语重心长地说:"如果今天我让你妈妈把作业给你送来,你就学不到这些东西了。"

女孩高兴地说:"谢谢老师。"

为了所有的孩子都能养成有条理的好习惯,A老师又在班级开了一个"做一个有条理的好孩子"的主题班会。让孩子们结合自己的实际说说自己做得怎么样,以及今后应该怎么做。班会课上得很成功,同学们踊跃发言,从个人的经历感受谈起,谈到没有条理的坏处,最后大家一起确立了今后的努力目标。

从这个实例中可以看出A老师使用的就是自我教育法,通过学生的自我反省和自我评价让学生意识到自己不好的行为习惯,从而加以改正。

复习与思考

1. 概述习惯的定义。
2. 影响良好行为习惯形成的因素有哪些?

3. 简述良好行为习惯养成策略中的主体性原则。
4. 学习习惯的类型有哪些?
5. 学习习惯的特点是什么?
6. 简要叙述影响学习习惯的因素。
7. 如何培养良好的学习习惯?
8. 什么是生活习惯?
9. 为什么要培养良好的生活习惯?

第九章
小学生的品德心理

本章重点

- 品德的含义和心理结构
- 道德认知发展理论和道德发展阶段理论
- 小学生品德形成的过程
- 小学生的越轨行为及其教育策略

小学生的品德是其个性中具有道德评价意义的核心部分。从品德发展来看,在学前阶段品德发展的基础上,小学生的品德获得了进一步的发展,小学阶段是品德发展的重要转折时期。本章从教育心理学角度阐述品德的含义和结构,重点阐述小学生品德形成的过程及小学生品德发展的特征与培养。

第一节 品德心理概述

儿童社会化的核心内容是使儿童成为一个有道德的人,一个能够遵守社会规定的道德规范和行为准则的人。那么,究竟什么是道德?道德与品德之间有着什么样的关系?儿童品德的心理结构有哪些?这是本节所要讨论的主要内容。

一、道德与品德

(一)什么是道德

道德是一种社会现象,是社会生活中个体应当遵循的原则和规范。道德是协调人与人、个人与社会、个人与集体之间关系的行为规范和准则的总和。它是依靠社会舆论、教育、传统、习惯,特别是人们内心信念的支持而起作用的。

(二)什么是品德

品德是道德品质的简称,是指个体依据一定的社会道德准则和行为规范行动时所表现出来的稳定的心理特征或倾向。品德是一种个体现象，是社会道德现象在个体身上的表现。品德的基本特征主要表现在：① 品德反映了个体的社会特性，是个体将外在的社会规范要求转化为个体内在需要的复杂过程。② 品德具有相当的稳定性。③ 品德是道德观念和道德行为的统一。

（三）品德与道德的关系

1. 品德与道德的区别

（1）品德与道德所属的范畴不同。品德是一种个体现象，是社会道德在个体头脑中的主观映象。品德既受社会规律制约，又受个体生理、心理活动规律的制约。品德支配和调节着个体的道德行为，属于个体意识形态范畴；道德是一种社会现象，是调整人们相互关系的各种行为规范和准则。人们依据道德规范来指导或调节自己的行为。道德反映社会生活，服从于整个社会的发展规律，属于社会意识形态的范畴。

（2）品德与道德所反映的内容不同。品德是社会道德规范在个体身上的具体体现，是社会道德要求的部分反映；道德反映的是社会生活的总体要求，是调节社会关系的行为规范的完整体系。从反映内容上看，道德反映的内容比品德反映的内容广阔得多，概括得多。

（3）品德与道德产生的力量源泉不同。品德产生的力量源泉是个人需要。个人为了归属于一定的社会群体，为社会所接纳，就必须遵守一定的社会道德规范，协调个人与社会、个人与集体、个人与他人的关系，正是人的这种社会性需要促使人们自觉地按照道德要求发展与完善自己的品德；道德产生的力量源泉是社会需要。在社会生活中，人们为了维护共同的利益，协调各种社会关系，以保障社会的和谐发展而制定了共同遵守的道德行为规范，正是这种社会生存和发展的需要赋予道德以力量。

2. 品德与道德的联系

品德与道德的联系主要体现在以下几个方面：① 品德是道德的具体化。品德是一定的社会道德规范在个体头脑中的反映和在个体实践活动中的具体体现。② 社会道德风气影响着品德的形成与发展。品德不是与生俱来的，它是个体在社会化的过程中、在社会道德舆论的熏陶和道德教育的影响下，通过自己的实践活动逐步形成发展起来的。因此，社会道德风气的发展变化会在某种程度上影响个人品德面貌的变化，品德的形成、发展以一定的社会道德为前提。③ 个体的品德对社会道德状况具有一定的反作用。如果离开了社会中个体的品德表现，道德只能成为没有实际意义的行为规范了。所以，从某种意义上来说，品德是道德的基础。

总之，品德和道德是相辅相成、辩证统一的关系，研究个体品德不能脱离一定的道德环境和规范，心理学对个体品德的研究成果反过来又丰富了社会道德的内容，促进了社会道德的发展。

二、品德的心理结构

品德主要包括道德认识、道德情感、道德意志、道德行为等心理成分。这些成分既相互独立,又相互联系、相互影响,构成一个完整的品德结构。

(一) 道德认识

道德认识是个体对道德规范及其意义的认识。道德认识的结果是获得有关的道德观念,形成道德信念。道德认识是个体品德的核心成分。

道德观念、道德信念的形成有赖于道德认识。当个体对某一道德准则有了较系统的认识,就形成有关的道德观念。当认识继续深入,达到坚信不疑的程度,并能指导自己的行动时,就形成了道德信念。道德信念对行为具有稳定的调节与支配作用。

(二) 道德情感

道德情感是伴随着道德认识而产生的一种内心体验,它伴随着道德观念并渗透到道德行为中。道德情感的内容包括爱国主义情感、集体主义情感、义务感、责任感、事业感、自尊感、羞耻感等。

道德情感从表现形式上看,主要包括三种:① 直觉的道德情感。它是对某种具体道德情境的直接感知而迅速发生的情感体验。这种道德情感产生非常迅速,个体往往不能明显意识到这一过程。② 形象的道德情感。它是通过对某种道德形象的想象而发生的情感体验。这种道德形象是社会道德标准的化身,具有极强的鲜明性和形象性。③ 伦理的道德情感。它是以清楚地意识到道德概念、道德原理和原则为中介的情感体验,具有清晰的意识性、明确的自觉性、较大的概括性、较强的理论性及稳定性和深刻性。

(三) 道德意志

道德意志是个体自觉地调节行为,克服困难以实现一定道德目的的心理过程,是调节道德行为的内部力量,主要表现在履行道德义务的自觉性、果断性、坚持性和自制性等方面。其主要功能在于使个体果断地确定道德行为的方向,努力排除来自内心和外界的各种干扰,坚决履行道德义务,最终实现道德目标。可见,道德意志调节和控制着个体的道德行为,是道德行为的有力保证。

(四) 道德行为

道德行为是个体在一定的道德认识指引和道德情感激励下所表现出来的对他人或社会具有道德意义的行为。它是道德观念和道德情感的外在表现,是衡量品德的重要标志。道德行为包括道德行为技能和道德行为习惯。道德行为只有经过反复实践才能形成道德行为习惯,而良好的道德行为习惯的形成能使品德达到较高的境界。

品德心理结构的四种成分之间相互联系、相互渗透、相互影响。因此,在品德教育中教师应"晓之以理、动之以情、导之以行、持之以恒",使学生在道德认识、道德情感、道德意志、道德行为方面协调平衡发展。

第九章 小学生的品德心理

案 例

刚上一年级的小宁在超市拿起话梅就吃,被同学告诉老师。

老师找到小宁,问他为什么吃话梅。小宁说:"在家就是拿起来就吃。"

老师说:"你的话梅是哪儿来的?"

小宁说:"妈妈买的。"

老师说:"妈妈怎么买的?"

小宁说:"用钱买的。"

老师说:"钱是怎么来的?"

小宁说:"妈妈用劳动换来的。"

老师说:"所以是妈妈用劳动换来的钱,然后才能买话梅来给你吃。你没有给人家钱,是不能吃别人的话梅的。"

小宁说:"我知道了,老师。那人家说我是小偷,老师,我是吗?"

老师说:"小宁你不是,小宁是还没分清楚在家和在外面有什么区别。"

[分析] 案例中教师通过对话告诉小宁在超市拿起话梅就吃的行为是不对的,对是非进行判断,使小宁产生正确的道德认识,为品德形成奠定了基础。

第二节 品德理论

品德发展理论是关于人的品德形成和发展的理论,影响较大的是精神分析理论、认知发展理论和社会学习理论。本节主要从认知发展理论的视角分别介绍皮亚杰的道德认知发展理论和柯尔伯格的道德发展阶段理论。

一、道德认知发展理论

皮亚杰根据大量临床研究事实,分析了儿童对游戏规则的理解及遵守情况,从儿童对规则的态度,对行为责任、公正观念和惩罚公正性的判断几个方面,运用对偶故事法对儿童道德判断问题进行了一系列的实验研究,这些研究为品德心理的研究奠定了重要基础。

(一) 品德发展的两种水平

皮亚杰发现,儿童的道德认知是从他律道德水平发展到自律道德水平的。10岁之前,儿童对道德行为的判断主要依据他人设定的外在标准,称为他律道德。处于他律道德阶段的儿童一般只服从外部规则,接受权威的规范,只根据行为后果来判断对错。

10岁之后,儿童对道德行为的判断多半能依据自己的内在标准,称为自律道德。处于自律道德阶段的儿童开始不再无条件服从权威,他们开始考虑行为的动机,能够认识到社会准则是共同约定的,并不是绝对的,因此是一种道德相对论。

皮亚杰认为,儿童道德认知由他律水平发展到自律水平主要取决于两个条件:一是认知的成熟;二是获得社会经验。

(二)品德发展的阶段

1. 自我中心阶段(2~5岁)

规则对于这一阶段的儿童来说还不具有约束力。由于认识的局限性,儿童还不理解、不重视成人或周围环境对他们的要求,有时看起来似乎接受了成人的指导,但往往是他自己想要做的;有时还表现为对成人或同伴要求的不服从、执拗,甚至反抗。在皮亚杰看来,只有当儿童意识到游戏活动中应该共同遵循的行为准则时,规则对儿童才具有约束性,否则它只是一种单纯的规则而已。

2. 权威阶段(6~8岁)

这个阶段的儿童把规则看作固定的、不可变更的。他们认为应该尊敬权威和尊重年长者的命令,只有服从成人的命令才是正确的行为,否则就是错误的行为。他们也服从周围环境对他们所提出的要求,并认为这些要求是不能更改的,谁也不能违反。例如,在学校生活中喜欢"告状"就是这一阶段儿童服从权威道德观念的具体表现。

3. 可逆性阶段(8~10岁)

该阶段的儿童认为,如果所有的人都同意,那么规则是可以改变的,这标志着品德由他律水平开始进入自律水平。此时,儿童不再把成人的命令看作必须绝对服从的,也不把道德规则看作不可改变的,他们已经意识到同伴之间的相互关系。在他们看来,所谓的行为准则只不过是同伴之间共同约定的、用来保障同伴共同利益的东西。因此,规则只是用来协调相互之间的行动,在规则面前大家是平等的,我要求你遵守,我也得遵守,这是一种"可逆关系"。这一时期正是培养和形成班集体和少先队集体的好时机,也是培养儿童自治、自理能力和集体主义思想的重要时期。

4. 公正阶段(11~12岁)

这一阶段儿童的道德观念开始倾向于公正、平等。公正的奖惩不是千篇一律的,应根据各人的具体情况进行。儿童开始用公道这一新标准去判断是非,认识到在依据准则去判断是非时,应先考虑他人的具体情况,从关心和同情出发做出他们的道德判断。在皮亚杰看来,公道感是一种出于关心和同情他人的真正道德关系。公道感是公正观念的一种高级形式,它实质上是"一种高级的平等"。

皮亚杰认为,品德发展的阶段不是绝对孤立的,而是连续发展的。划分阶段只是为了研究的方便,并不意味着儿童道德发展连续体的中断。

二、道德发展阶段理论

柯尔伯格描述了个人在不同生命阶段的道德发展问题,将儿童的认知发展看作道德发展的必要条件,他运用两难故事法对儿童道德发展进行了实验研究,提出了一套儿童道德认识发展的阶段模式。

(一) 前习俗水平(0~9岁)

这一水平儿童的道德判断着眼于行为的具体结果和自身的利害关系。他们的道德观念是纯外在的,儿童为了免受惩罚或获得奖励而顺从权威人物规定的行为准则。这一水平包括两个阶段:

第一阶段:服从和惩罚定向阶段。这一阶段的儿童根据行为的后果来判断行为的好坏及严重程度。他们服从权威或规则只是为了避免处罚,认为受赞扬的行为就是好的,受惩罚的行为就是坏的,还没有形成自己的判断标准和准则。

第二阶段:相对功利主义定向阶段。这一阶段的儿童对行为好坏的评价首先是看能否满足自己的需要,有时也包括是否符合别人的需要,稍稍反映了人与人之间的关系,但把这种关系看成类似买卖的关系,认为对自己有利的就是好的。

(二) 习俗水平(9~15岁)

这一水平的儿童能了解、认识社会行为规范,意识到人的行为要符合社会舆论的希望和规范的要求,并遵守、执行这些规范。他们能顺从现有的社会秩序,而且有维持这种秩序的内在欲望;规则已被内化,并认为是正确的。

第三阶段:好孩子定向阶段。该阶段儿童以人际关系的和谐为导向,对道德行为的评价是以是否被人喜欢,是否对别人有帮助,是否会受到赞扬为标准;认为凡能使别人愉快的、能与他人维持良好关系的行为就是好行为。

第四阶段:维护权威和秩序定向阶段。这一阶段的儿童认为要尊重权威、重视法律、维护社会秩序,不再只从个人的标准来评判行为是否道德。这个阶段的青少年认为,如果个人有了充分的理由就可以违反法律的话,就会引起社会混乱。因此儿童此时的逻辑是:情和理分别对待。

(三) 后习俗水平(15岁以后)

该水平儿童的道德判断已超出世俗的法律与权威的标准,能以普遍的道德原则和良心为行为的基本依据,道德标准已被内化为他们自己内部的道德命令。

第五阶段:社会契约定向阶段。该阶段儿童的道德认知出现了以前阶段所没有的新特点,即认为正确的行为应该是符合社会公认标准的行为,而不是符合法律条文。如果感到现有的法律条文不好,就应该修改法律条文,但必须以民主、有序的方式进行。这一阶段的儿童一方面认为公民应该遵守法律,另一方面又模糊地意识到维护生命是更高的原则,因为法律应该维护生命。但在论证自己的观点时,他们有些逻辑混乱了。

第六阶段:普遍原则定向阶段。此时青少年不再根据一些具体规则来判断行为的好坏,而是根据出于良心的普遍原则来进行判断,认为凡是符合良心的行为就是道德的。虽然他们也认为维持社会秩序是重要的,但又认为有些社会秩序并不完美,需要参照具体情境而做修正或补充。因此,在判断行为的好坏时,应维护一个更高的道德原则,即出于良心的普遍原则。

柯尔伯格的道德发展阶段理论向我们勾画出了道德发展是一种连续变化的过程。这些发展顺序是一定的,不可颠倒的,各个阶段的时间长短是不相等的。同时,有些个体的道德发展水平,可能永远只能停留在前习俗水平或者习俗水平上,而达不到后习俗水平的阶段。

第三节 小学生品德形成的过程

小学生品德的形成与发展是儿童在社会化过程中受到社会舆论和教育等方面的影响,将社会道德规范内化的过程。在小学生品德形成过程中,道德认识、道德情感、道德行为彼此相互联系、相互制约,共同促进儿童品德的发展。

一、小学生道德认识的形成与培养

儿童道德认识的形成主要包括道德概念的掌握、道德判断能力的发展和道德信念形成三个方面。

(一) 道德概念的掌握

道德概念是社会道德本质特征的反映,是在丰富的道德表象的基础上,通过分析、综合、抽象、概括的思维活动而形成的。小学生一旦掌握了道德概念,就能够概括地去解释个体行动的本质特点,并以一定的道德准则去评价行为的道德与否,而不是像幼儿那样直观地去认识道德现象。道德概念的掌握是指使小学生了解具体行为准则,以及为什么要执行这一准则的过程。

对儿童来说,掌握道德概念主要有两种途径:一是在日常交往的过程中掌握日常生活中的道德概念。二是通过学校教育和教学,用概念同化的方式掌握道德概念。

(二) 道德判断能力的发展

理解了道德概念之后,还应将其作为指导分析、判断别人和自己道德行动的标尺,这就是道德判断能力的发展。小学生的道德判断能力是随着道德概念的丰富和加深以及自身身心的成熟,在他人评价及教育的影响下逐步形成和发展起来的。道德判断起着道德裁判的作用,它有助于小学生道德信念的形成。

小学生的道德判断能力是逐步发展起来的,其发展趋势主要表现为:一是从"他律"

到"自律",即从仿效别人的评价发展到独立地进行评价。二是从"结果"到"动机",即从依据行为的外部结果过渡到依据行为的动机和意向。三是从"对人"到"对己",即从偏向评价别人发展到学会评价自己。四是从"片面"到"全面",即从带有较大片面性的评价发展到比较全面的评价。

为了培养小学生的道德判断能力,教师要经常注意道德判断的示范,经常利用教材中或学生日常生活中的典型道德事例,进行简明而正确的评价。同时,还应该利用教育和教学的各个环节,如作文课、班会讨论和优秀生评选等活动,有意识有步骤地引导和提高学生的道德判断能力,使他们的道德判断能力逐步实现由现象到实质,由片面向全面发展。此外,教师还应有意识地引导学生实现由对别人道德行为的评价过渡到对自己道德行为的评价,这对小学生道德信念的形成起着重要的作用。

(三) 道德信念的形成

当一个人坚信自己的道德观念,并使这种道德观念伴随着内心体验成为自己的行动指南时,就形成了道德信念。道德信念是一个人认为自己必须要遵循的,在其意识中根深蒂固的道德认识,是一个人活动的理性基础,这种理性基础使人对某种社会道德义务的正确性真诚信服,并怀有强烈的责任感,从而有意识地、自觉地完成某种行动。

实践表明:小学一二年级学生实际上并没有道德信念,只形成了道德信念的某些因素,他们能按时到校学习,并不是出于对不迟到的意义及社会行为规范的了解,而是由于老师的要求,迟到了要受批评。到了小学三四年级,他们开始有了初步的道德信念,并具有了完成作业和遵守纪律的良好愿望。从五年级开始,小学生开始能理解争取好成绩和遵守纪律在学习及生活中的重要性。

培养小学生的道德信念应做到:① 创设一定的情境,使小学生获得与良好道德要求相应的经验。这样,才能使道德概念变成个体的道德信念。② 要善于利用集体的力量来强化小学生良好的道德行为,使其能够将道德认识内化为自己的道德信念。③ 要注意防止小学生吸取反面经验与体验,即不按道德要求办事反而得到了赞赏,按要求办事反而受到了批评,因为这种情况能削弱道德要求的说服力,从而影响和阻碍小学生道德信念的形成。

二、小学生道德情感的形成与培养

道德情感是伴随着道德认识而产生的一种情感,是人的道德需要是否得到满足所引起的一种内在体验。一般来说,当人们的行为与其道德需要一致时,就会产生肯定的情感体验,否则便产生否定性的情感。道德情感对个人品德的形成和发展具有非常重要的意义。首先,道德情感是品德的重要组成部分。如果没有形成相应的道德情感就不可能形成个人的品德。其次,没有道德情感,个体就不可能产生自觉的坚定的道德行为。再次,移情作为一种道德情感,是产生亲社会行为的中介变量。它反映了人际交往中分享他人情感的能力,这与个体道德情感的敏感性与知觉他人情感的理解能力有关。

道德情感从形式上可以分为以下三种:

(一)直觉的情感体验

直觉的情感体验是由于对某种道德情境的直接感知而突然产生的情感体验。由于直觉的道德感是由某种情境直接引起的,产生得十分突然,因而可能对其中所隐含的道德行为规则的意识不是十分清楚,缺乏自觉性。但是,这种情感体验并非凭空产生的,也有一定的道德认识作为基础。

虽然直觉的道德感通常缺乏明确的自觉意识,但仍然与个体过去的经验有关。在经验中起重要作用的是舆论及个体态度。舆论反映人们对事物的态度,影响个体道德观念的形成,也为道德标准打上了情感的烙印。良好的舆论有利于正确道德感的形成。因此,在学校教育中教师正确地引导舆论导向,并使学生形成对待舆论的正确态度,对于学生形成正确的道德情感是十分重要的。

(二)形象性的情感体验

形象性的道德情感是与具体的道德形象相联系的情感体验,是通过个体的想象发生作用的一种情感。例如,想起了雷锋的形象可唤起个体社会主义责任感与自我牺牲的精神。道德形象之所以能引起人们的道德体验,首先是由于这些形象本身是作为社会道德经验的化身而存在的,它可以使人们更好地认识到道德要求及其深刻的社会意义,扩大个体的道德经验。其次,由于这些形象具有鲜明、生动的特点,因而常常给人以强烈的感染,可以引起人们情绪上的共鸣,成为个体情绪体验的信号。

具体典型的道德形象常常使人毕生难忘。在小学阶段,儿童的情感更容易与具体的道德形象相联系,他们容易被英雄人物的品质和事迹所激励和感染,并产生相应的道德情感。因此,教育者首先要充分利用文学作品等手段促使学生形成对典型道德形象的认识,并引导学生产生对典型道德形象的情感体验。其次,榜样是一定道德规范行为的典型人物形象,在引导儿童道德情感产生的过程中,应加大和强化典型道德形象的示范作用,使学生形成对待榜样的正确情感体验。

(三)伦理性的情感体验

伦理性的道德情感是一种以清楚地意识到道德观念、道德理论为中介的情感,具有较大的自觉性与概括性。这种情感往往在青年期才开始产生并发挥作用。

这种道德情感是受道德理性内控的情感,是在一定的道德认识基础上产生,并随着道德认识的发展而发展的。因此,丰富学生的知识,提高他们的道德认识水平,是促使道德情感不断升华的一条重要途径。同样,学生道德认识的提高也离不开道德情感的参与,因此在培养学生道德情感的过程中,要做到晓之以理、动之以情、知情结合、相互促进,只有这样才能够收到良好的教育效果。

总之,在小学生良好品德的形成发展过程中,道德情感是一个最现实而又最活跃的心理成分。道德情感的激发,将直接影响到道德动机的形成和道德行为的产生。

小学生的道德情感只是处于初步发展的阶段,主要有以下两个特点:第一,小学生的道德情感是由狭隘的、模糊的态度发展到初步深刻和比较稳定的态度。例如,孩子在低年级时,对英雄人物只是从具体人物开始认识,即使对爱国主义的情感也是很肤浅的。到了中高年级后,由于智力的发展和知识经验的丰富,高级的情感才能初步形成,而且变得初步深刻和稳定。第二,小学生对不同的道德情感有着不同的体验。越是具体形象的,越是易受感染。例如,小学生对自己所在的学校、家乡容易产生情感,而对爱国主义的情感却较疏远、陌生。因此,在小学生良好品德的形成发展过程中,道德情感是一个最现实而又最活跃的心理成分。道德情感的激发,将直接影响到道德动机的形成和道德行为的产生。

三、道德行为的形成与培养

道德行为是道德认知和道德情感的外在具体表现,对他人或社会具有一定的道德意义。这种行为既是一个人道德面貌的反映,又是一个人道德面貌得以形成和发展的重要条件,也是判断个体是否具有道德认知和道德情感的重要依据。评价个体的道德不能只看其道德认知水平和道德情感表现,更重要的是看其有没有相应的道德行为。

儿童道德行为的培养,主要包括道德动机的激发、道德意志的锻炼和道德行为习惯的培养三个方面。

(一) 道德动机的激发

道德动机是推动人们产生和完成道德行为的内在原因或动力。动机不同,行为就会具有不同的道德意义。要给学生的行为以正确的道德评价,就应当了解他们行为的动机。因此,教育者首先要研究学生的需要,尤其是儿童特有的需要结构。研究表明,我国儿童需要结构的发展是多维度、多层次的统一体。第二,教育者要不断调整学生的需要,使其高级的精神需要不断扩大。第三,激发学生动机时,在方法上主要依靠表扬、鼓励、竞赛,同时注意因人而异,不拘一格地激发学生的动机,使其产生良好的行为。

(二) 道德意志的锻炼

道德意志是指人们自觉地确定道德行为目的,排除各种阻难,实现既定目的的心理过程。道德意志具有巨大的能动作用,人们借此而调节自己的心理活动,克服内外困难,执行由道德动机引出的行为决定。

小学生的道德意志锻炼主要表现在抗拒外因和不良动机的诱惑上,因而良好道德行为的形成是与抗诱意志的增强分不开的。为此,在训练小学生道德意志时应注意以下几点:① 提供道德意志榜样,特别是同龄人的事迹,激发学生锻炼意志的愿望。② 组织道德行为锻炼,提高自制和抗诱能力。③ 有针对性地进行意志能力的培养,比如对胆小的学生培养他们果断勇敢的精神;对性格活泼,但表现轻率的学生,要加强自制力、意志力的锻炼;对热情、主动但兴趣不能持久的学生,要锻炼他们的耐心和毅力。

(三) 道德行为习惯的培养

道德行为习惯是指稳定、经常的在一定情境下自然而然出现的道德行为方式,是道德行为转化为道德品质的关键因素。道德行为习惯是与一定的道德需要、道德倾向相联系的自动化的行为动作。

道德行为习惯是在生活和教育过程中经过反复练习和实践逐步形成的。培养小学生的道德行为习惯可从以下几方面入手：① 在学校的各项教育、教学活动中，有意识地培养学生的道德行为习惯。② 专门组织开展行为习惯的训练活动，创设让学生重复良好行为的教育情境，消除不良行为重复的机会，提供具体模仿的榜样。③ 学校应通过培养良好的班风来培养每个学生的良好行为习惯。④ 家庭与社会应为孩子的成长创造良好的环境，加强文化理论与道德意识修养，做到理智的爱，自觉控制感情，不溺爱、偏爱，配合学校从正面引导，使孩子健康成长。⑤ 鼓励儿童敢于同坏习惯做斗争，消除习惯性惰性。⑥ 道德行为习惯的训练要与道德动机的培养、激发结合起来。

总的来说，小学生道德行为发展的特点主要体现在：① 由外部调节向内在调节发展。孩子在低、中年级时，他的道德行为主要是在成人的要求下实现的。到了高年级时，成人的要求逐渐转化为孩子自己的内部力量，行为自觉性日益明显。② 低年级孩子的行为动机和目的常常是具体的、眼前的、狭隘的，行为是简单的，并且逐步向复杂方面发展，由不稳定、不巩固向稳定、巩固方面发展。

孩子身上经常存在着良好行为习惯和不良行为习惯的矛盾。实践表明，在小学生品德的发展上，言行脱节现象非常普遍。孩子年龄越小，言行越一致。随着年龄增长，言行一致与不一致的分化越大。研究表明，小学生言行脱节的原因主要有：一是由于模仿的倾向，二是出于无意，三是在不同的人面前有不同的行为表现，四是只会说不会做。因此，小学生言行脱节的原因是复杂的。家长如采用简单的、粗暴的教育方式来对待他，常常是无济于事的。要针对实际情况，采取有效措施，循序渐进地引导孩子做既懂道理又能身体力行的人。

第四节 小学生的越轨行为及其教育策略

越轨行为是学校教育普遍存在的问题，也是学校德育永恒的话题。如何看待越轨行为，如何处理小学生的越轨问题，对于小学生的品德发展具有深远影响。

一、什么是越轨行为

越轨行为是指个体由于违背了一定的社会规范或期待，而被社会给予否定性评价的行为。个体的行为是否属于越轨行为，主要是根据行为的客观结果而不是个体的主观意图来进行判断。越轨行为中的"轨"是指个体应遵循的社会行为规范，包括全体社会成员都应遵循的一般规范和专门为学生制定的特殊规范，其表现形式既有成文的也有约定俗成但不成文的。学生的越轨行为主要是指学生偏离社会文化体系和社会期望,违背学校纪律和学生行为规范的行为,这种行为不利于学生的身心发展,给社会、学校、家庭带来麻烦,应受到社会主导价值评判体系的否定性评价。

二、小学生越轨行为的表现

小学生越轨行为在教育活动和社会生活中的表现是多种多样的,从学业成绩不良、考试作弊到逃学、旷课、离家出走,从偷窃、勒索他人财物到恃强凌弱,对他人进行暴力攻击,甚至违法犯罪,等等。

(一) 非社会性越轨行为和反社会性越轨行为

根据小学生越轨行为对社会的影响,可以将其分为非社会性越轨行为和反社会性越轨行为两类。非社会性越轨行为表现为对社会规范不适应,但不影响、危害他人,如厌学、早恋、酗酒、吸烟等;反社会性越轨行为则在生理、心理或社会等方面对他人构成现实或潜在的威胁,如攻击行为、犯罪等。

(二) 不适当行为、不良行为、严重不良行为和犯罪行为

根据小学生越轨行为的程度,可将其分为不适当行为、不良行为、严重不良行为和犯罪行为。不适当行为是指违背教育活动和学校中那些被人们认为"理应如此"的原则或理念的行为。这种行为虽会引起大家的不满,但它并不直接危害他人,程度较轻。不良行为则较为严重,主要包括:旷课,夜不归宿,打架斗殴、辱骂他人、故意毁坏财物,进入法律规定未成年人不宜进入的营业性歌舞厅等场所,以及其他严重违背社会公德的不良行为等。严重不良行为是指严重违背社会规范,对社会造成较为严重危害,尚不够刑事处罚的违法行为,主要包括:纠集他人结伙滋事,扰乱治安;携带管制刀具,屡教不改;多次拦截殴打他人或强制索要他人财物;传播淫秽读物或者音像制品;吸食、注射毒品,以及其他严重危害社会的行为。犯罪行为是最为严重的越轨行为,这种行为已触犯了国家法律,应受到法律制裁。

(三) 课堂内越轨行为、课外校内越轨行为和校外越轨行为

根据小学生越轨行为发生的场所,可将其划分为课堂内越轨行为、课外校内越轨行为和校外越轨行为。课堂内越轨行为是指学生在课堂内发生的各种越轨行为,具体表现为影响和破坏教师的教学和其他学生学习的行为,以及学生自己违背教师要求的各种行为,如故意扰乱课堂纪律、不完成教师布置的作业等。课外校内越轨行为是指发生在校内课外活动中的各种越轨行为,如学生之间的打架斗殴、偷窃、破坏学校的各种设备和财产等行为。校外越轨行为是指学生在学校之外的各种越轨行为,如拦截殴打他人、强行向他人索要财物、参与赌博、吸毒等。

(四) 相对于教师、学生,以及教师和学生双方的越轨行为

根据学生越轨行为的指向性,可将其分为相对于教师的越轨行为、相对于学生的越轨行为和相对于教师和学生双方的越轨行为。相对于教师的越轨行为是指由于学生自己的意向和原因而产生的越轨行为,学生清楚自己的行为是越轨的,这些问题常常使教

师感到恼怒、生气和心烦意乱,有时甚至会使教师产生强烈的反应。相对于学生的越轨行为是指由于学生的某种需要得不到满足,或者受挫而产生的某种越轨行为。相对于教师和学生双方的越轨行为是指由于教师和学生双方的需要得不到满足,或者双方的目标不能实现而产生的对双方而言的各种越轨行为。

三、影响小学生越轨行为的因素

影响小学生越轨行为的因素主要有家庭因素、学校因素和社会因素。

(一)家庭因素

家庭是小学生接受教育和影响最持久、最广泛的地方。小学生品德的形成和发展与家庭环境及父母的教育密切相关。影响小学生品德形成和发展的家庭因素主要有家庭结构、家庭关系、父母教养方式、家长素质等。

1. 家庭结构

家庭结构与学生越轨行为关系密切,单亲家庭对学生越轨行为的出现有着直接关系。国外关于单亲家庭与学生越轨行为关系的研究发现:① 与完整家庭相比,单亲家庭儿童的辍学率更高;② 单亲家庭儿童更容易受朋友压力的影响而产生偏差行为;③ 单亲家庭儿童学业成就低;④ 单亲家庭,尤其是父亲空缺家庭的儿童更容易犯罪;⑤ 单亲家庭的儿童有更多的社会和心理问题。我国也有许多研究证实了家庭结构异常对学生越轨行为的影响,单亲家庭中的离异家庭严重影响着孩子的社会行为,在辍学、离家出走乃至走上犯罪道路的孩子中离异家庭子女均占有相当大的比例。

2. 家庭关系

国内外相关研究发现,持久的家庭不和与学生心理障碍、行为越轨之间有一定的相关性。如 Richman 和 Barron 调查发现,父母经常争吵、母子关系差、家庭婚姻状况不良等与儿童异常行为有关。

父母关系对学生心理和行为的影响往往是以亲子关系作为中介的,因此,亲子关系的质量是影响学生行为的更为直接的因素。亲子关系是指父母与子女之间相互作用的关系状态,它在很大程度上反映出整体家庭关系或家庭氛围。研究表明,维持良好的亲子关系对于维护儿童的心理健康、行为正常具有重要意义。

3. 父母教养方式

一般来说,心理学家将父母教养方式划分为专制型、放任型、民主型三种类型,不同的教养方式对孩子行为的影响是不同的。专制型父母对孩子的教育过分严格、粗暴,信奉"棍棒之下出孝子"。这种教养方式容易使孩子形成自卑、懦弱、焦虑、敌意、冷漠等消极情绪,发生不能克制的逆反、倔强、攻击和冲动行为。放任型父母对孩子的行为与学习不感兴趣,也不关心,很少去管孩子。在这种家庭教养方式影响下的儿童,往往对事情没有责任心,行为放纵,容易出现越轨行为。民主型父母更多采取帮助与鼓励的方法,能够合理地担当起监护人的责任。这种家庭教育方式容易使孩子从正确的途径获得知识,明白事理,养成良好的行为习惯。

4. 家长素质

家长的文化程度对儿童品德的形成和发展也有着重要的影响。研究表明,父母文化水平与儿童行为问题检出率呈负相关,父母受教育程度越高,儿童行为问题检出率越低;而父母受教育程度低、社会条件越差的家庭,其儿童问题检出率越高。此外,父母的道德水准与子女的行为问题也有着很大的相关性。根据文化传递理论,与越轨者接触的时间越长,接触时的年龄越小,关系越密切,行为越轨的可能性就越大。

(二)学校因素

学校教育作为儿童社会化的主要途径,承担着将儿童由家庭引向社会的重要任务。

首先,教学目标方面,学校教育偏重应试教育,片面重视学生智力因素的发展,忽视学生情感、意志、性格等非智力因素的培养。目前小学生中普遍存在着厌学情绪、考试焦虑、师生关系紧张等心理问题,这在一定程度上与忽视学生非智力因素的培养有关,而这些心理问题均有可能成为学生越轨行为产生的诱因。

其次,教学内容与社会现实脱离,容易引起学生的挫折感,使学生难以正确了解与对待社会中的真实情境,从而诱发越轨行为。

第三,教师不恰当的教育方式、方法,如体罚、侮辱性批评、贬低学生等容易使学生产生负性情绪和压抑感,容易走上越轨道路。

第四,学校中消极同辈群体的影响,为儿童行为选择提供反面样板,并迫使其成员遵从该群体的行为规范,从而走上越轨道路。

(三)社会因素

越轨行为的发生与小学生所处的社会环境是不可分的。首先,当社会急剧变迁时,旧的行为规范已不适用,而新的规范又没有建立起来或还未被个体广泛接受,个体失去了行为规则,便发生一系列越轨行为。社会急剧变迁还造成社会文化的各个部分发展不平衡,出现差距,这也是导致越轨行为的重要原因。其次,大众传播媒介中出现的一些不健康的内容成为儿童模仿的不良榜样。此外,社会控制力降低、遵从行为未受到鼓励、越轨行为未受到惩罚、制度不健全等,均容易导致越轨行为的产生。

(四)自身因素

儿童正处在迅速社会化阶段,其心理发展特点主要体现在:未定型、可塑性大;自我意识能力差,抗腐蚀能力弱,易受到外部条件的诱惑和熏染;既有独立自主的强烈愿望,又乐意成群结队,易受群体的影响;重感情,易激动,具有强烈的好奇心和盲目模仿的心理,理智控制能力不足等。因此,容易形成错误的道德观念,异常的情绪表现,意志薄弱,不良的行为习惯,不健康的个人需要,冲动的个性特征等,这些均容易诱发越轨行为的产生。

四、小学生越轨行为的教育对策

（一）创设良好的家庭环境

1. 家长要树立正确科学的家庭教育理念

首先，家庭教育要早抓，及时抓。孔子说："少成若天性，习惯成自然。"强调对孩子从小就要加强道德品质的养成教育。其次，家长要改变"重智轻德"的观念，重视对孩子的道德品质的教育。第三，家长要多学习教育学和心理学知识，平时多注意观察孩子的言行举止，发现不良苗头，及时运用科学的方法和孩子沟通、交流，针对孩子的身心发展特点进行教育。第四，家长要以身作则，为孩子做好榜样示范。家长的言谈举止、生活方式、教育态度等都有意或无意地影响着孩子，长时间的耳濡目染，潜移默化，对孩子道德观念、行为准则及良好行为习惯的形成都起着重要的作用。

2. 营造和谐的家庭氛围

研究表明，儿童越轨行为的出现和延续与家庭关系的亲疏有关。因此，父母应营造温暖、和谐的家庭氛围，时刻关注孩子的成长问题，尤其是要关注孩子的心理健康。对孩子的教育应当以鼓励为主，与孩子建立持久有效的伙伴关系，真正深入孩子的内心，倾听他们的想法并对其进行引导。

（二）优化学校育人环境

1. 营造和谐的校园环境

学校要为学生营造一个和谐的校园情境，教育工作者应身体力行，为学生做出表率，减少其他越轨者传播越轨文化的可能性。学校应对学生的表现进行全面评价，使学生在德智体方面全面发展。

2. 尊重学生，充分利用越轨行为背后的积极因素

首先，充分利用越轨行为背后的积极因素，促进小学生品德发展。越轨行为能为学生的品德教育展现一个生动的冲突式道德体验情境，教育者应充分认识这一特点，不断创新德育方法，使道德情境所体现的教育价值逐步显现，让学生通过道德体验与反思，使其道德认识进一步发展，道德判断能力增强，行为选择的道德价值逐步提升，进而促进学生品德发展。

其次，保护学生自尊心，采用疏导型教育。行为越轨的儿童由于屡受批评、歧视或惩罚，滋长起自卑心理，常常自暴自弃。教师要善于捕捉他们身上的"闪光点"，唤起他们的自尊心，增强他们的自信心。同时，还应以越轨行为为契机，加强与学生的互动和交流，引导学生体验道德情境，提升品德修养，增强自我教育、自我约束的道德自律性。

第三，鼓励学生体验生活，反思越轨情境。教师要自觉利用生动的越轨情境，创造良好的教育条件，引导越轨小学生体验生活，反思自身行为，培养其良好的道德行为习惯。

3. 加强对同辈群体的教育引导

对儿童来说，与同辈群体的交往是一个重要的感受和体验领域。在交往过程中，由

于没有成人权威的介入，他们得到的是一种真实、自然的反馈。因此，良好的同辈群体往往会使学生产生符合道德要求和社会规范的良好行为，不良的同辈群体往往是滋生团伙犯罪和越轨行为的温床。因此，加强对同辈群体的教育引导是养成学生良好道德行为的重要途径。

(三) 净化学生成长的社会环境

1. 消除越轨行为产生的社会条件

这是控制越轨行为的根本途径。首先，应加强制度性建设，抑制对儿童道德行为养成有负面影响的环境因素，加大对《未成年人保护法》、《预防未成年人犯罪法》等的宣传力度，从制度层面控制学生越轨行为的出现。其次，大众传播媒介要坚持正确的舆论导向，多创作和传播一些能够揭示人生真谛和陶冶高尚情操且又符合儿童身心发展特点的作品，让儿童在耳濡目染中受到熏陶。例如，可以制作创意守法宣传短片，加强儿童的守法意识。

2. 增加越轨行为的成本

惩罚或以惩罚威胁是增加越轨成本的常用方法之一。例如，对有越轨行为的儿童实施惩罚，可以有效防止其同一越轨行为的再次出现。如果不对越轨行为进行适当的惩罚，增加越轨行为的风险成本，学生的越轨行为可能就会成为他们正常的行为选择。

五、小学生越轨行为的矫正方法

(一) 订立契约

订立契约是指老师和学生双方同意，以提条件、订契约的形式，明确规定学生做出某种行为之后，老师就满足学生一定的条件。订立契约可以是书面的，也可以是口头的。开始时最好是书面的，把契约写好贴在墙上。

在美国的一个再婚家庭，少年阿尔伯特是个非常不听话的学生，他与继父对立情绪很严重，平时在家总是绷着脸，一次为一点小事竟用菜刀威胁继父，吓得继父找来警察管他。后来，一位心理学家采用订立契约法，解决了这个少年的行为问题。心理学家了解到阿尔伯特特别喜欢开汽车，因而希望自己有一部汽车，于是就让他的继父用400美元买了一部旧汽车，之后和阿尔伯特订立了这样的契约：继父借给他400美元买一部二手汽车，以后他每周要向继父支付5美元，但只要按照要求做到6件事就可充抵5美元，做不到就剥夺他开汽车的权利。订立这样的契约之后，阿尔伯特很快改变了他不听话的行为。为了尽快得到这部汽车，他还表现出了许多意想不到的好行为。等到这部汽车属于阿尔伯特自己所有之后，他与继父之间已经建立起情感联系，与继父的关系也变好了。

注意事项：契约最好是文字性的，特别是在矫正儿童比较顽固的不良行为时；在契约执行过程中，老师或家长要严格检查，并对儿童的表现进行及时评价；发现契约有不完善和需要改进的地方，要及时修改契约；老师或家长要起到监督作用，执行契约要不折不扣，客观公正；儿童按契约做了，老师或家长就一定要履行契约，满足契约上规定的条件，不可反悔。

（二）强化法

根据行为主义的学习原理，一个行为发生后，如果紧跟着一个强化刺激，这个行为就会再一次发生。

心理学家做过这样一个实验：每天使用10条命令，对一些平时不听话的小学生进行强化训练，如"坐下"，"把铅笔和纸给我拿来"，"把你那张纸叠好"，"把铅笔盒和书放进书包"等。如果老师每次发出命令之后的15秒钟之内学生能照着做，就视为其遵从了命令。开始5天，学生遵从命令之后老师不做任何反应，结果5天之内他们听话的比率是60%。之后6天，当学生遵从了一条命令之后，老师给予口头强化，如说："真听话，你是个好学生！""你真不错！""谢谢你！"等等。结果学生遵从命令的行为增加到78%。

运用强化法应注意以下几点：第一，要选择适当的强化物。第二，强化必须及时，强化应紧随着行为的发生而实施。第三，恰当地掌握"剥夺"和"满足"的程度。第四，强化物的量要从大变小，强化物的类型应该从物质型逐渐过渡到活动型或精神型。对小学低年级学生可以多采用物质强化，对高年级学生则少采用物质强化。

（三）代币奖励法

代币是一种象征性强化物，筹码、小红星、盖章的卡片、特制的塑料币等都可作为代币。当儿童做出我们所期待的良好行为后，我们发给数量相当的代币作为强化物。儿童可用代币兑换有实际价值的奖励物或活动。

与孩子约定遇到难题自己做。不论对错都有奖。做对得3颗红星，做错得1颗。6颗红星换一个喜欢的奖励（如玩具小汽车、吃肯德基等）。至少坚持4周，直到孩子行为变得稳定。

运用代币奖励法时应注意：用代币换取的奖励物必须是学生非常想得到的东西。代币的价值要仔细斟酌，既不要把代币值定得太高，使学生轻而易举地得到奖励物，也不要把代币值定得太低，使学生觉得达到目标太难。

（四）行为塑造法

行为塑造是指通过不断强化逐渐趋近目标的行为，来形成某种较复杂的行为。有时候我们所期望的行为在某学生身上很少出现或很少完整地出现,此时我们可以依次强化那些渐趋目标的行为,直到合意行为的出现。

例如,要想让一个儿童较长时间坚持认真学习,采用行为塑造法的具体做法是:开始时只让他学习10分钟,完成后允许他用15分钟做他喜欢做的事情作为奖励。经过一段时间,他已经能够坚持10分钟学习之后,就要求他连续学习15分钟,如能达到,就让他自由活动10分钟,这样逐步要求,使他不断增加认真学习的时间,同时减少自由活动的时间,直到最后能够坚持较长时间认真学习。

(五)榜样示范法

观察、模仿成人呈现的范例(榜样),是儿童社会行为学习的重要方式。模仿的机制是替代强化,即学习者因榜样受到强化而使自己也间接受到强化。由于榜样的不同,示范法有以下几种情况:辅导老师的示范,他人提供的示范,电视、录像、有关读物提供的示范,角色示范等。

(六)暂时隔离法

当儿童有越轨行为出现后,我们将他立即置于一个单调、乏味的地方,直到定时器响了以后方可离开。暂时隔离意味着奖励、强化、关注、有趣活动的终止。通常实施暂时隔离法的要点是:第一,此法适用于纠正2~12岁儿童的冲动性、攻击性、情绪性及充满敌意的不良行为。第二,选择一个无聊的、刺激单调而又安全的地方作为隔离地点。第三,使用定时器,而隔离时间遵循"一岁一分钟"原则。第四,暂时隔离期间不与儿童交谈和争吵。第五,定时器响后,立即结束隔离,并询问儿童被隔离的原因,但不要求儿童道歉与保证。

总之,对越轨行为儿童的教育是一项艰巨、细致而又复杂的工作,需要学校、家庭、社会积极配合,共同努力。对越轨儿童的教育应特别注意:由近及远,由实到虚,由浅入深,由易到难。要把感化教育与说理教育结合起来。要以理服人、循循善诱、循序渐进,并从实际出发,寓教育于丰富多彩的活动中,而不是把他们排斥于活动之外。

扩展阅读

有关道德行为形成的实验研究

班杜拉及其同事以富有创造性的方法进行了一系列引人注目的实验研究。

1. 攻击反应的学习实验

1961年,班杜拉等人进行了攻击反应实验,被试为72名3~5岁的儿童。每次实验者将一名儿童带入实验室。实验室内的一角放有玩具娃娃和一些修理工具，一个成人站在那里。在一种条件下，儿童看到成人拿起玩具娃娃，拳打脚踢。同时还喊着："打你的鼻子"，"打倒你"。在另一种条件下，儿童看到成人只是安静地收拾修理工具，而没有攻击玩具娃娃。然后，把儿童带到另外一个装有玩具的房间，让儿童单独玩耍玩具20分钟。实验者通过单向玻璃观察儿童的反应。结果发现儿童倾向于模仿成人的动作。那些观看成人攻击行为的儿童对玩具又打又踢，还说了些侵犯性的话。

该实验说明：儿童通过对榜样行为的观察学会攻击反应。

2. 抗拒诱惑实验

该实验为沃尔斯特等人1963年所做。被试为5岁儿童，实验分为三个阶段。第一阶段，将儿童带入放有玩具的房间，让他们参观，并告诉儿童说："这些玩具禁止玩，但可以翻字典。"第二阶段，让儿童看一部短的影片。这时，儿童被分为三组，一组为榜样奖励组，看到的影片是：一个男孩在玩一些被告知不准玩的玩具，不久，男孩的妈妈进来了，夸奖他并和他一起玩；一组为榜样训斥组，看到的影片是：男孩在玩被禁止的玩具，男孩的妈妈进入房间后，严厉训斥孩子违反禁令，男孩显出害怕的样子；第三组为控制组，不看影片。第三阶段，让每个孩子都在有玩具的房间单独待15分钟。实验者通过单向玻璃观察发现：第一组儿童很快屈从于诱惑，约在80秒后便动手玩玩具；第二组儿童能克制7分钟，有的甚至坚持15分钟而不去玩玩具；第三组即控制组儿童平均克制约5分钟。

这一实验说明：抗拒诱惑的行为也可以通过对榜样的观察进行学习和改变。而且，榜样具有替代强化的作用，儿童不必直接受到强化，只要观察榜样受到奖励或惩罚，就能受到间接的替代强化，从而做出相应的反应。

3. 言行一致实验

米斯切尔等于1966年做过一个实验：把儿童被试分为两组，玩有规则的滚木球游戏，投中得分，得20分以上就可获奖。实际上，如果严格遵守游戏规则，得分机会很少，如果不严守规则，就可投中得分。一开始，两组儿童分别和一位成人一块玩。第一组成人扮演言行一致的角色，既要求儿童遵守规则，自己也严守规则。第二组成人扮演言行不一致的角色，严格要求儿童遵守规则，自己却常常不遵守规则。这时两组得分差别不大，说明第二组被试并没有立刻按成人的低档标准行事。第二阶段：实验者有意让两组儿童分别单独玩这种游戏，并自报成绩。结果发现：第一组儿童得分很少，表明他们还是严守规则的，而第二组儿童得分高。表明他们一旦离开成人，就会仿效成人，不严格执行规则。第三阶段，实验者让两组儿童一块玩，结果发现：第一组儿童由于受第二组儿童的影响，也降低了标准。

这个实验说明，身教重于言教。教育者只在口头上要求儿童，而做起事来言行不一，那么，儿童接受和模仿的是不良行为。而且不管是成人还是同辈的不良行为对儿童均有影响。

复习与思考

1. 什么是品德？
2. 品德的心理结构有哪些？品德与道德有何关系？
3. 皮亚杰道德认知发展理论的主要观点是什么？对教育者有何启发？
4. 柯尔伯格的道德发展阶段理论的主要观点是什么？对教育者有何启发？
5. 联系教育教学实际，探讨小学生品德形成的过程。
6. 简述小学生越轨行为的表现和成因。
7. 联系教育教学实际谈谈小学生越轨行为的教育对策。

第十章
小学生的心理健康及其教育

本章重点

- 心理健康含义及教育意义
- 小学生心理健康的表现及评估
- 小学生心理健康的维护

通过对小学生心理健康特点的分析评估及维护等内容的学习,可以帮助教师更好地根据小学生的心理特点,有针对性地进行教育。也可以增进小学生对自身的认识,使其顺利度过人生的黄金时期,为今后的发展奠定良好的心理基础。

第一节 健康的基本概念

古往今来,人人都希望健康。因为健康总是与家庭的幸福、学业的成功和社会的发展联系在一起。有人曾这样描述:人生有两大意愿,一是家庭幸福,二是事业有成。如果家庭幸福为10分,事业有成为100分,那么健康就是0前面的那个"1",可见没有健康一切都无从谈起。

一、健康的含义

健康是人生首要的财富。正如古希腊哲学家赫拉克利特所说:如果没有健康,智慧就难以表现,文化就无从施展,力量就不能战斗,财富将变成废物,知识也无法利用。有健康就有希望,有希望就有一切。对"健康"这个词,人们并不陌生,但如果要问什么是健康、什么是心理健康、自己的健康状况如何,你能给出明确的答案吗?

要了解什么是心理健康,必须首先了解什么是健康。

(一)健康的概念

过去很长一段时期,人们普遍认为"没有疾病和不适,就是健康"。这种"无病即健康"的传统观念一直影响着人们的医疗保健乃至政府的卫生政策。在日常生活中,人们比较注意锻炼身体,却很容易忽视心理的健康,一旦出现心理障碍,往往不能正视。

对"健康"下定义,涉及健康观。健康观是指人们对健康的看法与认识。人类对健康的认识受不同文化的影响,其发展演变也不相同。以中国文化为代表的东方文化历来看重躯体与心理的关系,而西方文化中对健康的认识则经历了从传统医学模式向生物心理社会模式转变的过程。

在中国传统文化中,对健康观的阐述主要集中在各种养生理论中,而古代养生著作中谈到保健养生时,是以心理保健为主的,如魏晋时期著名学者嵇康在《答向子期难养生论》中指出:"养生有五难,名利不灭此一难也;喜怒不除此二难也;声色不去此三难也;滋味不绝此四难也;神虑转发此五难也。"嵇康提到的五难,有四难是属于心理方面的,由此我们可以说,在中国古人看来影响健康长寿的因素几乎全部与心理有关。在其他文化中也存在类似的观点,如生活在美洲的纳瓦族人认为,伤痛、疾病和健康要归因于社会的和谐程度,以及身心的交互作用。从以上论述中我们不难看出,东方文化中的健康观一贯强调身心合一,认为健康应该是躯体和心理的双重健康。

而现代西方的健康观则经历了如下的演变历程:

(1) 古希腊以肌肉发达、体态健美、活力充沛作为健康的标志。

(2) 20 世纪 40 年代以前,"健康"的传统定义为"人体生理机能正常,没有缺陷和疾病"。

(3) 1948 年,世界卫生组织(World Health Organization,WHO)提出了全新的健康三维概念:健康不仅是没有疾病和不虚弱,而是身体的、心理的和社会的完满状态。

(4) 1985 年,英国《简明不列颠百科全书》把"健康"定义为"个体长时期地适应环境的身体、情绪、精神及社交方面的能力"。

(5) 1989 年,WHO 在健康概念中又增加了"道德标准",认为 21 世纪人类的健康应该是躯体健康、心理健康、社会适应良好和道德健康的完美整合。

据此可以看出,随着科学研究的不断进步,现代西方文化中的健康观已由传统的医学模式转变为生物心理社会模式,从单纯关注躯体健康,转变为把健康视为"躯体健康、心理健康、社会适应良好和道德健康的完美整合"。

但是"健康"如何定义,至今依然是一道难题。关于健康的诸多定义,都有其依据也都有其不完善之处。较为完善的健康定义是 20 世纪 30 年代,美国健康教育家鲍尔(Bauer)和霍尔(Hall)提出的:"健康是人们在身体、心情和精神方面都自觉良好、精力充沛的一种状态。其基础在于机体一切器官组织机能正常,并掌握和实行适应物质、精神环境和健康生活的科学规律。"在众多的定义中,1947 年,WHO 章程序言中提出的如下定义比较权威:"健康是体格上、精神上、社会上的完全安逸状态,而不只是没有疾病、身体不适或不

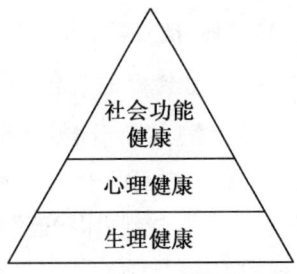

图 10-1 健康的层级系统

衰弱。"换言之,健康的人要有强壮的体魄、乐观向上的精神状态、良好的心理素质,并能与其所处的社会及自然环境保持协调的关系。如图10-1所示。

1978年,WHO给出衡量是否健康的十项标准:

(1) 精力充沛,能从容不迫地应付日常生活和工作。
(2) 处事乐观,态度积极,乐于承担任务,不挑剔。
(3) 善于休息,睡眠良好。
(4) 应变能力强,能适应各种环境变化。
(5) 对一般感冒和传染病有一定的抵抗力。
(6) 体重适当,体态均匀,身体各部位比例协调。
(7) 眼睛明亮,反应敏锐,眼睑不发炎。
(8) 牙齿洁白,无缺损,无疼痛感,牙龈正常,无蛀牙。
(9) 头发光洁,无头屑。
(10) 肌肤有光泽,有弹性,走路轻松,有活力。

1988年,F. D. 沃林斯基(F. D. Wolinsdy)在其所著的《健康社会学》一书中提出了"立体健康观",如表10-1所示。

表10-1 健康模型中的8种健康状态构成

健康状态	类　　别	心理尺度	医学尺度	社会尺度
1	正常健康	健康	健康	健康
2	悲观者	患病	健康	健康
3	社会疾病	健康	健康	患病
4	忧郁症患者	患病	健康	患病
5	身体疾病	健康	患病	健康
6	自我牺牲者	患病	患病	健康
7	自恋者	健康	患病	患病
8	严重疾病	患病	患病	患病

从表10-1可以看出,健康的目标是追求一种更积极的状态,更高层次的适应和发展,是一种身心健康、适应社会的完好状态。

(二) 亚健康的概念

20世纪80年代初,WHO提出了一个新的概念——亚健康。亚健康即一种介于健康与疾病之间的生理功能低下的状态,又称为"第三状态"、"次健康"、"疾病前状态"、"灰色状态"、"潜临床状态"和"半健康人"等。亚健康具有以下特征:生理、心理、躯体均存在活力减低、适应能力呈不同程度减退,即有自觉症状,但做全面的生理检查又未能发现异常或处于临床状态,没有出现功能性或器质性病变。亚健康状态主要表现为各项身体指标无异常,但与健康人相比,生活质量低、学习工作效率低、注意力分散、生活缺乏动力、学习没有目标，有些茫然不知所措，感觉生活没有意义。躯体反应为睡眠质量不高，容易疲劳，身体乏力，食欲不振。尽管亚健康状态并非严重的心理问题，但如果不给予高度重视，极易引发相应的心理问题。

因此，1981年WHO在对健康人群进行大量的调查后，对健康的概念做出了如下阐述："健康就是精力旺盛地、敏捷地、不感觉过分疲劳地从事日常活动，保持乐观、蓬勃向上及具有应激能力。"美国学者杜巴认为："真正的健康并不是全无疾病的理想境界，而是在一个现成的环境中有效运作的能力。环境是在不断地变化，所谓健康便是不断适应无数每日威胁人们的微生物、刺激物、压力和问题。"还有学者提出了现代人应有的健康观：能对抗紧张，经得住压力和挫折，能积极安排自己的各种活动，使自己的智慧、情感融为一体，生活和精神充满生机，且富有文明意义。

二、心理健康的含义

（一）心理健康的定义

心理健康是相对于生理健康而言的。心理健康也叫心理卫生，其含义主要包括两个方面：一是指心理健康的状态，即没有心理疾病，心理功能良好。就是说能以正常稳定的心理状态和积极有效的心理活动，面对现实的、发展变化着的自然环境、社会环境和自身内在的心理环境，具有良好的调控能力、适应能力，保持切实有效的功能状态。二是指维护心理的健康状态，亦即有目的、有意识、积极自觉地按照个体不同年龄阶段身心发展的规律和特点，遵循相应的原则，有针对性地采取各种有效的方法和措施，营造良好的家庭、学校和社会环境，通过各种形式的宣传、教育和训练，以求预防心理疾病，提高心理素质，维护和促进心理活动的良好功能状态。上述两个方面即构成了"心理健康"这一概念的基本内涵。

扩展阅读

心理学家谈心理健康

卡布斯从人格特质的角度观察，认为一个心理健康、人格健全的人应有下列特质：即积极的自我观念、恰当地认同他人，能面对和接受现实，能对自己、周围的事及环境有较清楚的知觉，主观经验丰富，可供随时提取使用。

奥尔波特从成熟人性角度观察，认为健康的个性不受无意识力量的控制，也不受童年心灵创伤或冲突的控制。奥尔波特指出，健康的个性具有如下特征：自我意识广延，自我同他人关系融合，情绪有安全感，知觉客观，具备各种技能并专注于工作；自我形象现实；人生观同一等。

> 马斯洛从自我实现的角度提出了心理健康者的一系列特征,他把这种人称为"自我实现者",即一切潜能都得以实现的人,其特征是:良好的现实知觉;接纳自然、他人与自己;自发、坦率、真实;以自身以外的问题为中心;有独处和自立需要;自主发挥功能;愉快体验常新;有神秘的高峰体验;有社会兴趣;人际关系深刻;有民主性格结构;有创造力;反对盲目遵从。

(二)心理健康的基本原则

1. 心理活动的主观感觉良好(快乐原则)

任何行为都必然伴随着主观感受。主观感受指行为者自身的内心体验,这种体验中最基本的是本体感觉。无论是工作学习还是待人接物,不是依靠耳目的情报和抽象的道理来评定行为是否过分,而是靠内心体验来调整行为,大道理只能起"宏观"调控作用,时刻起作用的"微观"调控几乎完全取决于内心体验。如当一个孩子为博得大人的好感,违心地表达自己的真实感受时,成人需要留意这个孩子的心理状况。因为,过分的早熟与懂事会压抑孩子的本体感觉,并不会给行为者带来真正的道德愉快。只有行为中的愉快真正来自本体而不依赖于他人的评价,也就是社会性评价真正达到个人化与体验化之后,这种行为才成为健康行为。

一个人如果经常遭受严重的忧郁、焦虑、敌意等不良情绪困扰,并影响其生活质量;或经常失眠、头痛、注意力不易集中、记忆力减退、情绪大起大落,注意到这些变化并且为此而感到不安;或不敢在班级讨论中发言,不敢与陌生人打交道,一想到要在公众场合抛头露面就会脸红、心跳、出汗、发抖,为此感到自己无能,深陷于沮丧与挫败感中;或时常感到一些毫无意义的念头、怀疑与行为不断出现,想控制却又控制不了,诸如此类情况,都会让人感到不安、烦恼甚至痛苦。而此种不快乐大都源于对自己心理状态的不满意。这种根据个人的主观感受做出自己是否处于健康状态的判断,一般是比较准确的。

弗洛伊德1911年在《详论心理功能的两个原则》中提出心理活动的第一原则为"快乐原则"。该原则表明,本能需要的即时满足给人带来快乐,不满足则会带来紧张、不安甚至痛苦,而每个人都具有追求快乐、避免痛苦的本性。快乐原则是指导人最初心理活动的唯一原则,也是衡量心理健康的首要法则。

2. 社会适应性良好(现实原则)

每个人都生活在社会中,一个心理健康的人必须适应社会,与社会处于和谐状态而不是对立状态。个人与社会的适应情况表现在对自己、对他人、对集体、对社会的态度上,表现在与他人和社会建立的联系上,也表现在对各种事情的处理上,并不能完全建立在自我感觉上。如,精神病是心理疾病中最严重的一类疾病,但精神病人从来不会意识到自己有病,而且越严重的越不承认自己有病;自我防御意识很强的人,整天生活在自欺欺人之中,但自己并不觉察;自私自利的人,以自我为中心,内心充满了"我是上帝"

的感觉,只管自己的感受,从不顾及对他人的伤害。这些人很快乐,但他们的心理并不健康,因为衡量一个人的心理是否健康,除了自我感受外,还必须考虑其社会适应性,一个人的心理活动与外部环境是否具有同一性,即一个人的所思所想、所作所为是否正确地反映外部世界、有无明显的差异。如果个人只顾追求快乐而忽视社会规范,迟早会受到社会的惩罚。同时,个人在追求快乐时,也必须学会延迟满足,将眼前需要的满足与长远而持久的利益结合起来。这就是弗洛伊德提出的心理活动"现实原则"。

一般认为,快乐原则与现实原则是衡量心理是否健康的两个基本原则,不论牺牲哪个原则,心理都是不健康的,甚至是病态的。

(三) 心理健康的意义

生理健康与心理健康固然都很重要,但比较起来,心理健康对人的生活及人类社会的发展有着更为深远的意义。

1. 心理健康对生理健康的影响

心理健康与生理健康密切相关、互为影响。心理健康可以促进生理健康,生理健康又能促进心理健康,只有两者都得到健康发展,才是高水平的全面健康,才有可能激发自身其他的潜在能力。早在古代,我国医学经典《黄帝内经》就已揭示了心理健康对生理健康的影响,"大怒伤肝,暴喜伤心,思虑伤脾,悲忧伤肺,惊恐伤肾"。近代医学更明确提出身心疾病的概念,即心理因素在其发生、发展、治疗和预防方面起着重要作用的一类躯体疾病,主要包括冠心病、原发性高血压、支气管哮喘、溃疡性肠胃病、神经性皮炎、类风湿关节炎以及疼痛综合征等。现代研究证明,长期情绪不良会导致人体免疫功能下降,感冒、肝炎,甚至癌症等疾病的产生都可能与心理因素有关。

2. 心理健康对素质教育的影响

心理健康的人不但具有良好的心理素质,而且对其他素质的形成也起着促进作用。一个心理健康的人能自知、自爱、自制,能够从容地适应社会环境,具有良好的心理素质。良好的政治、道德、文化、技能等素质必须建立在良好心理素质的基础上,心理素质好比是一种载体,人的其他素质必须由良好的心理素质来承载才能变成一个人的良好素质,因此搞好素质教育必须从提高学生的心理素质开始。心理健康教育不仅能促进教学,还能使德、智、体、美、劳五育的教育成果得以稳定和巩固。

3. 心理健康对生活质量的影响

心理健康的人,易于充分发挥其心理的潜在能量,在其他条件相当的情况下,他们的学习成绩必然优于心理不健康者,工作效率也相对较高。心理健康的人能够耐受挫折和逆境,比较容易平稳地渡过社会变革和灾难。对人而言,心理健康是成才立业之本。很多人虽有强壮的身体,但由于某种不健康心理因素的存在,如自卑、缺乏毅力,最终却庸庸碌碌、虚度一生。有的人,即使疾病缠身,甚至严重残疾,但由于心理健康,他们仍以乐观的态度、惊人的毅力,赢得事业上的巨大成功,博得人们的尊重与钦佩。

4. 心理健康对人际关系的影响

人际关系是人与人之间直接的心理关系,反映了人们之间的心理距离,也受到个人心理健康状况的影响。心理学研究表明,在集体中受欢迎的"好人缘儿"的个性品质,恰恰与心理健康的标准相一致,而集体中受人排斥的"嫌弃儿"的个性品质,恰恰与心理健康的标准相悖。研究还证实,有心理障碍的学生,无论是与父母、老师的关系,还是与兄妹、同学的关系,其融洽程度都远不及心理健康的学生。

扩展阅读

心理健康与不健康

心理健康与不健康之间并没有一条绝对的分界线,而是一种连续过渡、不断变化的状态。如果用白色代表心理健康,用黑色代表心理疾病,那么在白色与黑色之间存在着一个缓冲区域——灰色区,心理亚健康正是处在灰色区域或已经介入灰色区域的状态。

心理亚健康状态是以频繁出现情绪躁动、兴致低落、注意力不易集中、过分敏感或行为能力下降等表现为特征的存在状态。心理亚健康状态导致人们不能保持正常的生活质量和良好的工作状态。

亚健康状态表现为生活质量差、学习工作效率低、注意力分散、情绪烦躁焦虑、缺乏生活目的与动力,常常感到生活无聊,提不起精神,人际冲突频繁。躯体反应为睡眠质量不高,容易疲劳,身体乏力,食欲不振。

需要特别提醒的是,心理亚健康不是一种疾病,但长期处于心理亚健康状态会导致心理疾病的发生。积极调整自己的生活态度,适当改变自己的生活方式就可以有效地避免心理亚健康状态的出现。

三、健康和心理健康的关系

健康是身心关系的统一。人的生理活动和心理活动密切相关、互为依存。一方面,生理会影响心理,如长期罹患疾病,容易导致抑郁、悲观、焦虑等消极心理的产生;另一方面,心理也会影响生理,俄国生理学家巴甫洛夫认为:"忧愁、顾虑和悲观可以使人得病;积极的心态、坚强的意志和乐观的情绪可以战胜疾病,更可以使人强壮和长寿。"

现代医学研究发现,现代人80%的疾病可以归结为心身疾病(由心理社会因素引起的躯体症状或疾病,又称心理生理障碍;是内外各种刺激因素引起人的心理活动特别是情绪反应,导致心理机能失调,并使身体某系统继发产生症状群或疾病)的范畴。由此可见,生理心理互为因果、相互影响,追求健康既要关注生理,又要关注心理,只有多方面均衡发展、身心协调一致的人,才是一个健康的人。现代社会提倡的"大健康观",心理健康不可或缺。

四、小学生心理健康的标准

一般来说,某个人的心理活动和行为表现正常即为健康,不正常即为不健康。判断一个人的心理和行为正常或不正常以什么为标准?或者说根据什么来判断一个人的心理和行为正常或不正常呢?这是任何一位从事心理卫生、心理辅导、心理咨询和心理治疗的专业人员都无法回避、必须明确的问题,同时也是一个相当复杂和十分困难的问题。这是因为,一方面正常心理和异常心理之间的差异是相对的,很难划出一条严格的界限。比如注意分散,记忆减退,精力不能集中,以及抑郁、焦虑、恐惧等不良心态,在正常人身上也可能存在,只有达到一定程度或者出现病理性变化才能表明由正常心理变为异常心理,才是不健康的表现。所以绝对的正常和异常是很难确定的。另一方面,心理正常或异常往往受多种因素的影响,各种形态的心理或精神症状都不是孤立存在的,而是相互影响、互相交织或互为因果的,往往表现为某种形态的症候群。比如抑郁总会伴随着焦虑、恐惧和哀伤,而焦虑也难免紧张和惶恐,不同的症状总是相伴而生,相随而行,每个人心理上的承受能力和康复能力也各不相同,因而很难规定一个不变的、到处适用的绝对准确的标准。当然我们也必须明确,心理上的正常或异常也和其他事物一样,其内在的差异性和界限不管怎样复杂,总是客观存在的,是可以认识的。因而从不同的角度提出某些条目,确定某种标准,作为鉴别和诊断心理健康与否的客观依据是可能的,也是必需的。

结合小学生心理健康教育的实际,可将小学生心理健康的标准简要归纳为以下几点:① 乐于学习、工作;② 情绪乐观、稳定;③ 人际关系和谐、融洽;④ 能面对现实,适应环境;⑤ 能认识自我、悦纳自我;⑥ 智力正常;⑦ 人格完整;⑧ 心理和行为符合年龄特征。小学生心理健康的标准规定着小学生心理健康教育的基本内容,因而认真理解和掌握小学生心理健康的标准及其内容,具有重要的意义。

第二节 小学生心理健康的维护

小学生心理健康的维护是根据小学生生理、心理发展的规律和特点,运用心理学的方法和手段,培养小学生良好的心理素质,促进小学生身心全面和谐发展。小学生心理健康教育是素质教育的重要组成部分,是实施"面向 21 世纪教育振兴行动计划"、落实素质教育、培养高质量人才的重要环节。同时,切实有效地对小学生进行心理健康教育也是现代教育的必然要求和广大小学教育工作者所面临的一项共同的紧迫任务。

一、小学生心理健康的现状

世界卫生组织 2005 年的报告显示:发达及少数发展中国家中小学生心理行为问题的检出率高达 12%～29%。而流行病学调查也表明,抑郁、焦虑等儿童的情绪、行为问题,发病率高达 10%～30%。由于该病较难发现和诊治,国际上大约也仅有 20% 的患者得到了正确诊治。据世界卫生组织估算,有 50% 的儿童精神障碍将在 2020 年以前成为 5 个致病、致死和致残的原因之一。

中国儿童中心 2006 年发布的《中国儿童的生存与发展:数据与分析》报告显示,我国 17 岁以下的中小学生中,至少有 3 000 万人受到情绪障碍和行为问题的困扰。2008 年—2012 年全国该问题的检出率在 13.97%～19.57% 之间,主要表现在人际关系、情绪稳定和学习适应等方面的问题,其中留守和单亲儿童、独生子女的心理行为问题尤其突出。心理和行为问题多次导致恶性事件发生,在公众中造成了很大的负面影响。引起儿童心理问题的原因比较复杂,主要与外在的社会急剧发展和内在的人的适应能力不稳定有关。激烈的社会竞争等频频施加于父母的压力通过代际遗传最终把心理危机嫁接到儿童身上。

二、小学生心理健康的主要表现

美国心理学家威克曼根据不适应行为将学生的心理健康问题分为:如逃学、挑衅、不合作、撒谎、辱骂他人、破坏公物等把攻击的矛头指向外部的外攻性问题和以退缩、消极、自卑、自残、不开朗、消极顺从等自我贬抑的内攻性问题。科尔伯格把心理健康问题分为:如侵犯性行为、多动症犯罪行为等,这类问题较容易发展成为成年期的病理心理状态的外部性问题;以及如羞怯、神经质、社会退缩、极度悲哀等内部性问题。阿克森认为心理健康问题分为触犯道德和法律的行为(偷盗和暴力等),以及不直接触犯道德和法律的行为(如焦虑和白日梦)。卢提则从社会意义的角度把心理健康问题分为社会意义小的行为和社会意义大的行为,前者如饮食睡眠等家庭内的行为问题和说谎、斗殴、吵架等对周围环境有影响的行为,后者如自杀等。奎伊认为除此之外还存在着青年早期表现出来的如活动过度、低级趣味、缺乏信心、注意力不集中等在情绪上和社交上不成熟的问题。

台湾学者杨国枢把学生的心理行为问题分为违规记过行为、心理困扰和学习困扰三大类,包括偷窃行为、吸食药物、不当娱乐、异性行为、逃避家庭、攻击行为、课堂违规、违抗权威、其他违规记过行为、疑心妄想、忧郁悲观、焦虑紧张、敌意行为、心身症状等。另一位台湾学者吴武典则把学校适应不良行为分为六类:外攻性行为问题;内攻性行为问题;学业适应问题(如考试作弊、粗心大意、偷懒、偏科、不专心等);偏畸习惯(如吸烟、喝酒、药物依赖、偏食、口吃等);精神病症候;焦虑症状(以焦虑为基本症状的各种神经症,以及由焦虑引起的消化系统、血液循环系统的机能障碍)。这一分类充分考虑到儿童与青少年学生的特有问题,比较符合学校生活实际,有较大的实用价值,但各类别之间仍有一定的重叠和交叉。

一般而言,教师更重视外攻性问题,高估它的严重性;而心理学工作者更重视内攻性问题,认为这些具有自贬性的内攻性问题与学生人格适应不良有更为密切的关系。作为教育工作者,我们不但要重视学生的外攻性问题,更要重视学生的内攻性问题,这一观点对于做好心理健康教育工作无疑是一个有益的启示。综合国内外该领域的研究,我们将小学生的心理健康问题主要归纳为以下五种类型:

(一) 小学新生适应问题

儿童在进小学前其主导性活动是游戏,进入小学以后,学习成为其主导性活动。游戏饶有兴趣,儿童乐于参加。而学习却带有强制性,不随儿童的意愿而改动。儿童进入小学后,其生活方式发生了很大的变化。他们必须按时到校,遵守严格的学习时间和各种组织纪律,上课专心听讲,不能随意说话和走动。同时还面临着教师、家长对他们在学习上的要求,有家庭作业的负担、考试成绩的压力,这些对他们的注意、记忆和思维都是一种挑战。同时面对新的环境、新的老师和同学,他们还要克服自己对老师和同学的陌生感和惧怕感,适应并融入集体生活之中。如果儿童不能顺利完成从幼儿园到小学的角色转换,必然会带来一系列不适应问题。如想家恋旧心理难以排遣,有寂寞孤独感,不适应教师的授课方式和学校的规章制度等。这些心理问题对儿童今后的发展必然会造成不良的影响。因此,教师必须了解小学新生的适应问题,帮助他们顺利度过入学引起的心理不适等问题。

儿童从幼儿园进入小学,有一个逐渐适应校园生活新环境的问题。对小学一年级的新生来说,校园的自然环境、教师、同学之间的人际关系环境都是陌生的,还有学习的压力、校规校纪的约束等,这一切都对新入学儿童的心理适应构成了严峻挑战。对于部分心理发展迅速的学生,以及在幼儿园受到过入学准备教育的儿童,他们能很快适应新的学习生活环境,但部分儿童则会出现适应不良现象。这种适应不良大多表现在:产生情绪障碍,如焦虑、不安、抑郁、害怕等;注意力不够集中,对学习失去兴趣;不能约束自己,总是违反纪律等。一般经过几周的自我调节能够逐渐适应,少数学生可能会持续数月之久。通常个性内向、胆小、谨小慎微、急躁和情绪不稳定的学生容易出现入学适应不良。

(二) 学习方面的问题

因学习原因导致的心理问题在小学生中占有较高的比例,说明与学习相关的心理问题是困扰小学生的首要问题。

生理心理学研究表明,学习是一项艰苦的脑力劳动。尤其进入高年级后,小学生的主要活动由以游戏与学习相间为中心转变为以学习为中心,对于诸多的学习事件,如作业、听课、回答问题、考试等都有可能感到无力应付,或者自信心不足,从而引起他们的紧张与焦虑。目前,小学生的学习任务仍然相当繁重,面对这些难以应付的要求和期望,有些学生感到心神不定,烦躁不安,注意力不能够集中,甚至在学习时养成咬手指、多动症等不良习惯。

1. 学习困难

学习困难又叫学习障碍或学习失能,是指个体在从事某些特定知识、技能的学习时出现重大困难,以致无法完成同龄人能够完成的任务。据研究,学习困难问题在小学二三年级为高峰,占5%～10%。学习困难儿童的学习成绩明显低于同龄儿童,在学习上的困难主要表现在听、读、写、算等方面。如有的小学生把b当成d,或p当成q等;有的小学生有空间定向困难,不知道上下左右;还有的小学生难以用语言表达思想,与教师、同伴交流困难。但他们的学习困难不是由智力缺陷或缺乏教育机会所致,而是由于大脑无法自我约束、大脑功能方面的缺陷造成的。

2. 学习压力较大

由于学习竞争加剧,学习负担过重,同时学校、教师、家长往往过于强调学生的智力发展,过分看重分数,小学生普遍存在着学习任务"超重"的现象。除了学校的学习任务,一些家长和教师还给学生开起了"小灶",学生奔波于各种"奥赛"班、特长班之间,休息和睡眠时间严重不足,失去了享受童年生活乐趣的最基本权利。加之现有的教学内容偏难,对学生学习的自立性更是雪上加霜。在如此重压下,学生身心受到了极大损害。儿童年龄越小,学习过程中越容易产生疲劳,若学生长期处于疲劳状态,会使其视力下降,食欲不振,面色苍白,大脑供血不足,瞌睡,失眠,头热,脚冷等。在心理方面则会产生抑郁,烦躁,信心不足,记忆力减退,注意力难以集中,思维迟缓等现象。

更为严重的是,一些学生由于学习压力太大,出现了厌学、逃学情绪。主要表现为对学习失去兴趣,学习吃力,长期跟不上进度,缺乏赶上去的勇气和毅力,加上教师没能及时给予鼓励,导致他们学习的积极性下降,这些学生或在课堂上东张西望,神不守舍;或在下面偷偷看动画书或玩玩具;或者就在课堂上打瞌睡,甚至干脆逃学、旷课,到处游玩。有些农村地区的小学生厌学情绪比较严重,有的甚至还得到家长的支持,这些学生干脆辍学在家,帮父母干活,做生意等。还有一些"优等生",由于心理承受能力较差,一旦别人超过自己或自己的目标未达到,也容易产生厌学情绪。

3. 考试焦虑

近年来,尽管教育部门一直在大力推行素质教育,但应试教育的阴影一直在困扰着广大小学生,加之父母对子女寄予的期望过高,使他们承受着巨大的学习压力。有的学生平时成绩不错,稍有一次失败,就怀疑自己的能力,过分自责,产生焦虑心理,导致对下次考试的担忧,总怕自己考不好,甚至一到考场就心烦意乱,身体颤抖,本来应该答上的问题在脑中也毫无印象,发挥失常。严重者还会出现生理异常反应,不能正常参加考试。长此以往,必然会导致神经衰弱、失眠、注意力分散等多种症状出现,严重的还会造成心理变态,性格乖僻和行为异常。

考试焦虑是由一定的应考情境引起,以担心为基本特征的情绪状态,常表现在三个方面:一是心理层面上的忧虑、紧张、恐惧、学习效率下降等;二是行为层面上的坐立不安,采用逃避方式进行防卫,或者胡乱作答,过早离开考场等;三是生理层面上的肌肉紧张、呼吸急促、心跳加快、头昏、多汗、睡眠不良等。

目前，学习负担过重在高年级小学生中是普遍存在的现象。从本质上说，压力本身并无过错，且无可厚非，人不可避免都要承受压力，压力就是动力，人因此而得以成长。但如果压力过大，超出了学生的承受能力，则会使学生产生焦虑，甚至是心理障碍。

（三）人际关系方面的问题

作为社会人，人都有与他人交往的需要，通过正常的人际交往、沟通，人才能获得正确合理的社会经验，获得生活学习的知心朋友，以及在遇到困难时的支持帮助者。小学生如果缺乏正常的人际交往，依恋感得不到满足，就会因内心苦闷无法得到宣泄和排除，影响其正常的人际交往与心理需求，这对小学生的心理健康是有害的。小学生人际关系方面的问题主要表现在同学、父母以及与师生之间。

1. 同学交往困难

如何与同学和谐相处是许多小学生面临的一大难题。研究认为，如果小学生不能被同学或同伴接受，会给他们带来深刻的心理压力和影响，阻碍他们的学习、生活，而健康的伙伴关系则会促进他们的学习与发展。

由于现在的孩子多为独生子女，父母往往因过于关爱，使孩子在日常生活中失去了许多与同龄伙伴交往的机会。当他们走进学校时，明显表现出交往经验不足和交往技能缺乏，这样的学生总感觉别人对自己不友好，其他人不理解、不同情自己。当别人看他或议论他时总感觉不痛快，难以与人合作，因而也很难融入集体生活。由于家长对孩子的过度宠爱导致孩子形成以自我为中心、任性、不懂得分享、助人等个性，以及对同伴的攻击性行为，这些都会造成他们交往的困难。

2. 亲子沟通问题

在我国目前的小学生家庭中，父母与孩子的情感、愿望缺乏沟通，亲子关系紧张的情况并不少见，主要表现为父母不信任孩子、父母期望与孩子意愿冲突、父母在学习上对孩子提出过于严格的要求等。孩子说父母从来不理解自己，不把自己当成一个有生命有思想的人，父母则说现在的孩子难管，父母与孩子之间似乎有一道永远难于跨越的鸿沟。有调查表明，当小学生有烦恼和忧愁时，希望选择倾诉的对象首先是知心朋友，而认为自己最亲近的人首先是同学，其次是爷爷奶奶，最后才是父母。农村地区的家庭则多表现为父母使用简单粗暴的管教方式，多子女家庭中父母对子女存有偏见，一些父母长期外出打工，子女隔代抚养，缺乏必要的亲子沟通等。

对于小学生来说，家庭是他们赖以生存和生活的一个空间，是一个安全的避风港，是接受生命启蒙教育，得到生命呵护关爱的重要场所。然而，当父母不能信任自己时，他们就失去了诉说心灵迷茫和精神困惑的对象，这种亲子间关系的疏离，心灵的隔膜，造成的是孩子的抵触、孤独和焦虑，个别学生因不能承受父母的重压而出走甚至导致自杀的悲剧。

3. 师生关系障碍

师生关系是一种最基本的教育关系，也是小学生人际关系极其重要的组成部分。许多家长反映，孩子上小学前很听父母的话，可一旦进了小学，就开始不听自己的了，而对学校老师的话倒是说一不二,这从一个侧面反映出教师在学生心目中的地位是很高的。然而,目前小学教育中的师生关系却表现出一些突出的问题,其中主要来自于教师,具体表现为:一是教师对学生缺乏尊重,随意贬低学生价值,使孩子的心理遭受创伤。如一位小学生因一次考试不及格而被老师当众骂为"笨蛋",之后还让该生站在走廊上"示众",学生的自尊心受到了严重伤害,并长期生活在这种被批评否定的阴影下。二是教师对学生缺乏理解和信任,使学生产生对抗心理。三是教师在日常教育活动中缺乏公正、民主精神,如有的老师比较偏心,总是优先让那些成绩好、表现好的同学去参加一些有意义的活动,成绩好的同学始终受优待,而那些成绩中下等、表现不好的,要么成为"被遗忘的角落",要么就是挨批评的"头号选手"。其实,成绩不好也并不意味着什么都不好,老师为什么就看不到他们的优点呢?

扩展阅读

师生关系障碍

有一位小学生在来信中反映,自己非常不喜欢语文课,原因非常简单:语文老师太严厉。有一次,他没完成作业,老师就罚他抄了五篇课文。因为上课时和同桌悄悄说了一句话,老师就罚他站了一节课。这位老师定了一条规矩,家庭作业写错一个字,罚写50遍,课堂听写每错一字,罚写100遍。在这种高压下,孩子由害怕老师逐渐开始对她所教的课也产生了厌恶和恐惧心理,师生关系状况可想而知!

师生关系障碍成为影响小学生心理健康的又一个重要因素。中国教育报2001年9月1日发布的一项针对小学生教育的调查表明,有40%的学生觉得与老师在一起无所谓开心不开心,12%的学生不大开心和很不开心,对班主任老师不大喜欢和很讨厌的占13%,说不清的占23.8%,非常信任自己老师的只占1.3%。虽然61.3%的老师很愿意和所有学生交朋友,但最想找个老师说心里话的学生仅占4.8%,4.8%的信任率意味着师生之间话语的中断,感情的阻隔,心灵沟通的危机。师生关系不良的学生因得不到老师的关注、肯定,难以体验到学校生活和学习的乐趣,感到自己受冷落、孤独,一些学生还出现了厌学情绪。

(四)个性心理问题

个性是个体在日常生活中表现出来的各种稳定的心理特征的总和。小学是少年儿童个性塑造、形成的关键时期,同时也是不稳定时期,因而小学生在这一阶段容易出现各种苦恼和迷惑,主要表现为自责倾向、依赖心理、自控力差、胆小怯懦、自我中心、嫉妒心强、情绪不稳定、意志力薄弱、自卑、自闭、不合群、不善于合作等。

1. 自责倾向

自责倾向是指当发生不如意的事情时,总是认为自己不好,对自己所做的事抱有恐惧心理,其形成的根源在于对失去别人的爱感到不安。当学生感受到被父母、教师、朋友抛弃时,往往会形成自责倾向,如父母、教师对儿童过分严厉、专制,挫伤了学生的自尊心,他们感受不到来自权威人物的关心和爱护,就会出现自责心理。

2. 依赖心理

一方面是小学生还没有自立生活的能力,另一方面是父母对孩子的生活大包大揽,这导致学生缺乏必要的生活技能,即便在高年级小学生中,这种现象也不鲜见。同时,由于高年级小学生学习任务增多,有些学生往往也以学习为由推卸一些家务事,乃至一些本该自己完成的事情。父母往往也乐于帮孩子,这就进一步导致学生缺乏自立生活的能力,坦然地生活在父母和他人的关心和爱护下,形成了较严重的依赖心理,如一些高年级小学生不能适应天气变化,不知道添减衣服,需要老师或家长的提醒才行,等等。

3. 自我中心

以自我为中心在小学生中是一个比较突出的问题,此类学生自尊心特别强,过高估计自己,片面看问题,把错误归于别人;有些学生非常任性,喜欢独来独往,很少想到别人,也不愿与人分享任何东西,缺乏同情心和宽容精神,不愿帮助别人;有些学生平时与同学相处时,常常为一点小事而闹意见、泄私愤。以自我为中心很容易导致学生不合群,表现为:一类是沉默寡言、孤僻、害怕陌生人,另一类则是爱哭闹、爱捣乱、爱逗能、爱惹是生非。

4. 嫉妒心强

主要表现为:盲目骄傲,不愿意看到别人的长处和优点,常对别人挑剔和贬低。感情上自私,要求老师只关心、重视自己,看到老师关心、重视别人,就生气,甚至怨恨别人。与同伴相处,喜欢显示自己,讥笑别人。发现比自己强的人或事,轻则有意视而不见,重则想破坏。

5. 情绪不稳定

在整个小学阶段,小学生的情绪带有很大的情境性,容易受具体事物、具体情景的支配,并且他们的喜、怒、哀、乐会明显地表露出来。这在小学低年级学生身上表现尤为明显。在小学低年级学生身上时常可以看到学前儿童那种容易冲动、外露、可控性比较差的情绪特点。随着年级的升高、知识经验的丰富,以及自我意识水平的提高,小学生情绪的稳定性会逐渐增强,能根据学校的纪律要求约束自己的情绪,逐渐产生较为稳定的情绪情感体验。

而青春发育期的生理剧变,又会引起高年级小学生情感上的激荡。这种动荡的情感有时表露有时内隐。一个微笑可以使情绪飞扬,彻夜兴奋,他们心里激动、高兴或苦恼、消沉而表面上似乎很平静;他们有话有秘密想向别人倾吐,可无论碰到父母或老师却又缄默不言,这种情况如果得不到理解,便会出现压抑心理,出现焦虑与抑郁。

6. 意志力薄弱

主要表现为自制力差，意志薄弱，缺乏行动的目的性和一致性。做事容易半途而废，容易上当受骗，不能经受学校和生活带来的正常竞争，不能正确面对挫折，行动放任自流，甚至采取消极的逃避方式。这种消极的挫折适应方式一旦习惯化、稳固化，那么以后无论遇到什么困难，孩子都会以这种适应方式来应对。这对学生的健康成长是极为不利的。

（五）成长发育的烦恼

进入高年级以后，小学生逐渐开始进入青春发育期，生理机能上的急剧变化使他们开始关注自己的身体，对异性同学也会产生好感。但由于他们的心理成熟与生理发展并不同步，因此出现了一些成长发育过程中必然出现的心理烦恼。

1. 对自我形象的焦虑

由于生理发育具有个体差异，造成有的学生因在同伴中个子显得矮小而苦恼，有的因为外貌不扬被同学嘲笑而形成自卑心理等。对自我形象的焦虑是小学生成长发育中出现的典型问题之一。随着自我意识的发展，他们开始寻找关于自身问题的答案，如："我是好孩子吗？""别人把我当好朋友吗？""我的想法是错的吗？"等。他们开始关注他人对自己的看法，关注自己的形象。但因为对评价标准的理解与掌握，以及判断能力都十分有限，当面对这些问题的时候，他们往往显得无能为力，非常容易产生焦虑情绪和行为。

2. 对生长发育的困惑

根据有关方面的调查，已经有部分小学生在10岁就进入青春发育期。上海一项调查也显示，小学六年级学生中，已有9.38％的男生和24.89％的女生进入青春发育期。青春期生理变化是导致心理变化的基础，而生理变化中，性的成熟又是最核心的因素。

对异性的好感或爱慕，使高年级小学生极易认为自己爱上了一位异性，更不易在短时间内消除这种情绪的影响。其实，这只是一种单相思。这种情感有时表露有时内隐，他们有话有秘密想向别人倾吐，可对父母或老师却又不敢说。有些学生因受大众传播媒介的影响而出现早恋现象，这种情况如果得不到家长、学校、教师的理解与正确引导，便会出现一系列心理问题，对学生的成长发展产生消极影响。

扩展阅读

学生两类问题行为的症状

课堂教学中学生问题行为一般分成两大类：品行方面的问题行为、人格方面的问题行为。前者指那些直接指向环境和他人的不良行为，如攻击行为、破坏性行为、不服从行为等,这些行为较为外显,容易被教师发现,容易引起教师的关注。后者多少带有"神经质"的行为,即通常所说的"退缩行为",如惧怕、自卑、分心、莫名的焦虑等,这些行为较为内隐,教师不易察觉。查伊(Quay)列举了学生问题行为的各种"症状":

品行方面的问题行为	人格方面的问题行为
坐立不安	寻求快乐无能
寻求他人注意	忸怩
破坏	自卑感
狂暴	心事重重
注意短暂	害羞
漫不经心	退缩
缺乏兴趣	缺乏信心
专业怠慢	易慌张
不负责任	缺乏兴趣
不服从	不负责任
不合作	白日梦
被动/易受暗示	离群
多动	易分心
易分心	冷漠
粗鲁	神经质/极度紧张不安

三、小学生心理健康评估

小学生心理健康评估应包括对全体学生的描述性评估和针对个别学生的诊断性评估。这里重点介绍诊断性心理评估涉及的内容。

(一) 评估的内容

对小学生心理健康进行评估和分类,是小学心理健康辅导的重要任务之一。在对小学生心理健康进行评估和分类时,必须要考虑心理健康的本质和影响因素,同时还须考虑评估所使用的方法及维度,方能做出正确科学的评价。实际上,对心理健康潜在原因的分析表明,心理健康问题很少是由一个因素造成的,很多事件都有可能诱发心理健康问题。由于心理健康问题与导致这一问题的原因并非一一对应,因此在分析心理健康问题产生的原因时相对比较困难,这就需要我们对心理健康问题进行评估和判断。

在评估心理健康问题时,心理辅导教师须使用交谈、心理测验、问卷调查及行为观察等多种方法来广泛收集小学生的资料,只有这样才能准确描述和刻画小学生心理健康问题的基本状况。一般而言,完善的心理健康评估大体上包括以下几个方面:

(1) 识别和澄清当事人或其他有关人员所描述的现存问题。

(2) 就如何最好地进行评定提出初步的思考。

(3) 运用交谈、心理测量、直接行为观察等适当的评定方法系统地分析问题。

(4) 根据有关诊断分类标准进行归类和评价。

(5) 提出适当的干预意见。

(6) 提出帮助和治疗建议后,对当事人进行定期复查。

心理学家乔治·凯利列举了心理咨询者在进行心理健康评估时通常会提到的问题,它们是:① 当事人的现有状况及问题所在。即了解当事人是谁(何人),发生了什么事(何事),问题是什么时候发生的(何时),问题为什么会发生(为何)。② 当事人以什么样的构念来看这个世界。所谓"构念"是指个人世界观的"片段",是他观察世界的"眼镜"。在对学生进行心理评估时,我们不但要了解当事学生本人的心理事实,以及与其有关的环境事件的客观实况,而且更要了解当事人对这些事实、实况的体验、感受、态度。③ 当事人所处的环境中诸因素对他有何影响。④ 教师的基本构念如何,即教师观察人或事的视角与判断标准会对当事人产生影响。⑤ 教师应决定采用何种最佳方案来处理学生面临的问题。

科米尔认为,心理健康评估涉及11个事项,这对于我们进行小学生心理健康评估具有一定的参考价值。

(1) 解释评估的目的。向求助者说明评估的理由。

(2) 确定问题的范围。帮助求助者确认问题。如:"在你的生活中存在着哪些现实的压力?""对你来说有哪些事情不如意?"

(3) 问题的选择与排序。目的是帮助求助者聚焦问题,列出优先考虑的问题,找出最关键的入手之处。如:"在我们讨论的所有问题中,哪一个是最突出的?""在所有这些问题中,哪一个令你感到最有压力?""如果这个问题解决了,你将在多大程度上体验到幸福和解脱?"

(4) 明确目前存在的问题行为。如:"对这件事你有什么感受?""描述一下这种情况在最近几次发生时,你做了什么?""在你目前的生活中,谁对你有积极的或消极的影响?"等。

(5) 明确先前事件及其对问题行为的影响。如:"问题第一次是在什么情况下发生的?""是否有某人或其他特别行为使得问题更有可能发生或更不可能发生?"

(6) 明确后继事件及其对问题行为的影响。如:"问题发生后,你有什么特别的想法或意向使问题加重或减轻?"

(7) 找出附带收益。如:"问题出现后,有什么愉快的事情发生吗?"

(8) 了解求助者以前解决问题的方法。如:"你以前是如何处理这个问题的,效果如何?"

(9) 了解求助者的应对技巧。如:"描述一下过去你采取的方法和步骤。你当时想些什么,做了些什么?"

(10) 了解求助者对自己的问题的知觉。如:"你怎么对自己解释这个问题?""你可否给问题加一个一句话的标题?"

(11) 明确问题的强度。如:"这种感觉通常伴随你多久?"

(二) 心理测验

心理测验是一种采用标准化的测量工具,在较短时间内对被试的某些或某方面的心理属性、心理特质进行测定,然后和常模进行比较,从而判断某个体的心理健康水平的一种方法。

使用这种方法的关键是要与常模进行比较,要确定一个人的心理行为是正常或异常,就是要根据其心理特征、心理反应在常态分布中是否偏离了平均值来进行判断。这里的"异常"是相对的,要根据其与全体同年龄范围内学生的平均差异而确定。这种判别标准比较客观,已广泛应用在心理辅导、心理治疗等临床实践之中。

目前在实施心理健康教育中,为了更准确、客观地判定学生的心理行为问题,广泛采用的测量工具有:明尼苏达多相人格测验(MMPI)、艾森克人格问卷(EPQ)、卡特尔16种人格因素测验(16PF)、韦克斯勒智力测验、中国比纳测验、瑞文标准推理测验中国城市修订本、SCL-90精神卫生自评表、自评抑郁(情绪)量表(SDS)、焦虑(情绪)自评量表(SAS)、儿童行为量表(CBCL)、学习适应性测验(AAT)、A型行为类型问卷(TABP)。这些测量工具大都经过修订,可在心理咨询、心理治疗中广泛使用。

(三) 观察评定法

观察法是通过有计划地、系统地直接观察学生个体的行为表现,并对观察到的行为事实加以记录和解释,以了解学生心理与行为的方法。

1. 根据当事人自我观察进行判断

当事人将自己观察到、体验到的主观经验向心理辅导教师诉说,教师根据临床经验和社会生活经验来判断当事人的心理行为问题。当小学生自我感觉到心情沮丧、忧郁、苦闷、不愉快时或自己不能自主地控制某些行为或思想时,他们会向教师报告自己的问题以寻求帮助或辅导,教师则可以根据他们的自我观察报告对其心理行为问题做出是正常还是异常的判断。观察判断的正确与否取决于两方面因素:其一,当事人主观经验诉说的准确性与坦诚性;其二,咨询者自身的专业知识背景及其对客观经验判断分析的准确性。

2. 根据当事人的环境适应状况进行判断

这种判别方法也称为"环境适应判定法",是指根据当事人对周围环境的适应状况来判断其心理行为是否异常。环境适应主要包括社会生活适应和个人生活适应两方面。社会适应指个体的心理行为能够符合社会道德准则、行为规范的要求;生活适应是个人能够表现出与外在生活情景相一致的表情、言语、情感、行为。

环境适应判断法的优点是所获得的信息直观、真实,但局限性也比较明显。个体行为在环境中往往受到多因素的影响制约,很难做到严格控制变量,探寻因果关系。因此,在这种情况下,就必须综合采用其他判别方法,才能对个体的心理行为做出准确的判断。

3. 根据当事人的症状表现进行判别

这种判别方法也称为"症状观察法",是通过观察学生在自然情境中各种心理行为表现,捕捉基本信息,了解学生是否存在某些心理异常的躯体症状表现或生理反应,从而对其心理健康状况做出判别,以判断其心理行为是否存在问题的方法。使用此方法,必须要求判定者对学生心理行为异常的各种临床表现和躯体症状都比较熟悉,而且对被观察学生心理行为的各个方面做系统、全面的诊断检查,最后才做出判断。

症状观察法的准确性主要取决于判别者对学生心理异常的生理或躯体症状的熟悉程度和检查的细微程度。同时,最好还要结合学生自诉的各种躯体症状。必须将外部观察和内部体验有机结合起来,只有这样,才能准确、全面地判断学生的心理行为是否健康。

(四) 评估会谈法

会谈是心理咨询与辅导的基本方法。教师通过会谈既可以了解学生的心理与行为,也可以对学生的认知、情绪、态度施加影响。会谈法的优点是:在会谈中可以当面澄清问题,以提高所获得资料的准确性。通过观察会谈过程中双方的关系及学生的非言语行为,可以获得许多重要的附加信息,了解当事人的认知风格,以及对有关事物的主观体验与态度,这些都有助于建立有效的调适方案。会谈法的不足是:会谈中,学生对其心理问题的掩饰态度会增加评估的难度;对问题的遗忘、夸大、欺骗等使会谈信息的真实性大打折扣。

第三节 小学生心理辅导

心理辅导作为一项帮助学生进行自我认识、自我调节,以促进其心理健康成长的学校工作,已被越来越多的人了解和接受。学校心理辅导是运用心理学的原理和方法,对学生的学习、适应、发展中遇到的问题给予直接或间接的帮助,并发现有心理障碍或精神疾病的学生,进行及时转介和辅助性矫正的过程。小学生心理辅导的基本形式有两种:小学生个案辅导与小学班级团体辅导。

一、小学生个案心理辅导

个案辅导是个别进行的,由辅导教师定期与案主会谈、商讨,以协助解决问题。具体的心理辅导方法如下：

（一）行为矫正法

行为矫正法以行为主义为理论依据，将行为治疗的方法运用到心理辅导中，效果显著。

1. 强化的方法

行为治疗中的强化是建立在操作性条件反射原理基础上，系统地运用强化手段去增进某些适应性行为，减弱或消除某些不适应行为的方法。主要包括：

（1）行为塑造法。行为塑造法通过正强化的手段，矫正人的行为，使之逐步接近某种适应性行为模式，是行为治疗中最常用的方法之一。在行为塑造法中，要采取小步子策略，避免因标准定得太高而使对方无法达到。

（2）代币管制法。这是一种利用强化原理促进更多适应性行为出现的常用方法。代币是可以在某一范围内兑换物品的证券，其形式有小红旗、小铁牌、小票券等，来访者可以利用这些证券换取自己所需的物品。

（3）消退法。消退法是指对不合适的行为不给予注意、不给予强化，使之逐渐削弱以致消失。例如，有的小孩子力图通过哭闹的方式引起大人的注意，但如果大人不予以注意，小孩子哭的没有意思了，自然就停止了哭闹。

2. 厌恶疗法

厌恶疗法又称对抗性反射疗法，它是基于经典条件反射的原理而建立的一种治疗方法，是行为治疗中最早和最广泛应用的方法之一。通过在求助者的不良行为即将出现或正在出现时呈现一个令人厌恶的刺激，使求助者产生厌恶的主观体验。经过反复实施，不良行为和厌恶体验就建立了条件联系，求助者为避免产生厌恶的主观体验，就会改变以往不良的行为习惯。常用的厌恶治疗形式有以下几种：

（1）电击厌恶疗法。在求助者出现不良行为时给予电击。电击的强度以引起求助者心理上厌恶感为准，每次治疗时间30分钟，随着治疗的效果而适当调整电击的频率，但要注意避免电击对身体产生的损害。

（2）橡皮圈疗法。在日常生活中，橡皮圈可以取代电击的方法，采用同样的治疗原理，简单、易于来访者自己根据实际情况进行操作。具体做法是将橡皮圈戴在手腕上，有不良行为出现或有类似想法出现时，立即用橡皮圈弹击皮肤，引起厌恶感。

（3）想象厌恶疗法。通过厌恶情境的想象与变态行为相联系来达到控制不良行为的目的。

3. 系统脱敏法

系统脱敏疗法是南非精神病学家、心理学家约瑟夫·沃尔普所创。它用于治疗求助者对特定事件、人、物体或泛化对象的恐惧和焦虑。这种治疗方法可由三部分组成：第一步，放松训练，教求助者掌握放松技巧，反复进行放松练习；第二步，建立焦虑等级，也就是了解引起求助者焦虑反应的特定情境，将其按照由弱到强的次序排列成"焦虑等级"；第三步，进行脱敏治疗，也就是让求助者想象或置身于引起焦虑的情境，同时进行放松练习。

对于学生而言,采用系统脱敏法旨在使学生对本来可引起敏感反应的人或事物不再产生敏感反应。例如,对于一名有考试焦虑的学生而言,先让该学生在教师指导下学会放松身体各部位,进行全身松弛训练;建立学生害怕考试的焦虑情境等级,分为"考试前一天晚上想到考试——走在考场的路上——进入考场——第一遍看完卷子——答题过程中出现不会的题目"五个等级,辅导教师引导学生按照"由弱到强"的顺序想象引起自己焦虑的情境,并结合全身放松训练,以放松对抗焦虑反应,直到最高焦虑情境下也不会出现焦虑反应为止。

(二)角色扮演法

角色扮演法是一种通过行为模仿或行为替代来影响个体心理的方法。让学生扮演一定角色,通过某种表演方式进入角色,体验角色,让学生更清楚地认识自己,更理智客观地面对自己出现的问题,提高心理素养。角色扮演方法有以下几种形式:

1. 哑剧表演

辅导教师提出一个主题或一个情景,要求学生不用言语而用表情和动作表演出来。例如,让学生表演与新同学见面的情景,表演赞美别人、喜欢别人或者讨厌别人等情景。这种方法可以促进学生非言语沟通能力的发展。

2. 空椅子表演

这种方法只需一个人表演,适合社交方面有困难的学生。例如,某个学生在异性同学面前很害羞,难以正常交往,我们可以用空椅子表演的方法帮助他。具体做法是将两张椅子面对面放着,让他坐在一张椅子上,假设另一张椅子坐的是异性同学。让其先表演彼此间曾经有的或可能有的对话,然后坐到对面去,以对方的立场说话。如此重复多次,往往能使学生了解对方,改善双方的交往。

3. 角色互换

这种方法与前一种类似,只是参与的人有两个或者更多。例如,辅导教师可以让一个学生扮演失败者,一个学生扮演帮助者,两人对话一段时间后,互换椅子和角色。

4. 改变自我

在角色扮演中,辅导教师让某个学生扮演自己改变后的情况。例如,某个学生上课时行为多动,辅导教师让他扮演上课时行为不再多动的情况。

5. 双重扮演

这种方法要求两个学生一起表演,一个是有问题的学生,一个是助理演员。有问题的学生表演什么,助理演员就重复表演什么,这样可以重现事实,帮助学生认识自己。

6. 魔术商店

辅导教师扮演店主,店里销售各种东西,如理想、健康、幸福、财富、成功等。由学生扮演买主,说出自己最想要的东西及其原因。然后,辅导教师问他愿意用什么来交换。用这种方法了解学生的需求和价值观,帮助学生树立正确的价值观和人生观。

(三)理性情绪法

心理学家埃利斯提出理性情绪辅导方法。他认为,错误的思维方式或非理性信念是情绪和行为问题产生的根本原因,消除不合理认知是解决求助者心理问题的关键。因此,合理情绪疗法的实施原理就是通过帮助求助者克服不合理的信念,建立合理的合乎逻辑的思维方式来寻求心理问题的解决。操作方法如下:

1. 找出不合理信念及思维方式

通过与来访者之间的交流,找出来访者所关注与困扰的问题及问题背后不合理的信念及思维方式,帮助他们弄清楚为什么会变成这样,怎么会发展到目前这样,讲清楚不合理的信念与他们的情绪困扰之间的关系。这一步要注意以理解、关注、尊重、积极的态度与来访者交谈,与来访者建立良好的咨访关系,帮助来访者树立自信心。

2. 找出不合理信念的影响

坦白和真诚地向来访者提出他们自身存在的不合理信念对其生活的影响,使来访者明确情绪困扰的真实原因在于自身的不合理认知,他们自己应当对自己的情绪状态及事态发展负责任。

3. 与不合理信念辩论

通过以与不合理信念辩论方法为主的治疗技术,帮助来访者认清其信念的不合理性,改变其头脑中固有的不合逻辑与现实的认知,进而做到放弃这些不合理的信念,并要防止新的不合理信念的产生。这是治疗中最重要和最关键的一环。

4. 治疗者要保持耐心

治疗者要保持耐心和毅力,不仅要帮助求治者认清并放弃某些特定的不合理信念,而且要从改变他们常见的不合理信念入手,帮助他们学会以合理的思维方式进行思维,代替不合理的思维方式,以避免不合理信念对其情绪的干扰。心理辅导的方法还有很多,诸如讨论法、游戏法、价值澄清、心理训练等。心理辅导教师应根据辅导的目标、内容,辅导的形式与途径采用最恰当的心理辅导方法,取得最佳辅导效果。

二、小学班级团体心理辅导

(一)班级心理辅导概述

班级心理辅导是以团体动力学及相关理论为依据,根据学生身心发展的需要和特点,以班级团体活动为载体,以全体学生为辅导对象,由班主任担当指导者,运用适切的辅导策略或方法,协助学生重新评估自己的思想、情感和行为,以预防或者解决问题,并且激发学生的潜能,助其成长的历程。一般认为,班级心理辅导的理论基础是团体动力学、人际沟通理论、认知行为理论和社会学习理论。辅导活动的过程是结构化的,可以分为暖身、互动、分享和结束四个阶段,活动形式包括游戏辅导、行为训练、价值澄清、角色扮演和音乐调试等。由于是以班级的形式开展团体心理辅导,所以一般成员是异质的,辅导的目标是发展性的。班级辅导的内容主要有学习问题辅导、自我意识辅导、人际交往协调和情绪情感疏导四个方面。

(二) 班级心理辅导的特点

1. 主动性

班级心理辅导体现了罗杰斯的"学习者为中心"的"非指导性教学"观点,关注学生是否积极参与课程活动,而且将教师看作"辅导者",他的作用不是帮助而是协助,并与学生建立一种真诚信任的关系。

2. 活动性

班级心理辅导是一种通过活动来促进学生感悟与发展,以活动为中介的课程形式。通过各式各样的活动,为学生提供更多的与教师和同伴人际交往的机会;通过模拟活动,使学生能够在班级辅导中担当一定的角色,促使他们在思考、模拟及扮演这些角色的过程中,学会积极的行为方式。

3. 开放性

班级心理辅导不仅表现为课程内容的开放与课程实施空间的开放,更重要的是表现为学生个性的开放与相容,师生之间、学生之间保持人格上的平等和观点上的相融。

4. 生成性

班级心理辅导是由辅导教师和学生共同创造的过程,是一个不断生成新的辅导素材和新的成长体验的过程,这也体现了杜威的"教育即生长"的观点。

(三) 班级心理辅导的实施

1. 开展班级心理辅导的准备工作

(1) 选择内容。在班级心理辅导中,由于成员具有异质性,所以辅导性质一般是发展性的。班级心理辅导对人际交往、班集体建设、心理健康和自信等方面具有显著效果。在内容的选择方面,既可以通过访谈了解学生存在的问题,也可以通过问卷调查了解学生的困惑,还可根据学生和班级的实际情况,来选择确定班级心理辅导的内容和主题。无论如何,内容的选择要考虑学生成长中遇到的共性问题、学生心理特点发展的需求、家长老师的需求和学生积极品质的培养等。

(2) 设计方案。方案设计是开始班级辅导前最重要的部分,也是影响辅导效果的重要因素之一。通常,辅导方案分为简案和详案。我们先围绕主题收集活动素材,然后根据需要筛选活动,形成简单的方案,最后,征求专家的意见,进行修改,形成最终详细的方案。简案一般包括活动的名称、活动的目的、活动内容和次数。辅导的详案包括团体目标、团体性质、领导者、辅导对象、时间、次数、场所,以及辅导设计的整个计划等。

2. 班级心理辅导的实施过程

前期的准备结束后,开始正式进行班级心理辅导。团体的发展阶段分为团体建立、团体工作和团体结束三个阶段。

因为班级是自然组成的,在团体建立阶段,辅导老师主要的任务是确定团体的规范。在开始阶段,让学生了解到你是宽容、接纳的,他们可以是放松的,但是不可以没有规矩,要让他们明白自由是在规定范围内的自由。这是因为,每个人代表的不仅仅是自己,每个学生是作为团体的一部分而存在的。

此外,辅导老师要和学生明确团体的目标,并协助学生确立一个自己的目标。如果班级是新成立的,或者班级原来的氛围不是很好,那么要提升班级的团体凝聚力,让班级的内部结构发生改变,使学生产生新的行为,从而形成良好班级氛围。

团体工作是一个团体得以发展的重要手段。在团体工作阶段,辅导老师既是领导者,也是观察者。他的主要任务是促进成员深层次的自我表露,催化团体活动的动力,鼓励成员将领悟化为实际行动,尝试新的行动。并且,能够及时发现学生的点滴变化,对积极的观念和行为进行强化。在此阶段,辅导老师应该注重以下几个方面的问题:

第一,建立良好的关系。研究表明,咨询师和团体成员的关系,以及团体成员间的关系可以预测团体的结果。良好的关系是建立在双方信任基础上的,双方要彼此坦诚,互相理解。领导者的意义归因,特别是提供情感的支持都会促进与成员建立积极的关系。

第二,注重团体作用。团体作用指在团体中成员间的相互影响。包括自我表露,对积极和消极情感的表达,接受和提供反馈,理解自己和理解他人等团体心理辅导的必要行为。在团体辅导中,除了领导者的行为,团体成员间的反馈将决定个人对团体进程的满意程度。成员间具有很多相似性,同伴的反馈、理解、支持和接纳对成员的成长意义重大。

第三,融洽的团体氛围。在团体开始工作的早期,尽量不要进行深层次的自我探索,要减少团体工作中的焦虑,建立安全的氛围。一个安全和支持的氛围对于人与人之间的关系是非常重要的,在这样的环境下团体成员可能会降低防御和认识自我。温暖、理解的团体氛围也会让成员有强烈的安全感、归属感和肯定感。

总之,团体工作阶段是成员成长的关键期,辅导老师要做好充足的准备,充分运用心理咨询的技术,保证团体工作过程的顺利发展,促进学生积极参与,推动学生形成新的态度,并将领悟到的付诸实际的行动中,形成新的行为。

在团体的结束阶段,主要的任务是总结在此过程中自己得到的成长,有哪些收获或者在哪些方面得到了改变。成员因为属于一个班级,所以在团体心理辅导中,不存在成员间的分离问题。但是,辅导老师要处理好和成员的分离,指导学员把团体中获得的经验运用到实际中,引领成员确定这次活动后继续努力的方向,使其对未来充满信心。

除此之外,处于青春期早期的小学高年级学生,他们的男女生界限会很明显,会出现小团体,还可能会有个别成员不配合,抵触某些活动。在班级心理辅导开展的过程中,辅导老师一定要及时进行调节,要有更多的耐心、细心,给他们更多时间去融入活动,融入群体。有些活动也要灵活处理,注重发挥个别学生的带头和榜样作用。

案 例

我是小学生

辅导题目：我是小学生

主题分析：小学时代,既是人生最富梦幻色彩的时代,也是人走向社会的第一个黄金驿站。儿童从进入小学校门的那一天起,其角色就已经发生了变化,由小朋友变成了小学生。学习将成为他们的主导活动,他们一方面要系统地学习和掌握知识技能,一方面要有意识地参加集体活动,接受良好行为规范的训练和约束,培养适合社会需要的个性品质。总之,小学时代是儿童由"自然人"向"社会人"发展的重要时期,因而启发引导小学生认识自己社会角色的变化,唤起他们的自我意识,帮助小学生尽快适应小学生活,形成正确的学习动机,对于激发他们的社会责任感具有重要意义。其中,重点是促使小学生意识到自己角色的变化,自己长大了,成为小学生了;难点是理解主要任务是学习,学习是自己不可推卸的义务。

目的要求：

1. 通过和幼儿园小朋友的对比,同爸爸妈妈的对比,同其他成人的对比,使小学生从心理上意识到自己长大了,不再是小朋友了。

2. 通过辅导活动,让小学生懂得,自己的主要任务不再是游戏,而是要在教师和家长的指导下进行学习。

课前准备：拍摄两段相关内容的录像片。

操作过程：

1. 导入课题。"同学们,从你们背上崭新的书包,蹦蹦跳跳去上学的那一天起,你们就不再是小朋友而是小学生了,从此你们离开了无忧无虑的幼儿园,走进一个崭新的天地即学校。开始你们可能会有些不习惯,但老师相信,你们慢慢就会习惯的,会很好地适应学校生活,你们有信心吗?""有!""现在把全班同学分为四人一组,请坐好。"

2. 活动与训练。

(1) 播放录像:小学高年级同学严格遵守校规校纪,有着良好的规范化的行为,努力学习文化科学知识,如学生很有秩序地走进学校,升国旗时庄重的神态,上课时聚精会神地听讲,上下楼梯靠右走,认真做好值日工作……

(2) 小组讨论:① 录像里高年级的大哥哥大姐姐们在干什么? ② 他们的行为好不好? 好在哪里? ③ 我们和他们比一比,差在哪里? 应该向他们学习什么?

(3) 教师小结:高年级的大哥哥大姐姐们严格遵守学校的纪律和小学生守则,这是他们进入小学以后多年训练的结果。我们也要和他们一样,好好学习,天天向上。

(4) 播放录像：① 一组不同行业的人员辛勤工作的镜头；② 一个小学生访问父母的情况。

(5) 小组讨论。① 先放前半段录像。"每天当我们在学校里上课时，各行各业的人们都在辛勤地工作，其中也有我们的爸爸妈妈。"② 播放后半段录像。"我们来看看，这个小同学的父母在干什么工作？是不是也非常辛苦？家长对这个小学生有什么希望？"③ "说说看，你们的爸爸妈妈对你们有什么希望？"……"同学们说得都很好，我们的爸爸妈妈也和千千万万的其他劳动者一样，每天都在为祖国的现代化建设辛勤地工作着，他们对我们抱有很大希望。我们应该做听话懂事的好孩子，在老师和父母的培养教育下，努力学习，健康成长。"

总结和建议：我们今天做了三个比较，一是同幼儿园的小朋友比，使我们认识到，我们长大了，我们的主要活动已不再是游戏，而是学习，我们已不能光凭兴趣做事，而是要努力学好各门功课；二是同高年级的大哥哥大姐姐比，他们为我们树立了榜样，我们应该向他们学习，自觉遵守学校纪律和各项行为规范，争当一名合格的小学生；三是同父母和成人比，现在我们还不能直接参加祖国建设，还要靠父母、靠劳动人民养育我们，这就要求我们必须努力学习，长大成才，报答父母，报效祖国，建设祖国，更好地为人民服务。

三、维护小学生心理健康的途径与策略

学校是培养学生在德、智、体、美、劳等方面全面发展的重要场所。传授知识、培养学生的能力和健康人格是学校教育教学的主要目标。维护小学生的心理健康，使他们形成良好的品格和健康心理，是小学教育义不容辞的责任。

（一）维护小学生心理健康的途径

1. 营造利于小学生心理健康的环境

环境对学生的心理健康有重大的影响。学生的心理健康受到三种环境因素的综合影响：① 家庭环境因素。家庭的结构、气氛、文化、经济背景等因素对学生的心理健康有很大的影响。例如，父母离异，学生的情绪与人格受到较大的伤害，会变得孤僻、自卑、反抗、敌对等。学校要积极与家长取得联系，经常反映学生的情况，动员家长多关心子女的成长，主动配合学校做好教育工作。② 学校环境因素。学校环境包括硬环境和软环境两方面。硬环境指校园、教室等；软环境包括教育的目标、内容，教育的组织性、计划性、系统性、专业性，教师的素质等。学校在校园文化建设、教育教学过程中的方方面面都应创造出利于学生身心健康的氛围，这对学生的心理健康是极为有利的。③ 社会环境因素。社会传媒、经济发展状况、社会风气、社区环境等都对学生的心理健康构成影响。其中图书与电视对学生的影响最大。学校要教育学生自觉抵制不良因素的影响，拒绝不健康的图书、音像等媒体进入校园，全方位地净化校园环境。

2. 提高教师的心理健康教育辅导能力和素质

对小学生进行心理健康教育辅导,教师的素质至关重要。只有心理健康的教师才能培养出心理健康的学生。学校要用素质教育的要求规范教师,为教师提供掌握心理健康教育专业技术的进修机会,提高教师的业务素质,推进学生的心理健康教育。教师也要自觉地调适自己的心理状态,树立崇高的职业道德,对学生高度负责,不以自己的消极情感影响自己的教育行为。

3. 采取各种形式开展心理健康教育

(1) 开设心理健康教育课程,传授有关的心理健康知识。这是为开展心理辅导而专门设计的一种活动课程,一般都列入教学计划之中。如,开设心理卫生课、心理健康教育课或举办有关的知识讲座,向学生传授、普及心理辅导有关知识,有助于学生正确认识自己、有效地调控自己的心理和行为。

在开展心理辅导工作初期,这种方式也比较易于为教师所掌握。心理辅导活动课在形式上要以学生活动为主,内容选取上充分考虑学生的实际需要,活动组织上以教学班为单位,辅导活动课的目的、内容、方法、程序均是有计划、有系统地安排设计的。通过这一途径可以对学生的认知、情感、态度、行为各方面有目的地施加积极的影响。学生参与活动,也有利于发挥自己的主动性,而以教学班为活动单位便于组织管理,且能使班级全体学生在辅导活动中受益。将心理辅导列入课程,也使这项工作的开展在人员、时间上有了保证。

(2) 结合班级、团队活动开展心理辅导。心理辅导活动只有与班会活动、课外活动、团队活动有机组合,才能达到综合教育的效果。把心理辅导与班级、团队活动,以及其他活动结合在一起,有利于发挥育人的整体功能。也可通过主题班会、演讲、手抄报、宣传栏、校内广播、闭路电视等形式,向学生普及心理卫生知识。但要注意的是,心理辅导仍需有自身的目标和内容,不要让心理辅导被班级、团队的日常活动所替代而丧失自己的特色。

(3) 在学科教学中渗透心理辅导。学习辅导是心理辅导的重要方面,它主要是结合学科教学来进行的。学习是学生的主导活动,学生的心理困扰大都产生于学习过程中,理应在教学过程中得到解决。实际上,各科教材中都蕴含着心理辅导的内容素材,教师只要细心挖掘、善加利用,就能收到心理辅导的实效。

(4) 个别辅导。个别辅导是辅导教师通过与学生一对一的沟通互动来实现的专业助人活动,比较常用的有个别交谈、电话咨询、信函咨询、个案研究等。

有些小学设立悄悄话热线信箱。实践证明,热线信箱十分有利于与小学生进行交谈,这种方式对一些尚不善于进行面对面谈话的学生十分方便。个别辅导是针对个别学生所实施的一种比较深入的、持续时间较长的个别辅导方式。它要广泛地收集资料,客观地分析问题的性质与成因,依据诊断的结果,拟定辅导方案,以协助学生解决问题。由于心理辅导的精髓在于个别化对待,因此可以说个案辅导是一种不可替代的辅导方式。

(5) 小组辅导。小组辅导也称团体辅导,是一组学生在辅导教师指导下讨论并有效地处理他们所面临的共同问题。小组人数少则四五人,多则十一二人。其成员多为同年级、同年龄学生,且有类似的待解决的心理困扰。小组辅导的适用条件是:学生的心理问题与人际交往有关,且小组成员愿意在团队中讨论他们的问题。一个小组通常要活动十多次,每次时间为一课时。小组辅导兼有班级辅导与个别辅导的优点,是一种很有发展潜力的心理辅导方式。

应该强调指出的是,组织学生参加各种社会实践活动也是学校心理辅导的一条重要途径。

扩展阅读

心理健康教育的任务

心理健康教育包括发展性教育与补救性教育两项任务。

发展性教育主要是指对全体学生开展心理健康教育,使学生不断正确认识自我,增强调控自我、承受挫折、适应环境的能力,培养学生健全的人格和良好的心理品质。主要任务是指导学生确立正确的自我认知,特别是自我能力、素质方面的认知,帮助他们认识和开拓自身的潜能,不断突破自我的种种局限,实现全面而充分的发展。其目标主要在于帮助学生提高心理素质,健全人格,增强承受挫折、适应环境的能力。它针对不同年龄阶段学生的心理特点,遵循人的认识发展规律,通过有针对性的教育和训练,使学生形成良好的心理素质。

补救性教育是指对少数有心理困惑或心理障碍的学生,给予科学有效的心理咨询和辅导,使他们尽快摆脱困扰,调节自我,恢复健康状态。主要任务是针对学生在各个年龄阶段及相应阶段的生活和学习中遇到的各种问题,结合他们的认知特点和行为特征,给他们提供一些必要的指导,帮助他们提高学习效率,处理好人际关系,学会自我心理调整,更好地处理因环境变化带来的各类问题,增强对环境和自我的适应能力,从而能很好地解决面临的现实生活问题,很好地完成各个时期的学习任务。

(二) 维护小学生心理健康的策略

学校心理辅导应根据辅导目标的要求,综合运用各种方法,形成统一的辅导工作模式。台湾学者吴武典提出以问题、方式与策略组合的基本模式,即针对受辅学生的问题,提供最适当的方式,进行最适当的处理。一般来说,维护学生心理健康的策略有以下几种:

1. 关系策略

辅导老师对学生无条件地接纳、关注与关怀,以便建立良好的辅导关系,并引导学生自我探索与了解。

2. 认知策略

教师要给学生推荐优秀读物,开辟辅导专栏,组织书报讨论,消除学生非理性观念,恢复其合理思考,进而改变其情感与行为。

3. 制约策略

对于缺乏自信与行为勇气的学生,可指定行为作业令其练习,并给予督导和鼓励,以促进其"自我肯定",还要运用行为改变技术消除其不适应行为与情绪,使其养成良好行为习惯。

4. 模仿策略

让学生通过角色扮演体验、学习新角色经验,增强社会适应力,还要利用同辈资源,为其提供示范,提高辅导工作成效。

5. 环境策略

约请家长与子女同来面谈,增进父母与子女的沟通了解,举办夏令营、周末营,协助有特殊困难学生离家住校,让他们在新环境中获得新体验。

6. 自我控制策略

自我管理,调动学生求善、向上动机,让学生学会自我观察、自我指导、自我监控、自我强化。

复习与思考

1. 简述心理健康的内涵。
2. 简述小学生心理健康的现状。
3. 简述小学生心理健康的评估。
4. 结合实际情况谈谈小学生心理健康的维护。

第十一章
小学教师心理

本章重点

- 小学教师的角色意识与素养
- 小学教师威信的树立
- 小学教师的心理健康
- 小学教师的职业发展

通过对小学教师的角色意识与素养的诠释,帮助小学教师树立威信,以维持小学教师良好的心理健康,促进他们的职业发展等是本章所涉及的主要内容。

第一节 小学教师的角色意识与素养

角色意识、心理素养、专业素养、基本教育素养是当代小学教师精神风貌的集中体现,也是衡量一个教师是否成熟的重要标志。

一、小学教师的角色意识

"角色"这一概念,原来是指演员按剧本要求扮演某一特定的人物。20世纪20年代,美国社会心理学家米德(Mead. G.)首先将这一术语引入社会心理学,称为社会角色。社会角色是由人们的社会地位决定的行为模式,一般包括三种含义:① 特定的社会行为模式;② 在群体生活和社会关系体系中所持有的位置和身份;③ 个体实现社会规定的权利和义务的行为规范。

在某一时间,每个社会成员都处于某个社会位置上,这时他便扮演着社会角色,教师也是一种社会角色。社会对处于某一社会位置上的角色都有一定的要求,为他们规定了相应的行为规范和要求,这就是社会对角色的期待。角色期待的内容是在长期的社会发展中形成的,对角色行为具有规范作用。每个人只有按角色期待行事,才能保证对社会的适应,其行为才会得到社会的认可和称赞。虽然角色期待并不像法则规范那样强制人们执行,但它在一定社会群体中约定俗成并由公众舆论来监督执行,只有符合角色期待的行为,才会受到公众舆论的赞许。角色期待的作用主要是规范了角色的行为,为角色行为的产生提供了依据。例如,在庄重的会议和朋友的聚会上,人们的举止言谈会有明显区别,因为在这两种场合中人们扮演的角色不同。

(一) 社会对教师的角色期待

教师职业具有特殊性,教师职业的特殊性决定了社会对教师所扮演的角色充满期待。一般来说,社会对教师的角色期待主要体现在以下方面:① 根据一定社会规定的教育目的和学生身心发展特点培养人才;② 在教书育人中,遵循教育教学规律,针对实际情境创造性地进行因材施教;③ 言传身教,爱岗敬业,充当学生的楷模;④ 树立长远育人目标,培养全面发展的人才。

(二) 教师的角色意识

教师的角色意识是指教师对自己所扮演的社会角色的认知和体验,它是教师自我意识的重要组成部分。明确的角色意识有助于教师不断调适自己的职业行为,更好地履行自己的职责。教师的角色意识主要包括以下内容:① 角色认知。它是指教师对其所扮演角色的社会地位、作用和行为规范模式的认识。当教师意识到自己所扮演的角色后,他就能够用相应的行为规范来要求自己。同时,清晰的角色认知也是教师规范自己的角色行为,达到良好职业适应的重要条件。② 角色体验。它是指教师对其所扮演的角色在履行角色职责的过程中产生的情绪体验。积极的角色体验可使教师对自己的角色感到自豪,并从教育教学中获得满足和愉悦。③ 角色期待。它是指教师对其所扮演的角色可能带来的心理满足以及对自我需要满足程度的一种期望。教师社会经济地位的提高,有助于增加教师角色期待的满意程度。

(三) 教师的角色扮演

教师的角色扮演主要表现在以下三个方面:① 社会的代表者。教师受社会指派并代表社会要求对下一代实施有目的、有计划的教育影响。因此,教师的言行不仅是个人行为,也是社会规范行为的体现,使命感和责任感是教师角色意识中的核心要素。② 社会道德的实践者。教书育人是教师的天职。"育人"不仅要帮助学生掌握一定的知识技能,发展其智能,还要帮助学生形成良好的道德品质。学生道德品质的形成和发展不仅依赖于教师的"传道",更取决于教师对社会道德的"践行"。③ 人类文明的建设者。教师的劳动是创造性劳动。在当今社会,"述而不作"的教师不再是好教师。一个合格的教师不但应具备所教学科的知识技能,还应具有强烈的创新意识,能不断探索教育教学中的未知领域,揭示教育教学的规律,传承并发展人类文明。

传统的教师角色比较单一,其职责主要是传递知识技能,师生之间是直接的传递和接受关系。然而,随着科技的飞速发展和社会的急剧变革,特别是以计算机为核心的信息技术在教育中的应用,从教育目标到教育内容、教育方法等都在发生巨大变化,教师

的角色也相应发生了重大变化。具体来说,教师在教学中扮演以下重要角色:

1. 教学设计者

作为教学的设计者,教师要设计好以下几个问题:① 教学目标,即通过教学要让学生达到什么样的目标;② 教学策略和方法,即采用什么样的方式方法进行有效的教学,并达到预定的教学目标;③ 检测手段,即采用何种手段评估学生掌握的程度和教学目标的达成度;④ 学生,即要考虑学生的水平、接受能力和心理成熟度;⑤ 教学内容,即要考虑教学内容的难易程度,并结合学生的实际水平,进行恰当的安排。

2. 主要的信息源和信息筛选者

作为主要信息源,教师的作用主要体现在以下两个方面:① 按照设计好的方案为学生提供信息;② 主动为学生提供其在自主探究中所需要的信息。作为信息筛选者,主要是指在现代社会中,信息传播的途径日益丰富,教师不再是学生唯一的信息源。作为教育者,教师应承担为学生筛选有用信息的职责,尽可能为学生提供有效的支持和帮助。

3. 指导者和促进者

教师不仅是知识的传授者,更是学生的指导者和促进者。任何时候教师的指导作用都是不能否定的。对小学生而言,必要的讲解和指点,永远都是不可缺少的。教师还要从单纯传授者的角色中解放出来,主动承担起促进学生个性和谐发展、引导帮助学生建构自己知识体系的职责。

4. 组织者和管理者

尽管不同教师对课堂控制的程度不同,但维持一定的教学秩序是进行教学的前提。教师要激发学生的学习动机,进行班级管理,组织课堂教学,处理教学的偶发事件等;要组织学生参加体育锻炼,准备考试;要记录学生的表现,并与家长和其他教师进行交流。随着人们对合作学习和交互性学习的重视,教师作为组织者和管理者的角色更为突出。如组织学习小组,引导学生进行讨论与合作活动等。

5. 学习共同体中的首席

现代教育理论认为,在课堂教学中,教师和学生是一个学习共同体。尽管这一共同体的所有成员都是平等的,但教师应成为共同体的首席成员。只有这样,教师与学生之间才能建立友好融洽的关系,才能与学生共同进行意义的理解建构,解决问题。

6. 反思者与研究者

教学反思是教师专业发展和自我成长的核心因素,教师要不断反思教学活动中存在的问题,并提出改进方案。教师对教学的反思过程,就是教师以一定的元认知知识为基础,对自己的教学活动进行认知监控的过程;教师还是教学的研究者,教师的研究是一种以教学为核心的行动研究,这种研究解决的主要是教学中的实际问题。

7. 终身学习者

在科学技术飞速发展的社会,人们必须不断学习、终身学习才能适应社会的变革。随着学生获取知识、信息渠道的多样化,教师作为学生唯一知识源的地位已彻底动摇。

教师需要重新定位,以学习促发展,不断改变自己的生存状态。

扩展阅读

好教师与差教师的品质

Reilly 的调查发现,最好的教师与最差的教师存在以下差别:

最好的教师	最坏的教师
严肃认真	不喜欢教学
耐心	消极
灵活	刻板
好的素养	喜怒无常、易变、过敏
关怀、助人	过度地批判
高期望	冷淡、不受个人情感影响的
对学生很友好	对学生不友好
公正、诚实	不公平
一致	缺乏素养
把学生看成许多个人	教室中形成"坏的感情"如内疚、怕、嫉妒、不满、发怒
热情、喜欢教学	呆板、厌烦
理解	分心的习惯
善于组织	惩罚性的
幽默感	对学生缺乏信任(不信任学生)
在学科上知识渊博	在学科上无知

(四)教师职业角色的形成

教师职业角色的形成经历了三个阶段:① 角色认知阶段,即了解教师职业角色所承担的社会责任,能将教师充当的职业角色与其他职业角色区分开;② 角色认同阶段,即亲身体验并接受教师角色所承担的社会职责,并用职业角色规范来控制和衡量自己的行为,既认识了解教师角色的行为规范,又产生较深的情感体验;③ 角色信念形成阶段,即将职业角色的社会要求转化为个体需要,坚信自己对教师职业的认识是正确的,并将其作为规范自己行为的指南,形成特有的自尊心和荣誉感。教师一旦形成职业角色信念,就会表现出对教育工作的无限热爱和执着忘我的敬业精神。

二、小学教师的心理素质

心理素养是指一个人在心理过程和个性心理等方面所表现出来的本质特征。教师的职业特点、社会角色和人际关系,决定了教师应具备良好的心理素养。教师的职业心理素养主要包括以下几个方面:

(一)教师的认知心理素养

1. 敏锐的观察力

观察力是教师应具备的一种重要能力。教师要根据学生的外部表现了解其个性和心理状态,甚至根据学生的某一表现推知其接下来的表现。具有良好观察力的教师,能从学生细微的表现中,洞察其知识、智力和个性发展等情况;通过对学生眼神、表情、姿态等的观察来了解学生的真实想法,从而为有针对性地进行教育提供参考依据。

2. 善于分配注意的能力

在教学过程中,教师既要关注教材内容的讲解,又要关注学生的课堂表现,还要从学生的表现中,反思、调整教学内容和教学方法。这就要求教师具备良好的注意分配能力,以便在教学过程中做到眼观耳听、嘴说手动,达到良好的教学效果。

3. 清晰的记忆力

教师的记忆力主要表现在对教材、学生、活动及学生反映情况等方面的记忆上。教师备课后要记住教材内容与课堂设计;要能记住学生的名字,说出他的爱好特征;能清晰、准确地再现班集体活动的情况,以及学生反映的情况,使学生感到教师对自己的关注,产生对教师的亲近感和信任感,从而提高教师的威望。

4. 创造性思维能力

教师是学生智力的开发者、心灵的塑造者,这就要求教师要具有创造性思维能力与创新精神。在教学上,教师能根据教学大纲的要求和学生的实际水平,创造性地把知识传递给学生;在教育工作上,能根据不同教育对象所遇到的不同教育问题因材施教;能批判性地接受他人的教育经验,不是生搬硬套,更不是因循守旧。

5. 语言表达能力

良好的语言表达能力是优秀教师的基本心理素养之一。教师语言表达应做到:简明扼要、内容具体、生动活泼、感染力强、符合逻辑、语法正确、流畅易懂;语音、语调要抑扬顿挫,语速适当。小学教师的语言尤其要有情感性,这样才能使学生心情愉快地接受教师传授的知识,进而提高教学效果。

6. 丰富的想象力

想象力丰富的教师能根据学生的特点创造性地安排教学内容。如想象力丰富的语文教师,能够有效地再造作品的情境,领会作品所蕴含的丰富内容,并将其有效地传授给学生,进而提高学生的想象力。

7. 良好的组织能力

教师的组织能力是保证教育教学工作顺利进行所必须具备的心理素养。教师的组织能力主要包括：组织教材的能力、组织课堂教学的能力、组织班集体活动的能力，以及组织教师集体（如教研组）活动的能力。教师只有具备了这种组织能力，才能有效地开展教育教学活动，保证教育教学工作的顺利进行。

（二）教师的情感心理素养

"爱"是教师最核心的职业心理素养。教师的爱既体现为热爱教育事业，又体现为热爱学生。热爱教育事业表现为教师对教育工作的高度责任感、荣誉感、事业心；热爱学生既表现为教师对学生的严格要求和尊重上，也表现为教师毫无保留地将自己的学识传授给学生，以使学生在精神和智力方面获得最大发展。当然，教师热爱学生的情感是以教师对教育事业的热爱为前提条件的。

教师的情感对学生有直接的感染力，是开启学生心扉的一把有效的钥匙，在思想品德教育中有不可低估的作用。教师热爱学生，学生就会热爱教师，并把对老师的热爱转移到学好教师所教的功课上，进而提高学生的学习质量。

（三）教师的意志心理素养

良好的意志品质是教师克服教育工作中的一切困难，持续做好教育工作的基本心理素养。教师的意志品质表现为：① 目的性，指教师在完成教育任务时都有明确的目的，并有力求达到这一目的的坚定意向。② 果断性，是指教师善于及时采取决断的能力，特别是遇到突发教学事件时，教师的果断性和坚定性就体现为解决这一突发事件的教育机智。③ 自制性，是指教师能够掌握或支配自己行动的能力。教师的自制力与其沉着、耐心的坚持性联系在一起，可以有效地影响学生良好心理品质的形成。④ 坚持性，指教师能够长期坚持精神饱满地完成教育教学工作。

良好的意志品质是教师提高业务水平和完成教育任务的基本心理素养，缺乏这种心理素养，教师就不可能长期坚持教育教学工作，对教育事业的发展和学生的成长都会造成不良影响。

（四）教师的人格与自我适应

作为教育事业的主要体现者和实施者，教师除了有高深的学识之外，还需要具备良好的人格素养。

1. 教师应有的人格素养

教师的人格素养主要表现在：专业的气质与敬业的态度；稳定的情绪；良好的人际关系；乐观、活泼的性格；高尚的品德及教育机智。教育机智体现了教师的急中生智，是教师各种能力灵活运用的"合金"，没有固定的模式，常常运用在解决意料之外的问题上。如果没有教育智慧，教师就不可能成为优秀的教育实践者。教育机智与教师的智力、教育能力密切联系，同时还与教师的教育技巧有着不可分割的联系，是教师所独有的心理素养。

扩展阅读

教师的教育智慧

在某班的一次英语课上,老师正在教"cock"(公鸡)这个单词,突然,有个学生坐在位子上,用广东土话怪腔怪调地问:"英语里有没有鸡姆(即母鸡)?"顿时,班上哄堂大笑,正常的课堂纪律被搅乱了。面对这种情况,老师不动声色,仍然用平静的声调说:"有,而且还有小鸡这个单词。"接着他把这两个单词写在黑板上,带领学生们读。于是,学生们的注意力很快地被引导到教学内容上来了。那个发出怪声的学生看到自己的行动并未引起大家的注意,也开始感到不好意思起来。然后,这位教师又把话题一转:"某某同学不错,不但想学会'公鸡'怎么说,还想知道'母鸡'这个词,现在全班同学都学会了两个单词。但是,刚才你提问题的语调不好。"接着他又讲了英语中的语调问题。

2. 教师的适应

教师作为精神文明的开拓者,在传递科学文化知识,促进整个人类生存与延续方面始终起着十分重要的作用。长期以来,教师已成为"无所不知"的人之楷模,备受尊崇。但随着科技的进步,知识的不断更新,社会对教师角色的要求不再是单纯的"传道、授业、解惑"。正如《学会生存》中所阐述的那样:"教师的职责现在已经越来越少地传递知识,而越来越多地激励思考;除了他的正式职能以外,他将越来越成为一位顾问,一位交换意见的参加者,一位帮助发现矛盾论点而不是拿出真理的人。"由于信息源急剧增多,学生视野开阔,思维活跃,知识面广,教师以有限的知识或权威的地位已很难驾驭课堂。难怪不少教师都有"现在的学生越来越难教"的感觉。因此,随着社会的变迁,教师只有具备良好的适应能力,才能成为一名合格的教育工作者。

教师的适应表现在:① 工作之初的适应。表现在如何与学生相处、摆正自己的位置;如何从大学校园的生活投入繁忙繁重的教学工作中;如何从松散的学生生活适应教师严谨的行为规范;如何使学生能有效学习并提高效率等方面。② 工作之中的适应。如在投入教育教学工作之后,要不断适应新的情境和要求、适应具有个性差异的学生,以及适应新的教学理念方法等。

三、小学教师的专业素养

教师的专业素养主要由专业精神、本体性知识、实践性知识和条件性知识等四部分构成,这是教师从事教育教学工作的前提条件。

1. 教师的专业精神

教师的专业精神是教师应具有的理想追求、道德规范和伦理要求等基本理性价值取向,是教师献身于教育事业的精神动力。教师的专业精神具体包括:第一,教育理念,即教师在对教育工作理解和体验的基础上,形成的个人的教育观念和理性信念。一个教师的教育理念显现出个人的教育理想,奠定了教师基本的教育判断能力。第二,专业态度,即在一定专业意识支配下形成的对专业活动对象的认识、评价与行为倾向,对教师的行为起到重要的指导与调节作用。第三,师德,教师对学生的教育作用不仅是课堂里的知识传授,还有生活中的言传身教。只有在职业道德、人格修养、待人接物等方面都能起到典范作用,才能成为一名学生心目中的好教师。

2. 教师的本体性知识

教师的本体性知识是指教师具有的特定学科的知识,每个教师都有自己的学科专业,学科知识是教师知识结构中的主体部分,是教师的本体性知识。教师应了解学科内容,理解学科的知识是如何创造、如何组织、如何同其他领域的知识整合的。只有这样,教师才能有更多的精力去设计教学,才能更多地关注学生和整个教学的进展状态。教师要掌握与所教学科有关的知识,以及学科所提供的独特的认识世界的视角、工具与方法。虽然拥有丰富的学科本体性知识并不能保证一个教师成为好教师,但也不能否定本体性知识在教育教学中的重要作用。

3. 教师的实践性知识

教师的实践性知识指教师在实现有目的的行动中所应具备的课堂情境知识,以及与之相关的知识,这种知识属于临床性知识,主要是教师积累的教学经验和在情境教学中间接获得的经验。教师的实践性知识具有下面几个特点:第一,实践知识具有明显的经验性,它依赖于教学经验,缺乏严密性和普遍性,但却具有鲜活性和功能灵活性;第二,实践知识具有情境性;第三,教师的实践知识具有隐蔽性,往往表现为直觉和自动化的过程;第四,实践知识具有反思性,既是一般经验的积累,更是典型经验的总结和反思。

4. 教师的条件性知识

教师的条件性知识指教师具有的教育学与心理学知识及其应用性知识,涉及教师"如何教"的问题。教师要知道如何教,就需要认识教育过程的要素,除了教学内容之外,教师还需要掌握有关教育对象、教学过程、教学方法的知识。同时,在教学过程中,教师还要将学科知识转化为学生可以理解的知识,要能促进学生智能和情感的发展,并能运用教育机智有效处理教学中的偶发事件。可以说,条件性知识是一个教师成功教学的重要保障。

已有研究表明,教师往往是把他们具有的学科知识与课堂情境结合起来,形成一种与教学行为有关的知识。从某种意义上说,教学的中心任务就是对学科做出教育学的解释,这种解释要依据学生对该学科的掌握情况。如杜威指出的那样,科学家与教师的学科知识不一样,教师必须把学科知识"心理学化",以便学生能理解。

> **扩展阅读**
>
> ### 教师应具备的知识结构
>
> 威尔逊（Wilson, S. M.）以教师为对象用观察和面谈的方式进行了研究，这一研究的结果表明教师要上好一节课需要七个方面的知识：① 课程内容的知识；② 学生情况的知识；③ 教学目标的知识；④ 教育学原理与教学论方面的知识；⑤ 学科和教材的内容、结构方面的知识；⑥ 与这一部分内容相关的其他学科的知识；⑦ 如何把教材的内容教给学生的教学法方面的知识。威尔逊等人进一步指出了在备课写教案的过程中，教师要综合运用这七个方面的知识，第一步是理解教材；第二步是根据教材与教学的目标去选择适当的材料，如举哪些例子；第三步是选择适合于这些材料的教学方法，如归纳或演绎、实物呈现或图片呈现等；第四步是根据这个班级儿童的心理特点分析教学方法是否适当。

四、小学教师的基本教育素养

（一）教学效能感

教学效能感是指教师对于自己影响学生学习活动和学习结果的能力的一种主观判断。"教学效能感"这一概念在理论上来源于班杜拉的自我效能感的概念。艾什顿（Ashton）提出，教师的教学效能感包括一般教育效能感和个人教学效能感两个成分。一般教育效能感是指教师对教与学的关系，对教育在学生发展中的作用等问题的一般看法与判断；而个人教学效能感是指教师对自己的教学效果的认识和评价。研究表明，教师的教学效能感对学生的学习有很大的预测力。目前，教学效能感日益引起教育心理学界的关注。

（二）教师控制点

教师控制点是指教师将学生学业的好坏归为外部或内部原因的倾向。有的教师倾向于外归因，即将原因归为学生的能力、客观条件限制等外部因素，他们往往感到学生的成绩更多取决于环境的因素，自己无法控制和把握；而有的教师则倾向于内归因，将原因归为自身因素，他们往往对学生的成功和失败更有责任感。教师的控制点对其教学活动，以及学生的成绩有显著的影响。一般说来，倾向于做内归因的教师会更主动地调整自己的教学行为，积极地影响学生的学习活动，在结果上也更可能促进学生的发展；而倾向于做外归因的教师则更可能怨天尤人，听之任之，在结果上也更消极。

（三）对学生的控制

教师要进行有效的课堂教学，必须管理好学生，维持一定的课堂秩序。教师对于控制学生的理解可能有所不同。有的教师主张极端的家长制做法，对学生予以高压控制，采用惩罚措施；与学生之间互不信任，只是进行单向交流，即由教师到学生。相反，有的教师则倾向于另一极端，极为富有人道主义倾向，积极地与学生交往、沟通，形成个人间的亲密关系；表现出积极的态度，与学生互相尊重和信赖；形成民主的班级气氛，更多地让学生自我约束、自我决策。实际上，教师一般并不处于哪一极端，而是在两者之间的某一结合点上。但优秀的教师会趋向于和学生建立民主友好的关系。

（四）与工作压力有关的素养

研究表明，学校内的压力是很大的。教师压力过大时，会表现出工作迟缓、旷工、烦躁，以及对学生缺少关注等。教师职业的众多冲突是引发教师压力与紧张的根源，如社会对教师角色期望的不同，教师工作成效的潜在性，教师自身价值观与教学中所传输的价值观的冲突等，都可能引发压力与紧张。但是，压力总是以教师的自我概念、对于冲突的态度、解决冲突的策略，以及其一般个性特征等为中介而产生。一个教师对自己的角色有明确的概念，就会较少受他人期望的影响；如能与其同事愉快合作则会减少些紧张和压力感。

扩展阅读

美国中小学教师的教学能力要求

美国教育部"全国专业教学标准署"的任务是制定成功教师应该知道什么和应该做什么的标准，以及建立一种检验教师能否达到标准的全国性教师评价制度，以促进美国学校教育改革。在该署所制定的全国标准中提出了美国中小学教师的教学能力要求。包括：

（1）教师全身心地致力于学生及其学习的能力。即教师在教学实践中要有观察和了解学生兴趣、困难、能力、技能、知识、家庭环境及同伴关系，并以此来调整自己教学的能力；要有理解环境和文化并努力创造条件来发展和评估学生的努力；要有根据学生特点选择教学内容和教学方法的能力。

（2）熟练地将学科知识传授给学生的能力。即教师在充分理解学科知识及其结构体系的基础上，有使用学科教学法和现代技术开展有效教学的能力。

（3）管理和检测学生学习的能力。即教师能够不断地调适教学环境（包括分组），以捕捉和巩固学生兴趣，最有效地使用教学时间；善于调动家长的积极性和善于借鉴与采纳同事的知识和专长，以推动教学活动的高效开展；能够评估每个学生和整个班级的进步，并清楚地向家长解释学生的表现。

第二节 小学教师威信的树立

教师威信是教师的教育教学行为对学生所产生的众望所归的心理效应，体现着对学生的凝聚力、吸引力、号召力和影响力，是完成教学任务的重要条件。教师威信的形成必须经历一定的过程，有赖于一系列的主客观因素，但最主要的还是有赖于教师自身的主观因素。

一、教师威信

教师威信是教师具有的一种使学生感到尊敬和信服的精神感召力。它是教师的人格、能力、学识及教育艺术在学生心理上引起的信服而又崇拜的态度，是教师拥有的为学生所共仰的声威和信誉，是一种可以使教师对学生施加影响，并产生积极效果的感召力和震撼力。

苏联教育家马卡连柯曾经说过："威信本身的意义在于它不要求任何的证明，在于它是一种不可怀疑的长者资望及其力量与品质。可以说，这种资望、力量与品质，连单纯的儿童也看得很明白。"这就是说教师的威信主要有权力威信和信服威信两种基本形式。教师应该树立信服威信，而不是权力威信。那种以教师的职权威慑、压服学生，只能使学生产生惧怕和回避的心理，不仅不能在学生心目中产生威信，反而会压抑学生的身心发展，有损教师的形象，对教育教学起负面作用。

教师威信对学生的影响很大，学生特别是低年级学生对教师的讲授、指示和教导的接受程度（教育的效果）常常以对教师的态度为转移。事实表明，在学生中有威信的教师的每一句话对于学生都是十分有力量的，他们乐于接受这些教师的讲授、教导，并迅速而认真地执行他的要求。相反，学生对没有足够威信的教师就不同了，他们对他所教的课程不那么注意和认真，对他的赞扬和批评也不那么十分重视。

二、小学教师威信的树立

（一）教师威信的形成

教师威信的形成受多种因素的影响。社会对教师的态度、家长对教师的态度、学生对教师及其工作的认识，以及教师本身的条件等都可能影响到教师威信的形成。

在影响教师威信形成的诸多因素中，教师本身的条件对教师威信的形成起着决定性的作用。教师的各种心理素养和崇高的思想品质，以及高度的专业知识素养是教师威信形成的基本条件。教师的外表、生活作风和习惯等对教师树立威信也有一定的影响。正是教师本身所具有的这些条件决定着师生之间良好关系的建立或学生对教师的

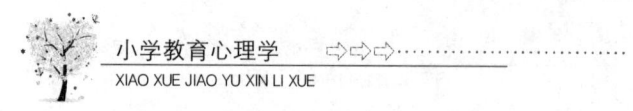

肯定的、积极的态度的形成。

教师的威信是不断变化和发展的。它可能随着教师教学水平的提高及学生对教师更深入的了解而得到进一步的巩固和提高,也可能因某种情况而降低甚至丧失。教师若要恢复已经失去的威信,需要付出更大的努力。因此,为了保持和提高威信,教师需要经常进行自我反思,不断改进自己的教学,提高教育教学水平。

教师威信的形成经历了由"不自觉威信"向"自觉威信"发展的过程。新教师在学生心目中有一定吸引力和威信,但这种威信属于"不自觉的威信"。一旦学生认可教师的学识、能力和品行,师生之间的情感就会加深和融洽,此时教师威信就由"不自觉威信"发展成为"自觉威信"。当然,如果学生不认可教师的学识、能力和品行,那么最初所形成的"不自觉威信"也可能丧失殆尽。

(二)教师威信树立的途径

1. 培养自身良好的道德品质

良好的道德品质是教师获得威信的基本条件。教师是社会的模范公民,是教育人的人,其道德和学识使其在学生乃至公民心目中都具有一定的威望。社会性学习主要通过模仿来进行,对小学生来说,一个成功的教师无疑是他们崇拜与模仿的对象。因此,教师在日常生活和工作中,应当时时处处加强道德修养,争取从人格上赢得学生认可。良好的道德品质还体现在教师对教育工作意义的认识及由此产生的对本职工作的高度负责的精神。兢兢业业、不计名利,对自己所教学科有着浓厚兴趣和热情,出色完成教学任务的教师会得到学生的尊重。相反,如果教师不热爱教育工作,对教学毫无热情,敷衍了事,就会失去学生的尊重。

2. 提高业务能力,培养良好的认知能力和性格特征

科技的发展和时代的进步,对教师的认知能力提出了更高的要求。教师要想有效地传授知识,就必须勤奋刻苦,拥有渊博知识和独到见解及精湛的教学技巧,不断提高业务能力,能够给学生以深刻启迪并激发他们对问题的深入思考。这样的教师教学效果才好,威信才高。

教育是一项十分复杂的工作,教师难免会遇到许多困难,产生挫折感。长期面临挫折情境的教师,会形成一种心理压力,影响教学工作的顺利进行。因此,教师应增强挫折耐受力,养成坚毅稳定、宠辱不惊、积极进取的品格,自觉抵制各种不利因素的刺激和影响,把自己的情感冲动限定在合理的范围内,切忌在遭受挫折后,把愤怒的情绪发泄到学生身上,出现转向攻击,或以冷漠的态度对待教学工作。

3. 注重良好仪表、风度和行为习惯的养成

教师的仪表是指教师的服饰、发型、仪容、举止、姿态等系列外部表现;风度是教师的精神气度、道德和文化素养的外在表现,主要是通过言行举止表现出来。研究表明,教师衣着整洁朴实;举止姿态自然大方,平静而安详,沉稳而端庄;热情大方,平易近人、谈吐文雅,这些都会直接给学生好感,留下深刻的印象,赢得学生的爱戴。国外在培养师范生时,往往通过录音、录像,让学生看到自己上课时的言语、教态、仪容和表情等,使

他们为自己的不恰当语言和不雅观的动作而不安,以利于克服和纠正。苏联心理学家李亚钦科认为:"教师与学生面对面,教师的本身,就包含着教育成果的全部可能性。"因此,教师在树立威信的过程中,千万不可以忽视这些生活细节。

4. 给学生以良好的第一印象

教师第一次和学生见面时留下的印象特别深刻,因为学生对新教师总是怀有新奇感,十分关注教师的一言一行。教师应高度重视第一次与学生见面,力争在第一次上课就从各方面给学生留下好印象。如教师头几次课的准备充分、态度沉着自然亲切、教学内容丰富、教学方法精心设计都会给学生留下深刻的印象,初步形成教师威信。同时,教师要珍惜"自然威信",即在师生交往初期,由学生对教师自发的信任和尊重而产生的威信,这种威信建立在教师所具有的教育者权威的基础上,也是教育职业本身带来的一种不自觉的威信。但这种威信很不稳定,如果教师滥用这种威信,以权威者身份对待学生,势必会引起学生的反感,最终会丧失威信。相反,在自然威信的基础上,以自己优良的品格、高超的学识和智慧去赢得学生发自内心的尊敬和爱戴,这种自然威信就会逐渐转化成为自觉的威信。

5. 做学生的朋友与知己

人本主义心理学家强调学习中人的情感因素,认为必须尊重学习者,把学习者视为学习的主体,重视学习者的意愿、情感、需求和价值观,主张在师生间建立良好的交往关系,形成情感融洽、气氛适宜的学习情景。这就要求教师在与学生相处时,要满怀真诚和爱心,与学生坦诚相见,热情关怀,循循善诱,特别是在学生有了过错时,不能以个人的权威者地位作掩护,对学生采取居高临下、盛气凌人的态度,更不能在大庭广众之下羞辱学生。波尔诺夫在论师生关系时说:"它既不同于慈祥的母爱,也不同于男女之间的热恋,师生关系是一种信赖关系。"学生越是信赖教师,就越容易将教师的要求转化为自己的内在要求,就会"亲其师,信其道"。但教师在做学生的朋友和知己时,应该认识到师生关系不能完全由个人情感所支配。教师更不能为取悦学生而无原则地迁就学生。一个与学生建立表面友好而实际低级庸俗关系的教师,容易与他们扮演的师长角色发生角色冲突,降低在学生中的威信。

教师的威信只能依靠教师个人的学识才智、育人成果、社会贡献而获得,重在通过教育实践活动进行自我培养和提高。教师威信形成后,并非一成不变。如果教师的素质处于积极的发展状态,其威信可继续保持和不断发展;如果教师在文化、思想、道德、能力等方面不求进取,得过且过,其威信必然逐渐下降。因此,教师应该经常严格要求自己,做到德才兼备,不断进取,只有这样才能长期保持教师的威信。

第三节 小学教师的心理健康

教师是学校教育的关键所在,教师的人格和心理健康状况直接或间接地影响着学生及其他教师的心理与行为。加强教师心理健康教育,提升教师的心理素质,促进教师的心理发展,不仅有利于其心理健康,提高工作效率,也影响着学生的心理健康水平。

一、小学教师心理健康的状况

教师心理健康状况既会影响到小学生的健康成长,也会影响到教师自身的生活质量。近年来,由于社会发展和竞争加剧,中小学教师也面临着许多挑战,面对众多的压力,尽管许多教师都能以较高的心理素质化解它们,但仍有部分教师由于不善于进行有效的自我心理调节,或者引起了他们的心理冲突,或者导致他们的心理失衡,或者造成了他们心理上的挫折感,在一定程度上,使他们产生焦虑、不安的紧张状态,造成沉重的心理压力。从分布态势上看,小学教师的心理健康问题最为突出,小学教师抑郁、焦虑、强迫症状等心理健康问题的检出率均为最高,其中小学女教师心理障碍率高于男教师。一般认为小学教师的心理问题主要集中在以下几方面:

(1) 自卑心态严重。部分教师认为自己与行政人员和商业人员,差距很大,不仅社会地位低下,想要在社会上办事常常受到刁难,而且工资收入较低,在维持家庭生活方面,颇感艰难。

(2) 嫉妒情绪突出。同科教师,由于所教班级的成绩排名先后,奖金和职称评定方面的差异较大,造成教师心理上不平衡,很容易产生嫉妒心理。

(3) 虚荣心理明显。在调查中,一些优秀教师,为了维护自己的名声,使自己的学生考出好成绩,不惜采取"便捷"的手段,更有"大"胆的老师考试前竟将试题偷出,提前召集学生"辅导"。

(4) 焦虑水平偏高。随着我国教育部门引入竞争机制,实行优胜劣汰、竞争上岗聘任制,教师面临更多的考验。部分教师担心"下岗",焦虑水平较高。

(5) 逆反心理较强。如部分教师对领导和同事提出的有关教学或者工作上的要求和建议很是反感,不仅不会接受而且很是愤怒。差等生的要求即便是合理的,出于逆反心理,教师常常也冷眼看待。尽管社会一再呼吁不要体罚学生,但有些教师却置若罔闻,反而会加倍惩罚学生。

二、小学教师心理健康的维护

教师心理健康的维护,是一项系统的社会工程,需要社会、学校和教师个人三者通力配合。在社会体制上,需要通过制定各种政策来提高教师的社会地位,加大教育投入,对教师的工作提供必要的支持和保障,形成有效的社会支持网络和尊师重教的社会风气。在学校层面上,学校应了解教师的工作情况,公平对待每一位教师;应及时给教师的工作以鼓励和肯定,不断提高教师的角色认知水平;正确对待教师的心理冲突、心理矛盾,帮助其分析冲突原因,消除心理阴影;增加教师和学生交流的机会,使教师得到更多直接来自教学过程的内在奖励;给予教师更多的自主权;学校的组织管理要使教师有获得社会支持的心理感受。

社会和学校是引发教师心理健康问题的外部因素,而教师的个人因素则是引发其心理健康问题的内部因素。要维护教师的心理健康,还应从教师的个人因素入手,通过自我心理调适,来促进或维护心理健康水平。

1. 正确认识自己,接纳自己

只有坦诚地承认自己的缺陷与不足,并肯定自己、尊重自己的优点,才能获得别人对自己相应的尊重。认识自己、接纳自己,主要包括两方面的内容:一是对自己的能力、行为和性格特点等,能进行正确的自我评价;对自己的长处和短处,能不受他人评价的左右,而客观承认并加以接纳。二是对自己职业角色的认同,做到热爱教育事业,热爱学生。教师对自己职业角色的肯定,可以化消极的工作态度为积极的工作态度,不畏外来的冲击与挑战,而对自己的本职工作,也能带着强烈的使命感,愉快而有效地完成。

2. 努力工作,学会休闲

教师的工作是十分繁忙的,每天除了备课、上课、辅导和批改作业之外,还要对学生进行思想政治教育,以及组织学生进行课外活动。可以说教师的大部分时间是围绕学生度过的。在这种情况下,就应该有弹性地安排自己工作之余的时间,留给自己一点时间来培养各种兴趣爱好,使业余生活尽量丰富多彩,精神生活多姿多彩。合理有效地安排好自己的工作和生活,既可以提高教学工作中的创造性,又可调节情绪,训练体能,滋润心灵,增进心理健康。

3. 建立良好的人际关系

教师与其他各行各业的人一样,都生活在一定的人际关系之中。良好的人际关系是教师顺利工作的基础,也是教师心理健康的重要条件之一。紧张不友好的人际关系会带来一定的心理负担、心理压力,会引起教师不愉快的情绪体验,导致一定程度的心理压抑。教师只有放弃权威的身份,平等、友好、和谐地对待学生,接纳学生,同时不把自己的标准加诸他人或不以自己的标准要求他人,尊重他人或学生的个性,这样才能获得自己所需的人际互动,才能与他人携手愉快地投入工作、生活之中。

4. 培养乐观的人生态度

乐观是促进身心健康的一剂良药。积极稳定的情绪、乐观的人生态度是教师心理健康的重要标志,也是促进教师心理健康的重要条件。教师是社会的一分子,所以在生活和工作中不免会遇到这样或那样的困难,产生各种心理矛盾;有时还不免会陷入烦恼和忧愁的包围中。如果心理得不到及时的调节、疏通,就可能引起强烈的心理冲突,并

在一定条件下引发某些心理疾病。只有以乐观的心态来笑对困难,才能有机会重新恢复心理平衡,才能以健康的心态直面人生。

5. 培养良好的意志品质

教师良好的意志品质,并不是天生就有的,是在工作实践中,克服困难逐渐形成和发展起来的。因此,教师要在日常工作和生活中,注意培养自身优良的意志品质,在各种困难和挫折面前保持乐观而平静的心态,保持积极稳定的情绪,冷静地解决一切不愉快的问题。

6. 学会调控职业压力

当教师承受职业压力时,身心会随之发生一系列的变化。职业压力会影响教师的身心活动,身心活动也在影响或改变着职业压力,对职业压力起着调节作用。具体做法是:① 主动适应环境,勇于改变自我,采取积极的认知方式。任何事情都有两面性,积极的认知就是在看到事物不利方面的同时,更能看到有利的方面,教师要学会全面、客观地看问题,正确地认识和评价自己,通过改变自我,形成积极正确的自我观念,扬长避短。② 善于调节情绪,掌握缓解压力的方法。格瑞斯提出,情绪调节分为原因调节和反应调节,原因调节就是对引起情绪的原因进行加工和调整。如有的教师的压力是源于不能有效处理与同事的关系,因此只要改善关系,就可避免产生紧张、焦虑等消极情绪。反应调节是指个体对已经发生的情绪在生理反应、主观体验和行为表现等方面进行调节,如,不良情绪已经发生的时候,可以通过参加文体活动,听音乐、散步,做肌肉放松训练,找朋友倾诉等消除紧张、缓解焦虑,增强自我对情绪的调控能力,增进身心健康。

7. 避免职业倦怠的消极影响

教师职业被公认是一种高强度、高压力的职业,教师是职业倦怠的高发人群。教师职业倦怠是教师不能顺利应对工作压力时的一种极端反应,是教师在长期压力体验下所产生的情绪、态度和行为的衰竭状态,典型症状是工作满意度降低、工作热情和兴趣丧失、情感的疏离和冷漠。职业倦怠包括三个核心成分:① 情感衰竭,指个体情感处于极度疲劳状态,工作热情完全消失。② 去个性化,指个体以消极、否定或麻木不仁的态度对待工作。③ 个人成就感降低,指个体评价自我意义与价值的倾向降低。教师职业倦怠心理的产生,不是对某一特定事件的即时反应,而是在较长一段时期内,对工作中所遇到的压力在情绪上产生的一种递进的反应过程。

教师职业倦怠不仅可能严重影响教师的身心健康,还会阻碍教师的专业发展,甚至会引发家庭冲突和危机,因此应采取有效措施避免教师产生职业倦怠感。① 获得社会支持,提高教师职业社会地位。② 建立民主、开放、和谐的工作环境。③ 加强自我修养,进行自我心理调整。具体来说,包括保持乐观主义精神和良好心态;加强体育锻炼,增强信心与勇气;增强社交适应能力,发展人际关系;培养多种兴趣与爱好,品味生活。

第四节 小学教师的职业发展

教师是从事教育事业的主体,与其他职业不同,教师职业的从业人员,其劳动对象是各具特色的学生。因此,教师专业化和职业化就显得尤为重要。追求职业成熟,成长为专家型教师是教师职业发展的最终目的。教师职业发展的核心问题是教师职业的专业化,而教师自身的专业成长是教师职业专业化的核心。

一、小学教师的专业成长

(一) 教师专业成长

1. 教师专业成长的概念

教师的专业成长是指教师作为专业人员,在职业道德、专业知识、专业能力、专业品质及教育素养等方面由不成熟到成熟的发展过程,即由一个新手型教师成长为专家型教师或教育家型教师的发展过程。教师的专业成长虽然与从教时间有关,但又不仅仅是从教时间的积累,而是教师专业素养的不断提高、专业理想的逐渐明确、专业自我的逐步形成,直至成长为教育领域的自觉创造者。

2. 教师专业成长的取向

近年来,教师专业成长主要呈现出三种取向:① 教师专业成长的理性取向,即教师接受充足的学科知识与教育知识。有效教学的影响因素就在于教师自己拥有的学科知识和借以将这些知识、技能传递给学生的教育知识。② 教师专业成长的实践－反思取向,即教师专业成长的主要目的并不在于外在的、技术性知识的获取,而在于通过反思,促使教师对自己、自己的专业活动直至相关的事、物有更为深入的理解,发现其中的意义,以促成反思性实践。③ 教师专业成长的生态取向,即不仅要通过教师个人的学习与实践反思,更为重要的,是在教师群体中形成合作的专业成长文化与模式。正是这种教学文化或教师文化为形成与改进教师的教学策略与风格提供了意义、支持和身份认同。

(二) 有关教师专业成长的理论

在教师专业成长研究领域,也出现了一些理论研究,主要有:

1. 弗勒的生涯关注理论

弗勒根据教师关注的内容把教师职业生涯分为四个阶段:① 教学前关注阶段,该阶段是师资培养的时期,他们对于教师角色往往只是处于想象之中,关注的主要是自己。② 早期生存关注阶段,该阶段是指刚刚开始教学工作的时期,由于对教学实践生疏,他们往往有很大的压力,因而关注的主要是班级管理、熟悉教学内容、学校领导的评价等生存问题。③ 教学情景关注阶段,该阶段是初步熟悉了工作以后的时期,开始关注的是各种教学情景或者环境的变化,以及对于教师在知识、技能、能力上的要求,重视教学情景所要求的知识学习和能力的提高,关心自己的教学表现,即我们所说的教学技能或"基本功"的提高。④ 关注学生阶段,该阶段的注意力转移到学生身上,关注学生的思想、品德、学习、需要,能够和学生建立真正的沟通和交往,能够站在学生的角度去思考问题,也能够比较好地满足学生的需要。这时,教师也就达到了比较成熟的阶段。

2. 费斯勒的生涯发展阶段理论

费斯勒把教师生涯成长分成八个阶段:① 职前教育阶段,即职业角色准备和教师培养形成阶段,内容是在大学进行专业的知识学习和训练,也包括教师从事新角色和新任务的再训练。② 实习导入阶段,即教师任教的最初几年,须学习教师的角色,完成职业的社会化,适应学校的运作,努力表现自己,争取得到学生、同事、上级的认可。③ 能力建立阶段,即改善教学技巧,提高教学效率,发现和运用教学新方法新策略的阶段,此时的教师很好学,容易接受新观念,参加进修学习,努力提高自己的教学技能。④ 热心成长阶段,是教师在能力形成以后,还持续不断地成长,努力追求自我实现的阶段。这个阶段,教师热爱工作,积极主动,不断充实自己的教学,有较高的工作满意度和成就感。⑤ 生涯挫折阶段,此时,教师可能受到某种因素的影响,产生了教学上的挫折,出现工作不满意,情绪沮丧,开始怀疑自己的工作能力和所从事的职业的正确性。该阶段也称为职业倦怠期。⑥ 稳定停滞阶段,该阶段是职业生涯发展中的高原期或平原期,教师的工作水平和能力没有提高,停滞不前,教师往往维持现状,缺乏挑战性和进取心。⑦ 生涯低落阶段,即教师准备离开教师职业的低潮阶段。⑧ 生涯引退阶段,该阶段是教师离开教师工作岗位及其以后的阶段,教师离开岗位以后,或者休息,或者另外找一些工作来做。

3. 斯蒂芬和沃尔夫的教师成长生命周期理论

斯蒂芬和沃尔夫在综合有关教学理论研究和大量的教师教学实践活动的基础上,总结出教师专业能力发展阶段的规律,提出了描述教师成长的生命周期理论。这个理论认为,任何一个终身从事教育事业的教师都要经历几个相互区别而又相互联系的发展阶段,即实习教师→新教师→专业化教师→专家型教师→杰出教师→退休教师。并且认为发展最顺利的教师在5年内可以达到国家教师标准,即成为专家型教师;如果发展不顺利则会在某一个阶段停滞很长的时间,甚至退出教师队伍。根据斯蒂芬对美国情况的统计,新教师阶段大约有1/3的教师离开教师队伍,是教师流失最多的一个时期。

(三) 教师成长的目标:新手—熟手—专家

教师的成长过程是一个由新手到熟手,再到专家型教师发展的过程。斯腾伯格提出了专家型教师教学成长的原型观,把专家型教师称为教学专长的教师,这类教师具有将更多的知识运用于教学问题的解决,解决教学问题的效率高且富有洞察力等特征。舒尔从知识、经验和技能获得的视角,将教师成长分为新手、中间及高水平三个阶段。伯利纳从知识和经验积累的角度,将教师成长分为新手、熟练、胜任、业务精炼和专家等

五个阶段。连榕对新手型、熟手型和专家型教师的比较研究发现,专家型教师普遍具有:① 教学策略以课前的计划、课后的评估、反思为核心。② 具有鲜明的情绪稳定性、理智、注重实际、自信心和批判性强的人格特点。③ 对教师职业的情感投入程度高,职业的义务感和责任感比较强。④ 良好的师生互动、强烈的职业成就感。

扩展阅读

专家型教师和新手型教师的特征

相关变量		专家型教师的特征	新手型教师的特征
教学效能感	一般教育效能感	认为自己能克服外在环境的负面影响,有能力克服学生个体差异;对学生行为和成就抱正向期望;教学目标和实现目标的策略明确。	认为自己克服外在环境负面影响的能力和克服学生个体差异的能力都不高;对学生行为和成就不抱正向期望;教学目标模糊,缺少实现目标的策略。
	个人教学效能感	认为自己的专业、教学能力高,教学的个人成就感高,对学生学习的个人责任感高,教学活动中情绪稳定,教学信念坚定。	认为自己的专业、教学能力不高,教学的个人成就感不高,对学生学习的个人责任感不高,教学活动中情绪不稳定,缺乏坚定的教学信念。
教学监控能力	计划与准备性	课时计划全面,有预见性,结合教学目标与学生实际;结合要教的内容知识与教学法知识。	预见性差,难以结合学生问题与课时目标;课时计划较简单、孤立;在与课程无关的任务上花较多时间。
	评价与反馈性	课堂教学中能随时通过观察、提问、练习等途径把握学生的掌握情况;能及时了解学生的反应,并评估自己的教学行为。	把提问、练习等活动看作教学过程的必经阶段,而不是从这些活动中获得学生的掌握情况及对自己教学的反馈;无意识地把注意力集中在少数学生身上,较少获得全体学生和整个课堂的信息。
	控制与调节性	能根据学生的反馈或具体教学情境灵活调整教学行为;能根据遇到的困难修正课程计划。	只能按课时计划按部就班地进行教学,很少能根据学生的理解和兴趣对教学行为进行调整。
	课后反省性	课后及时反思教学过程,包括教学和学生的反应,检讨教学得失,作为修正教学活动的依据。	注重课堂中发生的具体细节,注重自己的某个具体教学行为是否成功,忽视对学生反应的思考。
教学行为	课前准备	考虑到教学中的突发事件,充分了解学生和教材,花在准备教学细节上的时间较少,教学计划简洁,以学生为中心,有预见性。	把大量时间花在课时计划的细节上,课时计划过于烦琐,囊括了教学过程的每个环节,缺少预见性和灵活性,很少能把课时计划与学生的特点联系起来。

(续表)

相关变量	专家型教师的特征	新手型教师的特征
课中互动	课堂规划明确;能用各种方法把学生注意力集中在教学活动上;能机智处理突发事件;教材呈现方式新颖,教学策略运用自然、灵活;及时了解学生的理解情况和兴趣,根据实际对教学计划和行为做适当调整。	课堂规则含糊且不能持久坚持执行;无法有效利用教学时间,把较多精力花在与课堂教学无关的事件上;不能灵活运用教学策略,很少根据实际情况调整教学行为;注意力集中在自己的教学上,忽视学生的反应;不能通过各种途径获得学生的反馈信息。

二、教师专业成长的途径

(一)观摩和分析

观摩有两种形式:组织化的观摩和非组织化的观摩。组织化的观摩一般在观摩之前制定较详尽的观察计划,确定观察的主要行为对象、角度及观察的大致程序,也可以进行有组织的讨论分析。非组织化的观摩则没有以上特征。一般来说,组织化的观摩要比非组织化的观摩效果好,除非观察者有相当完备的理论知识和洞察力。观摩可以是现场观摩,也可以是观看优秀教师的教学录像。当前,开展案例教学正成为一种有效的观摩与分析的学习形式。

(二)微格教学

微格教学又称微型教学,即以少数学生为对象,在较短的时间内(5~20分钟),尝试做小型的课堂教学,可以把这种教学过程摄制成录像,课后再进行分析。微格教学使得教师可以对自己的教学行为进行更为深入的分析,并增强了改进教学的针对性,因而往往比正规课堂教学的经验更有效。微格教学不仅对实习生,而且对在职教师来说也是很有效的。

扩展阅读

微格教学

微格教学通常采用以下程序:

(1)明确选定特定的教学行为作为着重分析的问题(如解释的方法和提问的方法)。

(2)观看有关的教学录像。指导者说明这种教学行为的特征,使实习生和教师能理解要点。

(3) 实习生和教师制定微格教学的计划，以一定数量的学生为对象，实际进行微格教学，并录音或摄制录像。

(4) 和指导者一起观看录像，分析自己的教学行为。指导者帮助教师和实习生分析一定的行为是否合适，考虑改进的办法。

(5) 在以上分析和评论的基础上，再次进行微格教学，这时要考虑改进教学的方案。

(6) 进行以另外的学生为对象的微格教学，并录音录像。

(7) 和指导者一起分析第二次微格教学。

（三）教学决策训练

教师的教学过程中包含着一系列的决策，判断自己的教学行为所引起的学生反应是否符合期望，如果符合，就继续维持自己的行为，如果不满意，就要采取一定的预防和矫正措施。通过这种方法，教师和实习生可以获得近乎实际上课的经验，而且可以获得指导者及时的解释说明。这种方法不仅可以改善他们的教学行为，而且可以使他们对决策的有效线索更加敏感，这正是专家型教师的重要特征。

（四）教学反思训练

反思是教师着眼于自己的教学活动过程来分析自己做出某种行为、决策，以及所产生的结果的过程，是一种通过提高参与者的自我觉察水平来促进能力发展的手段。反思过程包括：对于活动的反思，即个体在行为完成之后对自己的活动、想法和做法进行反思；活动中的反思，即在做出行为的过程中对自己在活动中的表现、自己的想法做法进行反思。以这两种反思为基础来指导以后的教学活动，此过程循环更替，成为连续的过程。

扩展阅读

教学反思

布鲁巴奇提出了四种反思的方法：① 反思日记。在一天教学工作结束后，要求教师写下自己的经验，并与其指导教师共同分析。② 详细描述。教师相互观摩彼此的教学，详细描述他们所看到的情景，教师们对此进行讨论分析。③ 交流讨论。来自不同学校的教师聚集在一起，首先提出课堂上发生的问题，然后共同讨论解决的办法，最后得到的方案为所有教师及他校所共享。④ 行动研究。

(五) 教师行动研究

行动研究被视为一种"由社会情景(教育情景)"的参与者,为提高对所从事的社会或教育实践的理性认识,为加深对实践活动及其依赖的背景的理解而进行的行动研究。由于行动研究强调从经验中学习,强调实践者就是研究者,注重"研究"与"实践效果"的有机结合,因而它不仅能在较短时间内促进教师教学效果的提高,而且也有利于教师的专业成长。教师参与研究可以使教师结合一定的理论和自己的实际经验,对改进教学途径进行一定的探索,可以提高教师对教学和学习的理解,主动提高自身的教学能力。此外,与专家进行合作可以为开展研究提供更有利的条件。

复习与思考

1. 如何理解教师的角色意识?
2. 结合实际谈谈教师威信的树立。
3. 如何维护小学教师的心理健康?
4. 浅谈教师职业发展理论对你的启示。
5. 结合实际谈谈小学教师的专业发展途径。

参考文献

[1] David R. Shaffer, Katherine Kipp(邹泓译),《发展心理学:儿童与青少年》(第 9 版),中国轻工业出版社,2016.

[2] William Damon 等(林崇德、李其维、董奇等译),《儿童心理学手册(第二卷):认知、知觉和语言》(第 6 版),华东师范大学出版社,2015.

[3] 贾林祥,张新立,《心理学基础》,南京大学出版社,2014.

[4] 陈英和,《认知发展心理学》,北京师范大学出版社,2013.

[5] 刘金花,《儿童发展心理学》,华东师范大学出版社,2013.

[6] 林崇德,《发展心理学》(第 2 版),浙江教育出版社,2009.

[7] 桑标,《儿童发展心理学》,高等教育出版社,2009.

[8] 维果茨基(余震球译),《维果茨基教育论著选》,人民教育出版社,2005.

[9] 朱智贤,《儿童心理学》,人民教育出版社,2003.

[10] 皮亚杰,《发生认识论文选》,华东师范大学出版,1991.

[11] 罗伯特·斯莱文(姚梅林等译),教育心理学(第七版),人民邮电出版社,2004 年 7 月第 1 版.

[12] 韩进之,《教育心理学》,人民教育出版社,2003.

[13] 陈琦、刘儒德,《当代教育心理学》,北京师范大学出版社,1997.

[14] 张文新,《儿童社会性发展》,北京师范大学出版社,1999.

[15] 郑雪,《人格心理学》,暨南大学出版社,2007.

[16] 高玉祥,《健全人格及其塑造》,北京师范大学出版社,1997.

[17] Richard M. Ryckman(高峰强等译),《人格理论》,陕西师范大学出版社,2005.

[18] 莫雷,《教育心理学》,广东高等教育出版社,2002.

[19] 冯忠良,伍新春,《教育心理学》,北京人民教育出版社,2010.

[20] 何先友,《青少年发展与教育心理学》,高等教育出版社,2016.

[21] 李伯黍,燕国材,《教育心理学》,华东师范大学出版社,2010.

[22] 莫雷,《教育心理学》,教育科学出版社,2007.

[23] 彭聃龄,《普通心理学》,北京师范大学出版社,2001.

[24] 屈晓兰,《小学教育心理学》,华东师范大学出版社,2016.

[25] 尚金鹏,《教育心理学》,郑州大学出版社,2014.

[26] 王小明,《教育心理学》,北京大学出版社,2016.

[27] 张大均,《教育心理学》,人民教育出版社,2014.

[28] 李新旺,《教育心理学》,科学出版社,2011.

[29] 皮连生,《教育心理学》,上海教育出版社,2011.

[30] 王蕾,《教育心理学》,华东师范大学出版社,2016.

[31] 伍新春,《儿童发展与教育心理学》,高等教育出版社,2013.

[32] 闫江涛,《小学教育心理学教程》,郑州大学出版社,2011.

[33] 张英波,《运动技能学理论与实践》,高等教育出版社,2012.

[34] 董奇,陶沙,《动作与心理发展》,北京师范大学出版社,2004.

[35] Richard A, Magill(张忠秋译),《运动技能学习与控制》,中国轻工出版社,2006.

[36] 陈永明,《心智活动的探索》,北京师范大学出版社,2006.

[37] 吴庆麟,《认知教学心理学》,上海科学技术出版社,2000.

[38] 吴志宏,郅庭瑾,《多元智能:理论、方法与实践》,上海教育出版社,2003.

[39] 孙云晓,《习惯决定孩子一生》,北京师范大学出版社,2013.

[40] 林格,《教育就是培养习惯》,清华大学出版社,2013.

[41] 纪明,《新时期中小学养成教育教程》,中国农业科学技术出版社,2014.

[42] 周文韬,《少年儿童要养成80个好习惯》,机械工业出版社,2013.

[43] 林格,《怎样培养习惯》,新世界出版社,2006.

[44] 关鸿羽,《教育就是培养习惯》,新世界出版社,2003.

[45] 皮亚杰,《儿童的道德判断》,山东教育出版社,1984.

[46] 林崇德,《品德发展心理学》,上海教育出版社,1989.

[47] 韩进之,王宪清,《德育心理学概论》,上海人民出版社,1986.

[48] 科尔伯格,《道德发展心理学:道德阶段的本质与确正》,华东师范大学出版社,2004.

[49] 曾凯,《越轨行为的社会控制》,学理论,2010(12).

[50] 傅宏,《小学生心理健康教育》,中国轻工出版社,2008.

[51] 陈忞,《学生心理健康与社会适应》,教育科学出版社,2015.

[52] 刘海莉,《学生心理健康教育全手册》,江苏教育出版社,2011.

[53] 马志国,《做学生的心灵导师:学生心理辅导的60个典型案例》,教育科学出版社,2011.

[54] 吴增强,《野百合也有春天:学生心理辅导案例精选(第2集)》,上海教育出版社,2011.

[55] 袁章奎,《做一个优秀的心理教师:20位心理教师的专业成长案例》,教育科学出版社,2013.

[56] 王晶,《小学生心理健康教育》,中国轻工业出版社,2015.

[57] 许思安,《小学心理健康教育务实》,清华大学出版社,2013.

[58] 马志国,《怎样做学校心理咨询》,教育科学出版社,2014.

[59] 马志国,《做一个心理健康的教师:教师心理咨询的48个典型案例》,教育科学出版社,2013.

[60] 姚本先,《关爱教师的心灵世界:心理健康调适与维护》,北京师范大学出版社,2016.

[61] 郑淑杰,《教师心理健康》,北京大学出版社,2014.